愿每一位教育工作者都活成一道光，绽放所有的美好。让学生借着您的光，走出迷茫，踏上锦绣前程。

——李英

突显活力与精致的
优质学校管理

——现代优质学校教育面面观

李 英／著

上海教育出版社
SHANGHAI EDUCATIONAL
PUBLISHING HOUSE

本专著既是李英校长40多年来深化学校精细化管理的真实写照，也是她超强的学校管理执行力与领悟力的智慧结晶，还是学校教育的科学、智慧、艺术、情怀的融合。

——

　　李英校长是上海中学为人、为事、为学的标杆，体现在她对学校的忠诚、对视野的执着、对工作的认真和负责，她是唐校长的得力助手。

　　在我眼中，李英校长从不服输、善于拼搏、敢于担责、充满智慧、有高度、有温度。她处理的每一件事、做的每一项工作，都围绕上海中学发展的大局，从无私心。

——冯志刚

在优质学校教育精细化管理上持续追求

（序一）

优质学校教育是讲究科学、讲究智慧、讲究艺术，也是讲究情怀的教育。办一流、优质教育的底蕴在于能用时代的需求找准学校前行的方向，用教育的智慧实现立德树人的根本任务，用智慧的艺术认准谋划的方略。在优质化、现代化的探索中，我们对学校教育不仅要有前瞻的谋划、独特的思考，更需要精细化管理。本专著既是李英校长 40 多年来深化学校精细化管理的真实写照，又是她超强的学校管理执行力与领悟力的智慧结晶，还是学校教育科学、智慧、艺术、情怀的融合。

李英校长曾在上海中学先后担任校人事干部、校党总支副书记、国际部主任、国际部主管、副校长等职，长期从事学校人事管理、教职工培训、国际教育探索等工作。后来，她先后担任上海市基础教育国际课程比较研究所副所长、上海中学初中教学基地（含上海市民办张江集团学校、上海市民办华育中学）学校校长等职，关注国际课程比较研究与本土化实践探索、优质基础教育研究等，积累了丰富的学校精细化管理经验。

我在学校管理中更多地注重宏观决策与统筹部署，而李英校长思考问题很精细，从而推进了许多决策、举措的有效落实，并取得成效。同时，在从宏观到微观的学校管理执行过程中，她又提出诸多让学校进一步发展的建议，做到学校管理科学与艺术的统一。因此，李英校长一直是我任职学校管理团队中的核心"搭档"，我很欣赏她精细化管理的工作作风。从宏观到微观再到宏观，李英校长的精细化管理已形成鲜明的特色及独特的管理风格,从而在国际教育、优质基础教育领域中占有一席之地。

李英校长工作很勤奋,在学校管理团队中具有超强的执行力。她对学校管理的学习能力与领悟能力比较强,在对学校发展方面抓得很准。她的悟性来自社会磨砺,与她在黑龙江建设兵团当过整个兵团指导员、教导员,1979 年回上海后报考团校等经历有关,客观、平和的心态,在艰苦的环境中总是想着改变而形成的成长机制,养成了她边工作、边学习的良好习惯,她会认真仔细地思考怎样将宏观决策转变为创造性实际行动,从而推动学校发展。

从上海中学退休后李英校长致力于上海市民办华育中学的可持续发展。十余年的精致化管理实践将上海市民办华育中学带到了前所未有的高度,使华育中学形成了学生强、教师强、课程强、家长强、管理强的"五强"优势,形成了学校大力推进初中阶段创新人才早期培育的"四全"模式,即全过程的科学激发与识别体系、全方位的志趣确认与定位体系、全学科的系统教学与培养体系、全覆盖的能力考察与评价体系,为培养心中有目标、思维有品质、眼中有光芒、脸上有笑容的优秀学子夯实了早期成长的素养根基,让华育中学在全市乃至全国产生了示范引领的育人价值。

我最认可李英校长的是,无论在开学典礼或结业典礼上的讲话,还是针对教师培训等各类与师生有关的发言,都事先准备好纸质讲稿,这样日积月累就形成了上百万字的讲稿,积累了诸多丰富的学校管理智慧与经验,她还参与了诸多教育科研课题及发表学校管理、学生身心健康等方面的论文。本专著精选了李英校长这些年的发言稿等精华,为同行在推进学校精细化管理、学生成长、教师培训等方面提供启迪与思考。

李英校长对学校精细化管理的持续追求,体现在融通中西的国际教育探索中,体现在努力创建优质初中教育的行动中,体现在引领教师成长的智慧中,体现在促进立德树人的育人方针落实与学生全面可持续发展的过程中，体现在法理情结合的现代学校治理中。

如今，上海中学国际部已经成为上海市创建社会主义现代化国际大都市所需要的优质国际教育服务的"金名片"，上海市民办华育中学在优质基础教育探索中也形成了迸发办学正能量、激发学生内在潜能、迎接未来智能时代挑战的独特办学智慧。本专著的出版，将进一步丰富上海建设具有世界水平、中国特色现代优质教育的实践内涵与品牌外延。

上海中学原校长、正高级教师

上海市首届教育功臣

上海市首届杰出人才

上海市基础教育国际课程比较研究所所长

2024 年 8 月

我眼中的李英校长

（序二）

　　主动请缨，写一篇关于李英校长的文章。李英校长在上海中学担任副校长及上海市民办华育中学校长期间，一直把可持续办学作为自己办学、做事的准则，全力支持上海中学发展。用她自己的话来说，她有一颗对上海中学无比热爱的心。我从她身上学到、悟到了很多，用文字形式记录下来，不仅能激励我自己而且还能给我校教职员工和学生启迪。

　　1979 年 9 月至 1991 年 10 月，李英同志任上海中学教师人事干部、办公室副主任，上海中学迎来了在其 160 年办学历史上留下浓墨重彩的人物——唐盛昌校长，也给李英（当然更是给上海中学）带来了人生中最大的发展机遇。唐盛昌校长 1989 年到任上海中学，引领学校走出发展低谷、迎来春天、走向顶峰，从一个台阶跃上另一个台阶。到 2013 年唐盛昌先生离任时（我是 1990 年被唐盛昌校长招入上海中学任职的，唐盛昌校长也是我的数学带教师傅，因而我一直把他当作我最尊敬的先生），上海中学已经成为上海基础教育的排头兵，成为国内领先、国际知名的著名中学。

　　在唐盛昌校长的引领下，一批批上中人得到快速成长，其中发展最快、最出彩的当属李英同志。本专著展现了李英校长在各时间段、针对不同对象的发言与学校管理经验，比较全面地表现了以唐盛昌先生为核心、李英同志为代表的上中人是如何通过自身的努力将上海中学建设为上海市最著名的中学的过程，描述了上海中学初中教学基地——上海市民办华育中学持续探索优质教育改革的历程。

　　在上海中学教职工的心目中，李英校长是上海中学为人、为事、

— 1 —

为学的标杆,她对学校忠诚、对事业执着、对工作认真和负责,她是唐校长的得力助手。我与李校长太熟悉了,唐盛昌先生常说,他只有两个徒弟:一个是李英校长(偏管理);另一个是冯志刚(偏专业)。从这个意义上来说,她是我的师姐。

在我看来,她更是一位大姐、一位良师,做事的精细自不必说,没有很高的悟性不可能让国际部在从创办到成熟的 21 年中完成蜕变。前者可以模仿,后者要用心才能学到一点点。我自认从李校长身上受益更多的是"大气",年龄稍大一点的上中教职工都知道 1999 年上海中学最后一次福利分房,当时为了分房工作的顺利进行,她居然主动放弃自己应分到的三室一厅而选择两室一厅,在那个年代,这样的气度一般人是难以理解和无法做到的。

说实话,她的大气又何止表现在这样一件具体的事情上,更多的是表现在她工作的每一个方面:她做事细心,能从做好每一件小事出发来完成工作;她能展现人性化管理,与教职工打成一片……

在我眼中,李英校长从不服输、善于拼搏、敢于担责、充满智慧。她处理的每一件事、做的每一样工作,都围绕上海中学发展大局,从无私心,我觉得这样的风格源自她的"大气"。

很高兴看到这本集李英校长管理智慧的专著的出版,让读者从她的学校管理探索中看到学校改革的魅力、促进学生成才的内力、激发教师成长的活力及自身在这个过程中得到提升的能力。

上海中学校长、数学特级教师、正高级教师

上海市第五届教育功臣

2024 年 8 月

目　　录

— 1 —

第一辑

优质国际教育观瞻

中国人自主办国际教育，没有先例可循，要敢于"摸着石头过河"。自主办优质国际教育，既要大胆借鉴国际上同类学校教育的先进元素，又要敢于弘扬我国优秀教育传统与学校教育文化优势，走出一条既把握国际教育趋势又体现中国特色的具有自身核心竞争力的发展之路。

1993年，唐盛昌先生创办了改革开放以来国内第一所由中国人自主管理的、以海外人员子女为教育对象的公办学校国际部——上海中学国际部，极大地促进了公办学校办学活力及国际教育与国内教育的互鉴互通，推进了上海市基础教育面向世界、加快推进教育现代化的发展进程。

从1993年至2014年的21年中，我一直作为上海中学国际部的主管践行着唐盛昌先生的优质国际教育办学思想，精细化地推动国际教育一步一步实现从无到有、从小到大、从大到强的发展追求，推进了优质教育学校责任体系、规范管理、教育品牌的构建，积累了追求一流卓越国际教育的办学经验。

1.

实施国际教育的成功探索

——上海中学国际部的实践

1993 年 6 月 1 日,经上海市人民政府教育卫生办公室批准,上海中学国际部正式创办。从 1993 年起,上海中学国际部走过了艰辛的发展之路,已经在迈向国际化进程中显示自己的特色。

一、学生本位思想与办学模式的匹配

1. 注重学生个体与小班化教学的匹配

学生是独立的个体,有着独立的人格、权利、能力和主观体验。为了照顾每一位学生的需要,班级规模的小型化是一种有效的办法。上中国际部从一开始就以小班教学为特色,每个行政班控制在 25 人左右,实行走班教学,教学班人数为 10～20 人。小班化教学呈现出以下优点:

(1) 教学形式更加灵活。小班化教学形式多样,或讲授,或小组学习,或走出教室到草坪、图书馆、街道、博物馆等地进行现场教学,形式自由灵活,但"形散而神不散",开放多样的组织形式更有助于提高学生的学习热情,激发学习积极性。

(2) 教学效率得到提高。大班教学中,学生活动、讨论的时间不到 1/3。但是,在小班化教学中,教师最多讲授 1/2 的时间,这样学生自学活动、操作表现的机会明显增多,学习空间得到扩展,与外界社会联系的机会增多,真正做到理论联系实际。

（3）教学针对性明显增强。小班化教育并没有减少教师的工作量,但相对减轻了教师的管理压力,易于教师根据每个学生的特点和需要,调整教学方法和进度,进行针对性的一对一教育,及时纠正学生学习中的问题,促进学生更好发展。

2. 承认学生差异与个性化课表的匹配

古希腊哲学家柏拉图曾经说过,没有两个人完全一样,每个人都以自己的自然素质区别于另一个人。国际部学生来自世界各地,每个学生都有自己的独特个性、学习风格和文化背景,学生之间存在明显差异。为了让每位学生获得最适合的教育,国际部推出了个性化课表制。

国际部为每位学生量身定制的个性化课表,既尊重学生的个体选择,又体现教学的平等性。就学生而言自己选择并组合课程,大大提高了学生发展的自由度与选择空间,就教师而言,更好地进行因材施教,根据学生的实际水平,有的放矢地进行教学。

3. 注重自主发展和国际文凭教育的匹配

为了使学生有更大的自主发展空间,学校积极创设实施国际教育成功探索的各种条件,设立各种阶梯,鼓励学生要有长远目光,放眼未来世界。因此国际部极力推出国际文凭教育（IB）,使学校成为上海最早加入国际文凭组织的学校之一。上中国际部加入国际文凭组织有以下优点:

（1）有助于学生的发展。国际部学生毕业后基本上回自己的国家或去美国、英国就学,这就需要一张进入世界各大学的通行证,而IB文凭极具说服力。

（2）有利于激发学生的学习积极性。国际部为学有余力的高中段学生开设的IB文凭课程受到学生的普遍喜爱,因为它很好地满足了16～19岁中学生的学习需要,极大地促进了学生的学习积极性。

（3）有助于端正学生的学习态度。IB课程十分注重对学生操作能力的培养,每次实验操作都要求有真实的数据记录,因此教师与学生丝毫不敢敷衍马虎或弄虚作假,教师的教风更严谨,学生的实验态度也更端正。

二、多样化的课程设置

面对来自世界各地的学生,国际部提供了揉合东西方教育之精华,满足不同个体之需要,涵盖各大考试之要求的课程约一百多种,具体有国际文凭组织 IB、美国 SAT、中国 HSK 课程等。为了满足不同国家学生的选择,国际部还提供了多种类型的课程与教材。例如,以类美国课程(为了适应我国国情和特点,对美国课程进行校本化改造,所以加上"类"字)为主的英语教材、IB 国际文凭课程教材及中国国家课程教材等,努力做到课程设置的兼容性、衔接性、适应性和开放性。

1. 必修课程与选修课程相结合

必修课程以学科知识体系为基础,全面传授基础知识和基本技能,凭借学科内容编排的难易程度有效地发展学生的智力。国际部必修课程编排力争做到以下三个方面:(1)学科课程的全面设置。国际部中、英文系列同时开设汉语、英语、数学、物理、化学(小学为科学)、生物、历史、地理、音乐、美术、体育等课程,为学生打下扎实全面的基础。(2)语言课程的分级制。语言课程的分级制主要是将课程分为若干不同程度的等级。以汉语课为例,除在小学、初中、高中段分别设有汉语正常班外,还开设入门班、初级班、中级班、高级班等。(3)必修活动课(CAS)的设置。每隔两周安排两节必修活动课,针对性地组织(或由学生自发组织)各类活动,如艺术节、义卖、演讲、体育比赛、校园活动等。

除了设置大量必修课外,国际部还开设选修课,扩大学生的学习空间,提供学生实践的机会。选修课主要有以下三种:(1)升学导向类选修课程。它是指由学生自主选择、便于学生扩大知识面及顺利通过高一级学府升学考的课程,有 IB 文凭课程,相当于大学预科课程;升学辅导课程,如中国大学留学生入学考试辅导课程、汉语水平考试(HSK)辅导课程、美国 SAT 考试辅导课程、美国 TOEFL 考试辅导课程等。(2)语言强化类选修课程。有中文加强 CSL 课程、英文加强 ESL 课程及法语等语言选修课程。(3)学生兴趣类选修课程。有语言类、艺术类、家政类、体育类等课程,另外还组织社区服务、国际文化交流日、化装舞会及各种社团活动,以培养和提高学生各方面的能力和兴趣。

2. 中文系列与英文系列相结合

国际部在课程设置上,将中文系列与英文系列有效地结合起来。在开设英语系列的同时,推进汉语系列,因为汉语是了解中国、了解东方文化的媒介。国际部在中、英文系列课程的设置上采取了以下几种举措:

(1)各学段全面铺开。每个学段的每位学生都有选择自己所需的语言系列的权利,并根据自己的语言水平和爱好随时进行再选择,这大大提高了课程的可选性。

(2)各课程同时开设。上中国际部尽量做到每门英语学科对应一门汉语学科,学生可以根据自己的需要、对教学内容的喜爱及语言水平进行适当的课程选择。

(3)精心选择每一本教材。上中国际部所选择的教材均是一流的,中文系列教材均采用国内最知名和最权威的;英文系列教材,一般采用美国和中国香港等地权威性的英文原版教材。

(4)认真教育每一位学生。只要遇到学生不能领会的,教师都非常耐心地进行个别辅导。有些学生既不懂英语也不懂汉语,沟通起来十分困难,教师也想尽办法教育好每一位学生。

3. 国内要求与国际要求相衔接

国际部在课程设置上,还将国内要求与国际要求有效地衔接起来。在重视学生学习基础和学习习惯的同时,给学生充分的自主时间,注重学生技能的培养和个性的张扬。

（1）既注重知识的积累,也注重技能的培养。国际部要求学生动手操作实验、动手制作标本、走出校门进行社会调查,在实践中使学生的知识得到强化。

（2）既紧抓作业的复习强化,也给学生充分的自由时间。一定量的回家作业可以帮助学生及时巩固当天学习的知识,但应有所限制:小学不得超过1.5小时,中学不得超过2.5小时,以便学生有安排自己作息的自由度。

（3）既讲究学习的扩散性,也讲究学习的基础性。国际部鼓励学生按照自己的喜好去学习,但不是一味地迁就学生的爱好,而是根据学生的年龄特点,规定学生必修的课程,以加强学生对基础知识的掌握。

（4）既注重国内教育要求,也关注国际教育标准。国际部教育也带有中国特色,如开设留学生入学考试辅导课程、HSK课程等,为部分学生在中国进修更高学历做准备。另外也开设了IB文凭、SAT等课程,向国际标准靠拢,以保证学生能顺利进入向往的国际学府。

三、多元文化教育的交融

国际部学生有着各国、各地不同的文化背景,教育的多元性必然成为国际教育的一大特色。在进行多元文化教育时,我们希望学生在认同本民族文化、传统的基础上,更能尊重、理解其他不同民族的文化和传统,树立平等、宽容的理念和态度。另外,由于国际部学生大多数是亚裔,尤其是华人学生居多,这就决定了国际部的文化教育是以中国文化、东方文化为主的多元文化教育。

1. 德性伦理与学生个性相渗透

重视伦理、讲究道德、遵循共同准则,形成学生"人"字框架是中国教育的特点。强调个人价值、尊重学生个性是西方教育的重要特征。国际部将中西方文化特质结合起来,主要体现在:

(1) 加强学生的道德情操教育。国际部在各班都开设心理与行为课,帮助学生形成良好的行为规范,包括尊敬师长、友爱同学、遵守校纪校规和社会公德等内容。

(2) 实施多种手段的道德评价。在达到基本规范和价值的前提下,并不要求千人一面,如义卖活动的开展,既可以培养学生的经济意识,又取得良好的社会效益。

2. 基础知识与能力培养并重

中国传统文化教育比较注重基础知识的传授,而西方文化教育更注重培养学生适应社会和改造社会的能力。在双重影响下,国际部采用基础知识与能力培养并举的智育。主要体现在:

(1) 注重学生基础知识的积累。上中教师向来以严谨、扎实的教风闻名,教师发挥功底扎实的优势,通过系统讲授,为学生今后学习打下坚实的基础。

(2) 注重对学生分析问题、解决问题能力的培养。教师经常让学生自己设定题目,寻找资料,并对材料加以分析整理,最后撰写报告。

(3) 注重学生创新能力的培养。教师经常要求学生自己组织活动、自创社团,要求学生打破常规,激发学生潜在的创新能力。

(4) 注重学生终身学习能力的培养。鼓励学生在系统掌握知识的基础上,着意培养终身学习的能力,以适应不同地域、不同时代、不同文化。

3. 传统方式与现代媒体相交互

传统教育内容滞后、教育方式单调、教育容量窄小,因此可以借助先进的技术手段和教育模式,提高教学效率。国际部教学十分注重将传统方式与现代媒体相交互。具体操作如下:

（1）进一步挖掘传统教育方式之长，传统教育方式有其不可替代的作用，如教材内容的精心编制、教师的精心备课和针对性教学，可以帮助学生形成系统的知识体系。

（2）利用现代媒体补传统教育方式之短。进入信息社会，一味固执地用传统教育方式进行教学是行不通的，充分利用现代信息技术与数字技术并整合于教学过程中，既有利于学生更好地掌握和理解所学的知识，又培养了学生的现代信息素养。

4. 常规管理与现代管理相融合

国际部常规管理注重日常规范的一点一滴，由专职教师实行坐班制，全方位、全天候、全心全意为每一位学生服务。国际部还引进现代管理的理念和手段，以人为本，给教师很大的决定权和自主权，给学生更多的尊重和自由。

（1）十分注重常规管理。在行政管理上实行三级管理，分别为主管、段主任、班主任。主管对整个国际部教育教学负全责。段主任主要负责自己所管辖的小学、初中或高中的工作，对整个段的教育教学负责。班主任负责班级管理，除了常规工作外，还负责用国际教育中成功的经验和方法对学生进行心理咨询及辅导。在教学管理方面，国际部形成了一套系统、完整的规章制度，对入学、选课、跳级、补习、课时更改、学风、日常纪律等方面均以条例形式明文规定，新生入学时人手一册，做到人人皆知。

（2）大力引进现代管理理念。学校建立了一整套完备的规章制度，采用契约化管理，尊重学生的隐私。学校特别安排"家长开放日"，让家长来学校，走进课堂和孩子一起上课，观看孩子的课堂表现，并对教师的工作进行评价。国际部管理还实现了现代化，学生的课表、学籍、出勤、成绩记录均采用无纸化管理，保证教学工作高效有序进行。

四、比较教育研究的探索

国际部要求教师不仅在教育教学上做好本职工作,更要致力于中外教师的比较研究。这里就教育目标、教育内容、教育形式三方面进行比较。

1. 教育目标的比较研究

教育只有预先设定教育目标,才能保证教育过程的有效性和针对性。就教育目标而言,中西方教育有以下三个不同:(1)对社会、个体、学科三者定位不同。不少西方国家首先着眼于社会,其次是个体发展,最后才是学科;我国首先注重学科需要,其次是个体需要,往往忽视社会需要。这不仅影响了社会和个体的发展,最终也可能阻碍学科本身的发展。

(2)对学生升学和个体素质定位不同。西方教育着眼于学生的个体素质,而我国比较注重学生的升学。西方国家认为,只有具备大量高素质人才,才能保证科技的创新和国家的兴旺。中国注重应试教育,升学成为很多学校教学的指挥棒,忽视学生个体素质和综合能力的培养,近年来这种局面已得到很大改善。

(3)集体和个体地位不同。西方教育虽着眼于社会,具体实施却落实到学生个体。中国教育往往不会顾及社会成员自身的差异,因材施教方面稍显不足。在统一的教学目标下,会影响各行各业所需要的早期人才培育。

2. 教育内容的比较研究

在接触大量国外教材后,我们认为中西方教育在教育内容上有以下四个不同:

(1)教育内容新老程度不同。西方教育比较重视教育内容的现代化,不断汲取最新的科研成果,帮助学生把握时代发展的脉搏。中国教育比较偏重于传统,往往关起门来成一统,内容相对陈旧。

（2）教育内容深浅程度认定不同。西方教育内容较多是"深入浅出"，从学生的心理接受度来确定教育内容的难度。中国的教育内容往往从难切入，从学科的逻辑来确定难度，常常使学生无所适从。

（3）教育内容组织结构不同。西方教育重视学生认知结构的可接受性，根据不同年龄段学生认知结构的不同，安排教学内容，使学生更自然地接受。中国教育讲究教学内容本身的完整性和逻辑性，由于学生知识结构和认知水平有限，往往达不到预想中的目标。

（4）教育内容侧重点不同。西方教育重视学科知识的应用性和创造性，而中国教育重视学科知识的识记性和科学性。

3. 教育形式的比较研究

（1）班级规模不同。西方学校的班级规模实行小班制，而中国仍然实行大班制。小班虽然增加了资金、教室和教师的投入，但是有助于发挥学生的自主性。随着国家对教育投入的不断增加，小班制在中国也是发展趋势。

（2）教室分配的不同。西方学校教育实行走班制，而中国学校教育实行固定教室制。西方学生都有一张属于自己的课表，学生根据自己的实际水平和喜好，进行走班学习。中国学生对课程的选择余地比较小，不利于因材施教，也不利于教师竞争机制的形成。

（3）授课形式不同。西方学校教育形式轻松、灵活，而中国学校教育形式划一、固定。西方学校教育形式时而讲座式，时而小组讨论式、观摩式、游戏式等，学生在轻松愉悦的氛围中获得知识。中国学校教学形式相对呆板，容易挫伤学生的学习积极性。

总之，上海中学国际部在多年的探索实践中，形成一整套国际教育理念与做法，并将继续奉行国际学校中国化的原则，为中国人自主管理的国际教育增光添彩。

（选自《实施国际教育的成功探索——上海中学国际部的实践》一文，刊于《教育发展研究》2003 年第 3 期。）

2.

吸收中外先进的教育思想　建立国际化的教学模式

　　教育国际化是 21 世纪世界教育发展的趋势。上海建设成为国际大都市为上海中学国际部开展相适应的教育国际化办学模式,提供了丰富的"沃土";为上海中学国际部开展与世界一流教育目标相一致的教育国际化实践,搭建了广阔的舞台。

　　学校是培养人才的基地,国际部是为世界各国和地区培养跨世纪人才的"摇篮"。要有高质量的人才,必须要有高质量的教学;高质量教学必须有科学严密的课程教材体系。

　　我们重视吸收中外先进的教学思想,借鉴中外先进的教学方法,建立既符合国际教育发展趋势,又具有中国传统道德规范与现代西方先进教育思想相结合的教学模式。我们在培养目标、课程设置、教学模式和教学内容方面形成了注重四个统一的特点。

一、在培养目标上,注重整体性和阶段性统一

　　目前,在国际教育领域中,注重以"人的能力的全域发展"与"情意发展(情绪、感情、态度、价值)和认知发展(理智、知识、理解)的统一"为培养目标。我们根据教育必须从应试教育向素质教育转轨的要求,面对 21 世纪世界发展竞争日益激烈的趋势,提出了"注重对学生的个人品行、社会责任感和自信心的培养,鼓励学生积极进取、勇于竞争,提高整体素质,以适应 21 世纪世界发展的需要"的总目标。

　　在总目标指导下,我们要求各学科教师根据世界各地学生的不

同情况,依照不同年级、不同阶段学生的认知水平和不同的心理发展特征,重视培养学生良好的性格、广泛的兴趣、情意结合的爱好和学以致用的特长。我们认为,阶段性培养目标,就是要遵循人的发展不平衡的客观规律,重视学生的个性发展;整体性培养目标,就是要鼓励学生积极进取,勇于竞争,提高整体素质,努力使每一个学生成为一个完整的"人"。

由于每一个教师都十分注意培养目标阶段性与整体性的统一,并且自觉行动,国际部毕业生普遍受到高一级学校的好评。不少学生在升入高校或到国外工作后,给教师来信,称赞上中国际部为培养他们努力成为一个完整的"人"打下了坚实的基础。

二、在课程设置上,注重综合性和应用性统一

目前世界各国课程教材改革已经朝着重视"跨学科的综合课程开发"和"有助于当前与未来生活,能与地区社会协作实施的课程开发"的方向发展。鉴于此,我们对国际部的课程设置,借鉴了上海市与我国中小学课程教材改革的经验,汲取了国外和国内优秀课程教材的经验,不仅让学生学到了知识,更从多方面让他们得到素质熏陶,激发了他们的责任感,培养了他们不怕困难、勇于探索的品质和严谨踏实的求学态度,从而更好地调动他们学习的自觉性和自主性。学校把握教改前沿,确立了由具有国际部自身特点的必修课、选修课和课外活动三个板块融为一体的课程体系。

为了提高国际部的办学层次,适应国际教育发展的需要,我们于1994年申请、1995年成为国际文凭组织联系学校,从1996年9月正式开设 IB 课程。1997年5月国际部有20人次参加了6项 IB 科目考试,总体成绩良好,尤其英语、汉语、数学获高分的较多,受到 IB 组织赞扬。IB 课程被认为是当今世界上最富有挑战性和最有趣的大学预科课程,课程设计的综合性特别明显。

国际部理科教研组教师,在研究了 IB 课程和自定的教学纲要后,从综合性课程开发研究角度,探索对学生进行科学常识教学的规律和方法。例如,理科教研组重视实验教学,一学期中组织学生实验和教师演示实验一百余次;物理学科利用电子拼板提高学生的学习兴趣;生物学科结合课程特点安排了课外插花活动。这些学习形式调动了对学生潜能的开发。在教学中培养了学生严谨的思维、推理和解决问题的能力,受到学生和家长的好评。

　　从课程的应用性角度考虑,国际部为学生开设了"个性发展课",具体有家政课,技能课,艺术类、文学类和影视活动及体育活动课等。通过这些应用性课程的开设,有助于培养学生认识社会、认识自然,提高学生灵活运用知识的能力和应变能力,促进学生身心的全面发展。

三、在教学模式上,注重开放性和针对性统一

　　为了更好地与国际教育衔接,国际部摒弃了传统的以教师讲授为主和以"统"为主的教学方法,实行了与国际教育接轨的小班授课的教学模式,并且大胆试行了"问题解决式""专题教学式""情景教学式"的开放性教学模式。常常把学生带出教室,带出学校,在草坪、图书馆、视听室、街道、博物馆等地进行现场教学。在此基础上,各学科教师根据学生不同的知识水平和文化背景设置了"个体化课程",开展针对性教学,使每一个学生都能进步。例如,为瑞士籍学生桑同学单独设置会计专业课程,后桑同学被美国高校相应专业录取。

　　开放性教学,使学生与教师融为一体,学生成为教学的主人,从而大大调动了学生的内在潜能,激发了他们学习的主动性和创造性;针对性教学,更好地运用了我国传统的因材施教的优势,有利于学生克服学习中的心理障碍,达到国外教学中提倡"给学生潜移默化的缄默式教学"的目的。

四、在教学内容上，注重基础性与先进性统一

国际部面对为世界各国培养具有中国情结、热爱中国的跨世纪人才的任务，在重视培养学生认真学习基础学科知识、基本技能的同时，也十分重视培养学生努力掌握与现代文明社会发展密切相关，适应 21 世纪竞争挑战的现代理论和先进技术。

在制订国际部《教学大纲》时，各学科教师在教学内容上充分体现了注重基础性与先进性统一。比如，在英语系列化的化学教学中，学校引进和运用了系统性强、内容完整的 Prentile haee 化学教材。任课教师通过实验与教学，学生通过了解化学变化的现象、分子式、化学方程式等内容，理解和掌握基本化学原理。

为了让学生适应现代科学技术的迅猛发展，任课教师把化学学科的计算机软件与化学教学内容结合起来，不仅提高了化学教学质量，而且也提高了学生运用和掌握计算机的操作能力，使学生学习化学的积极性大大提高。

上述四方面的实现，除了有良好的外部环境和办学条件外，还有一个很重要的原因，就是要有一支长期从事研究国际教育发展的素质好、思路宽、层次高、能力强的师资队伍。建立这支队伍的原则是竞争择优、从高校聘请、好中选优。这支队伍既是探索建立国际化教学模式的先行者，也是我们办好国际部，并能取得高质量和良好社会声誉的根本保证。

（选自《吸收中外先进的教育思想　建立国际化的教学模式》一文，刊于《上海教育》1998 年第 3 期。）

3.

国际学校教育教学责任体系的思考

"责任"（responsibility）一词，在《现代汉语词典》中有两种解释：一种是"分内应做的事"；另一种是"没有做好分内应做的事，因而应当承担的过失"。在此我们所阐述的"责任体系"主要是从"如何做好分内应做的事"而言的。为何建立国际学校教育教学责任体系？何为国际学校教育教学责任体系？如何建立国际学校教育教学责任体系？是我们在实践中需要解决的主要问题。

一、为何建立国际学校教育教学责任体系

我们建立学校教育教学责任体系，是由培养"具有中国情结和国际理解能力"的国际人才所决定的，是由建立可持续发展、值得信赖的国际学校所需要的，是以促进学校成员自我价值实现为目的的。

上海中学国际部的办学宗旨是"博采人类先进教育的精华，汲取世界各国文化的精髓，传授当代科学技术的成就，培养 21 世纪的英才"。这种英才，既具有对中华文化的认同感，清楚地看到中国文化的独特性及其与其他文化形态的联系，又具有国际理解能力，正确处理国际性与民族性的关系，成为具有竞争实力与责任感的高层次国际人才。要真正培养"具有中国情结和国际理解能力"的国际人才，我们必须建立教育教学责任体系。

从培养国际部学生的"中国情结"而言，国际部学校教职工的角色除了是文化知识的传播者、各方面关系的协调者、学生心理健康的

指导者外,还是缔造外籍人员子女中国情结的爱国者。国际部每一位学生都是学校文化、中国文化宣传的旗帜,而每一位学校成员都是传播中国文化的"形象大使",从这个意义上说我们责无旁贷。从培养学生的国际理解能力来说,21世纪联合国教科文组织推崇的国际理解教育的一个富有根基的理念是"培养对全球负有责任的世界公民"。

一个值得信赖的学校教育教学责任体系,是学校可持续发展的动力源。世界著名的西点军校强调"责任就是荣誉,责任就是胜利",我们还要加一句,就是"责任就是信赖"。让每一位学校成员都意识到责任重大,也是学校成员实现自身价值的重要体现。一旦学校成员明晰自己的教育教学责任,就会在教育教学实践中以自我完善为价值目标,选择正确的教育教学行为。教育教学责任是学校成员对教育职责的认同及经过坚持不懈努力所产生的一种心理状态。

这种心理状态绝不是一种负担,而是学校成员主体人格得到展现的桥梁,更是学校成员走向成功的动力。美国哈佛大学一位著名的管理学家说过,"当你很容易选择推卸责任时,证明你已经有了做错的念头,你就会抱有一种随遇而安的心理去应付工作,假如每一次工作降临到你头上时,你的第一反应是挑战自己的开始,那么你就会以高度的责任感去把它做到极致,从而使自己在领导与同事中赢得尊重与信任"。受到他人的尊重与信任是学校成员自我价值实现的重要反映。我们建立教育教学责任体系,也正是从促进更多的学校成员实现自我价值的角度来思考的。

二、何为国际学校教育教学责任体系

对于"责任"的理解,许多学者分别从不同角度进行分析。查尔斯·格罗从管理学角度指出:"责任就是工作使命。"卡尔·马克思从哲学角度指出:"作为确定的人、现实的人,你就有规定,就有使命,就有任务。"将人的责任理解为规定、使命、任务。国际学校责任体系是国际学校全体教职工为实现育人目标与学校发展目标,在工作中进行分工协作,承担相应的教育教学行为而形成的结构体系。

为把上中国际部建设成为"世界一流"的国际学校,学校每一位成员都需要明晰自身的责任,明确在自己的职责范围内可以做什么。在 20 世纪 90 年代,由于上海中学国际部规模相对较小,组织换届主要是由国际部主管领导下的各职能部门(如办公室、招生办、教学处、课程办等)负责的,学校责任系统主要是由横向责任结构(由各职能部门及人员的责任系统组成)与单向责任结构(每个人明晰自身的责任)组成。随着国际部的规模壮大,形成了矩阵组织结构(即由国际部主管—各学段—年级组纵向系统和学段、所属职能部门组成的横向系统构成);学校每一位成员不仅要考虑单向责任(自身职务范围内的责任),而且要考虑双向责任(既要考虑自身职责,又要思考与其他相关人员和部门的责任,因为学校是相互联系不可分割的整体),加上学校数字校园提供的强大技术支持和"自强不息、创新不断"的学校文化深入人心,学校教育教学责任体系变得越来越复杂,成为系统的结构性网络,即由纵向责任系统、横向责任系统、单向责任系统、双向责任系统构成的责任网络。

建立以上教育教学责任体系,还需相应的理论依据来支撑。第一是管理组织理论依据。管理组织理论认为组织结构的本质是员工的分工协作关系,设计组织结构的目的是实现组织的目标,而组织结构的内涵是员工在职、责、权方面形成的结构体系。第二是社会心理学归因理论依据。社会学家认为,每一个人的行为都可以找到相应的信念支持与人际归因,由此进行相应的责任推断。学校成员所做出的行为在自己的职权范围内,就需要承担相应的责任。第三是教育方面依据。从教育普遍规律角度来说,学校成员的教育对象是未成年学生,要将他们塑造成为能实现个人价值与社会价值的个体,具有特定的教育劳动关系,需要遵循相应的教育教学规律,违背规律就是没有承担相应责任。从国际教育发展趋势角度来说,国际学校教育是崇尚学生个性发展的,但发展学生个性并不意味着学生可以抛弃责任,个人权利的觉醒是现代社会的一大进步,与此同时权责对等是一条被广泛认可的公民准则,教育要发展个人的主体性,并使其认识到主体权利的有限性,学会负责任地生活。

为促进学生个性发展,学校教育者就必须意识到自身的责任,给学生必要的规范,在教育教学中做到"有所为而有所不为",决不能放任自流。从学生个性健康发展的角度来说,国际学校建立教育教学责任体系是有依据的。

三、如何建立国际学校教育教学责任体系

上海中学国际部良好的组织结构,以信息技术与数字技术为支撑的学校管理系统,学校运作的规范化,教育教学合理的人员配比,教职工较高的业务素养等,为建立学校教育教学责任体系提供了良好的条件。对学校每一位成员而言,为推进学校教育教学责任体系的完善,需要处理好责任与执行、责任与绩效、责任与团队、责任与学习的关系,而执行、绩效、团队、学习已成为学校教育教学责任体系形成的四根支柱。

责任与执行的关系。"执行"绝不是简单的"服从命令""听从差遣",而是一门如何完成任务的学问。当每一位教师知道自己的责任范畴,接下来就应当认识到如何将自己的职责落到实处。执行不是简单的战术,而是一套通过提出问题、分析问题、采取行动的方式来实现目标的系统流程。根据国际部学生的需求与特点,教师进行高质量备课、有效驾驭课堂;职工高效率地完成本职工作等,都是良好执行能力的表现。

责任与绩效的关系。学校成员在工作中做到心中有绩效,不能抱有"但求无过"的态度,而应有"要做就做最好"的信念。当然,学校

教育教学的绩效绝不是学生拿多少奖牌或拿多少分所能体现的,而是在教育教学中的一种持之以恒的能力,是一种在长期的教育教学过程中对委派的工作提高效率的精神。为促进学校成员在工作中做出绩效,学校要完善激励政策。学校激励政策的先决条件是能推动学校成员切实担负起与自身能力相匹配的教育教学责任。

责任与团队的关系。学校是一个整体,要让勇于承担责任、有效执行责任成为学校文化中的一部分,成为学校的一种精神。团队的责任意识能熏陶个体的责任意识,个体的发展在全体成员变得团结、相互支持时更容易得到实现。当个体成长到某种程度时,又会促进整个组织团队的可持续发展。学校教育教学责任体系的建立就是让教师既认识到自身的个体责任,又意识到自身在团队中的责任。

责任与学习的关系。为增强学校成员的责任意识与责任行为,学校成员必须持续不断地学习,以丰富与责任履行有关的概念性知识与程序性知识,提高自身的责任行为能力。国际学校成员只有不断了解国际教育的发展趋势、借鉴国际教育的先进经验、增加进行国际教育教学的能力,才能胜任国际部的教育教学,承担起培养具有中国情结的国际人才重任。学校要形成促进教职工学习(如促进学校成员在实践中学习、向有经验的教师学习、参加在职培训、出国进修等)的机制,推进学校组织创新,提高学校成员的责任行为能力。

综上所述,学校教育教学责任体系的建立将极大地推进学校教职工在相互协作、展现自身个性的同时,认清自身发展的目标追求,进一步推进学校办出特色、办出个性、办出水平。

(选自《国际学校教育教学责任体系的思考》一文,刊于《新教育探索》2004 年第 6 期。)

4.

上海国际学校发展的经验与走势

经济全球化发展与上海国际大都市建设步伐加快,给上海国际教育的发展提供了广阔的空间与舞台。

一、上海国际学校发展的价值思考

改革开放以来,上海以"海纳百川"的胸襟和全方位开放的姿态,吸引了世界各国有志之士的"眼球",来沪经商、学习、工作、交流的外籍人员及中国港澳台人士不断增多,为上海国际学校的发展创造了诸多良好机遇。

1. 营造了上海良好的国际学校环境

目前,世界 500 强中已有五分之三以上的企业在沪发展或有派驻机构。上海已有的美国、英国等国际学校和上海市寄宿制高中国际部(如上海中学国际部)等,能为世界各国来沪投资的商人、国外驻沪机构代表的孩子,提供良好的教育环境,使外籍人士或境外人士能安心在沪经商、学习和工作。上海国际学校已成为上海国际大都市建设的一个形象和具体表征。

2. 深化了上海"海派文化"的独特内涵

上海的建筑、艺术、人文环境是在海纳百川、兼容并蓄的土壤中发展壮大起来的。外滩具有"万国建筑博览群"之称。沪语中也吸收了外语词汇,体现了海派文化的包容和豁达。上海是善于吸纳优秀中西方文化的集聚之地,上海国际学校的发展既给我们带来了与世界接轨的诸多教育教学经验,也为中华传统文化及海派文化创设了通往世界的窗口。

3. 促进了上海基础教育的良性互动

目前上海国际学校中,除有一批独立办学资质的外国人子女学校外,还有一些公办学校创办的国际部及直接招收外国学生的中小学。这些学校的最大优势是形成了中外学生、教师之间的合作和竞争,促进了中西方优秀文化的相互交融和渗透,对促进上海基础教育国际化发展起到了积极的推动作用。譬如,上海中学国际部营造了上海中学良好的国际化环境,对各国的思想、文化背景,教育理念有了从感性到理性的认识,上海中学学生的国际意识更趋清晰;教师通过比较研究与借鉴国外的先进经验,促进了教育观念的更新与教育教学的改进,为上海基础教育了解与接触国际教育提供了新的可能。

二、上海国际学校发展的主要经验

1. 课程设置类型多样化,关注学生个性发展

课程设置的合理性,是反映国际学校办学水平和教育质量的关键所在。上海国际学校都注重贯彻以学生发展为本的理念,在广泛研究世界发达国家课程标准或课程大纲的基础上,采取以促进学生个性和特长发展的课程设置方式。

2. 注重小班化授课与师生平等对话

上海国际学校的课堂教学形式,注重从学生的心理健康和生理发展视角,创设师生平等、生生平等的教学环境和氛围。小班授课与走班制教学,让每一个学生自主发展拥有了广阔空间,充分体现了因材施教的思想,使同一程度学生产生共同学习认同感,有利于减少差异及促进不同程度学生共同进步和发展,成为开展课堂教学改革、提高课堂教学效率的佐证。

3. 运作机制体现制度规范与人性化

教育质量是国际学校生存的关键,制度创新是国际学校发展的根本。上海国际学校都十分重视管理制度创新与人性化管理理念的统一,倡导制度规范健全与处理方法严宽并举的统一。

4. 师资配备注重外籍教师与本土专职教师结合

上海国际学校十分重视教师的专业素质,特别是他们的教学能力和学科结构。这类学校在师资建设和配备方面所具备的共同特征是在重视和启用具有专业头衔的专家型外籍教师的同时,注重引进专业功底扎实、外语水平高的本土学科教师。上海中学国际部教师既有扎实的专业学科功底,又具有较高的外语教学能力。在与外籍教师共同合作中,打造了一支专业水平高、学科教学能力强、梯队结构合理的双语教师队伍。

5. 学习环境注重体现多元文化兼容并蓄

在上海的外籍人士和境外人士子女学校中有相当一部分不是只限于招收本国生源,而是广泛吸纳世界各国与各地区的学生,创设了一个具有多元文化背景和师生之间相互包容的学习环境。来自不同国家与地区的学生和教师,完全根植于跨国界、跨地域、跨空间的多元文化土壤和氛围中,倡导每一个学生在全球化的人文环境和人际交流中,学会尊重自己、尊重他人,且又非常强调每一个学生尊重并欣赏中国文化,体现多元文化互为渗透、互为补充、互为融合的特征。

6. 教育评价注重培养学生学科知识能力和创新实践能力并举

上海国际学校把促进学生发展作为办学的着眼点和落脚点,其中很重要的一个环节是在学校的教育评价关注培养学科知识能力的同时,也重视培养学生创新实践能力,体现了把时间和空间交给每一个学生,培养学生的自主性、独立性和创造性思维。这种评价指标的导向作用,不是让学生"死读书"与"读死书",而是引导与鼓励学生"读书活"和"活读书"。这种理念正是培养学生学科知识运用能力与提升学生创新实践能力的基础。

三、上海国际学校发展的走势分析

上海国际学校的发展,不仅为上海建设创设了良好的软环境,而且为扩大与提高上海基础教育在国际上的知名度产生了广泛的影响。上海国际教育在今后相当长时间内得到持续、规范与健康发展,主要体现在以下几方面的走势。

1. 从法律规范与制度引导中发展国际学校

随着国际学校发展规模的扩大,加强对国际学校的法律规范与制度引导必将成为国际学校的一个方向。2003 年国务院发布了《中华人民共和国中外合作办学条例》。从宏观层面上规范了中外合作办学及加强了对外交流和合作,对促进教育事业的发展起到积极的推动作用。上海作为全国综合教育改革实验区,在法治方面形成了一套可操作的规范,引领着国际学校健康有序发展,从整体上提升上海国际学校管理水平和教育教学质量。

2. 加强与国际教育组织的交流与合作

上海国际学校在发展过程中清晰地意识到,只有创设与世界教育衔接的多种接口,才能使上海国际学校教育教学水平与质量为世界所接受与认可。国际教育组织在世界教育领域中有相当的影响力,加强与国际教育组织的交流和合作,不仅能使上海国际教育获得在世界范围内的影响力,而且能使上海国际学校快捷地与世界主流教育相衔接。国际教育组织包括国际文凭组织、联合国教科文组织等。联合国教科文组织设在上海的教师教育中心与 STEM 教育中心,为上海国际学校与国际教育组织的交流提供了更多的空间。

3. 建立与上海中小学之间交流互访机制

上海国际学校在办学理念、学校管理、课程教材改革、课堂教学改革、师资队伍建设等方面都取得了丰硕的成果。不少国际学校在提高教育质量、促进教师专业化和学生个性化发展方面形成了自身特色。这些特色由于融合了国际主流教育的有关理念与成果（如促进学生的个性化发展，关注课程的选择性与现代性，注重双语乃至多语种教学，建设数字学校，促进信息技术与课程教学的整合，注重管理的科学性与人文性统一等），具有独特的参考与借鉴价值。

4. 定期进行上海国际学校发展研讨

目前上海国际学校之间的交流和针对共同的问题进行研讨还没有形成长效机制，这不利于上海国际学校整体实力的提升。尽管其中有许多教育市场竞争与文化差异的因素，但促进上海国际学校之间的定期交流与对共同遇到的问题进行研讨，对上海国际学校的健康发展是有益的。上海市教育行政部门应定期组织从事国际教育的专家、学者广开言路，促进国际学校之间的交流，形成国际学校之间取长补短和合作共赢的氛围。

（选自《上海国际学校发展的经验与走势》一文，刊于《徐汇教育》2004 年第 12 期。）

5.

国际学校的规范管理与管理规范

由于中国改革开放的深入，国际主流教育模式的引入逐渐变成了现实，在上海、北京等许多大中城市出现了以海外人员子女为教育对象的国际学校，其中既有外国人创办的，也有中国人创办的。中国人创办的国际学校，如果要获得与外国人创办的国际学校的持久竞争力，需要在规范管理与管理规范上进行有效探索。规范管理是科学化管理的一种理念形态，管理规范是在规范管理指导下形成的一系列操作规程。

一、国际学校的规范管理理念

由于国际学校招收的对象来自不同国家与地区，有着不同的文化背景与教育传统，建立与国际接轨的规范是保持学校有序运行的重要保障，尤其是在国际学校规模迅速扩大的情况下，要保持学校教育教学高质量与教育管理高效，避免国际学校运行的无序与"失控"，必须将国际学校发展的要求通过完善的制度、规范来落实，必须将发展目标通过良好的运行机制来实现。

规范管理是将管理的要求通过制度与价值来表达的理念形态。选择以规范管理作为学校持续发展与在规模扩大中良性运转为理念先导，最终的价值取向是通过调动全体教职工的积极性来开发学校职工中所蕴含的能量，保持学校良好的运行机制，推进国际学校质量的持续提升，促进教职工的专业发展及自我实现。规范管理的理念要获得良好的运行机制，须处理好以下三组关系。

1. 处理好规范管理与责任的关系

规范与国际学校每一个成员的责任是密不可分的,每一个成员都应意识到在国际学校持续发展与规模扩大中尽自己责任的重要性,否则过去的积累会功亏一篑。中国人自主管理的国际学校需要持续加强教育教学责任体系的建构。

2. 处理好规范管理与创新的关系

规范管理绝不是压抑学校教职工的创新,而是在学校持续发展的追求与规模扩大的情况下,通过规范来激发学校教职工的潜能,充分发挥学校职工的聪明才智来解决规模扩大与质量提升这对从某种意义上说是"冤家"的难题,通过学校教职工的规范管理与改革创新,使这对"冤家"成为"亲家",这才是真正的成功。

3. 处理好规范管理与素养的关系

规范管理不排除通过建章立制来保证教育教学质量,更重要的是通过创设多种机会,以良好的培训机制提升教师的素养,达到高标准、高水平的规范。为此,加大培训力度和形成良好的培训机制是提升教师素养不可或缺的。每一位教师素养的提升与国际学校的可持续发展及规模扩大中的质量提升具有"因果"关系,没有前之因,就没有后之果。所以不仅要通过抓好队伍规范与质量规范来提升学校的管理规范,而且要营造学校规模扩大后仍然能保持教育教学质量的氛围。

二、国际学校的队伍管理规范

在国际学校的持久发展与规模扩大的正常运转中,人是最重要的因素。在各类规范管理中,要将队伍规范放在首位,落实每一个在岗人员的岗位职责,避免"错位、离位、越位、不到位"的现象发生,同时创设各类舞台,充分发挥每位人员的智慧。

1. 抓好兼职教师队伍的规范

当国际学校的兼职教师要有感觉,不能只认为自己是打工的、兼课的,而应从中国文化及国际先进文化传播的使者高度去寻找感觉。感觉是一种处世态度,人生就像一场盛大的多项竞技比赛,感觉可以决定一个人的竞技状态,成绩的好坏当然取决于实力。要通过感觉提升来促进兼职教师的发展动力。

上中国际部在培养兼职教师正确自我感觉的一条重要规范是注重六个方面的考核:获得较高的学生满意率;认真遵守国际部教师手册中的各项教学常规,按时上下课;按时保质递交考卷,完成月报表及期中、期末报表的输入;按时参加各项教研活动及年级组织的教学研究活动;按照学校要求认真备课,用心上课,并在抽查中获得优良等级;为学生布置适当作业,并认真批改,及时解答学生的问题。

2. 抓好专职教师队伍的规范

国际学校中的专职教师要有大局观,要认识到自己在学校发展中的"主人翁"地位,必要时可以使用"末位淘汰法"。它作为一种"负强化"的激励机制,在适当的条件和环境下能起到积极作用,使人有一种紧迫感。对专职教师的规范,班主任关注三方面的考核:学生满意率、学生非正常流失率、班级的学风班风。考核不宜过细,要注重激发教师的主体性与创造性。

3. 抓好骨干教师队伍的规范

国际学校要做好学科组、年级组上等级的评比工作,推进各学科、年级骨干队伍的形成。上中国际部年级组等级评比指标为五个方面:班主任的平均满意率;社团活动的参与率及效果;非正常流失率;年级中的学风、班风;特色项目等。将学科科长和年级主任的考核与班级等级评比挂钩,防止倒挂现象。为促使骨干教师健康成长,学校还为各类骨干教师提供良好的成长环境,包括出国培训、著书立说等。

4.抓好中层干部队伍的规范

国际学校中的中层干部,在落实各项规章与自身成长方面一定要起先锋表率作用,一定要维护团队的利益,遇到责任敢于担当,遇到难题要及时解决,遇到重大问题要上报。中层干部队伍的规范,主要体现在四个方面:要有工作激情和奉献精神,当个人利益与分管工作发生矛盾时,以分管工作为重,以学校发展为重;对分管工作中可能出现的问题能及时预见,未雨绸缪,这对管理者素养提出了更高要求,要深入第一线把握学生与教师发展的动态;对分管工作要追求完美、要讲究效率;要有工作实绩与工作亮点。

5.抓好教辅人员队伍的规范

国际学校中的教辅人员,要不断提高业务素养与服务意识,教辅人员的工作应努力追求三高:高标准、高效率、高水平。校办、招办、教务、财务、采购、文印等各部门各类人员不仅分工明确,而且要相互协调配合。国际学校的运行有如一个庞大的机器,如果成员不各司其职、不履行职责,就会影响全局。

三、国际学校的质量管理规范

中国人办的国际学校要凸显自身的优势,既要与国际主流教育相容,又要有中国特色。上海中学国际部形成了"二线"三点"多特色"的相关质量规范,满足学生升学与学习的多方面需求。

"二线"是关注英文系列的尖子班、中文系列的我国港澳台班教育。稳定充实尖子班的师资队伍,挑选业务精、专业有特长的教师担任教学。"三点"是促进 IB 课程、SAT 课程、HSK 汉语水平等级测试的教学。"多特色"是发展满足学生个性的音、体、美、计算机等多个学科特色。

最后要指出的是,国际学校的管理规范不仅局限于队伍规范与质量规范,还有制度规范等。通过队伍规范、质量规范等管理规范,大力推进规范管理,能使中国人办的国际学校得到持续良好的发展,也能为我国的教育提供更多的有关国际主流教育的先进经验。

（选自《国际学校的规范管理与管理规范》一文,刊于张民选、王正平主编的《素质教育与上海教育发展》一书,上海三联书店,2005 年。）

1992 年,李英副校长（左 3）陪同朱开轩校友接待俄罗斯总统教育顾问（右 3）舒克舒诺夫

6.

论国际学校教育品牌构建

中国人自主创办的国际学校,必须根据自身实际,做到国际性与民族性统一,才能在国际教育资源的跨国家、跨区域流动中获得竞争优势,赢得可持续发展的生命力。国际学校教育品牌构建是国际教育市场竞争加剧而促使学校作出的主动迎接挑战的选择。现结合上海中学国际部这个国际学校教育品牌进行思考。

一、树立国际学校教育品牌发展的方向

国际学校究竟怎样做才能形成教育品牌? 我们认为,应在国际性与民族性结合上做文章,既符合国际主流教育的要求,又充分体现中国特色,在东西方文化交融中提高自身的核心竞争力。没有自身教育文化优势的国际学校教育,不但不会形成自身的教育品牌,而且会产生"根迷失"的现象。

1993 年,上海中学抓住中国改革开放与浦东开发逐步走向深入的机遇创办了上海中学国际部。当时上海只有外国人办的外国人员子女学校,还没有中国人办的国际学校。新生事物发展总是充满坎坷的,上中国际部开办的第一年只招到了 18 个学生,如今在校人数规模突破 3000 人,走过了一条艰辛创业之路。在没有任何经验可资借鉴的情况下,我们解决了以怎样的课程来满足来自不同国家与地区学生的学习需求、怎样建立一套与国际教育相衔接的教育教学系统、我们办的国际学校竞争力在哪里等难题,逐步

在实践中走出了一条成功的、具有中国特色的国际教育之路,树立了自身的品牌。

二、形成中英文两大系列的课程体系

对国际学校来说,一个关键问题是能否建构满足外国学生与中国港澳台学生发展需要的专门课程。国际部学生来自不同的国家与地区,只有设置了适应他们所需要的课程,才能留住或吸引生源。采用国别课程显然是行不通的,既不具有普适性,又难以形成竞争力。由于英语是世界通用的语言之一,采用与英文相关的课程教学,是一种必然选择。外国人及中国港澳台人士子女来中国大陆学习、生活,学习汉语也是他们所期望的。通过开设汉语及系列课程,向学生介绍中国文化是我们得天独厚的优势,这是外国人办国际学校所不具备的。

在长期的探索中,上中国际部开设了中英文两大系列四类子课程体系,形成了我们的核心竞争力。在国内所有的国际学校中,上中国际部是最早系统地开设中英文两大系列课程的学校。中文系列,高中采用教育部部编课程人教社教材,满足学生参加港澳台联合招生考试的需求;小学、初中部采用经审核的国内相应教材。英语系列,采用类美国课程与 IB 国际文凭课程。两个系列的课程既与世界主流教育相衔接,又显示中国特色。以高选择性为特征,既注重层次选择,又注重科目选择。这一课程教材系统的开设,做到课程设置的兼容性、衔接性、适应性与开放性,满足了来自不同国家与地区学生的需要,兼顾了学生的不同学习需求与发展走向。

三、建立与国际教育联系的多种接口

国际学校要走向世界,需要获得世界的认可,其中一个不可或缺的方略是积极建立与国际教育衔接的多种接口。与国际教育联系的多种接口,不仅是了解世界主流教育发展趋向的重要渠道,也是国际学校发展的生命力所在。

上海中学与世界教育联系的多种接口主要有:(1)加强与世界文凭组织的交流与合作。1995 年秋学校以优异的教育教学质量和高效有序的管理,成为上海市第一家获得国际文凭组织审批的学校。这些年来,我校累计开设与 IB 相关的学科科目有 31 门,成绩处于全球领先水平。(2)选送教师参加各类国际学校。进一步提升学校在世界范围内的影响。(3)与世界知名学校建立了长期的交往和联系。与美国、日本、德国、加拿大等国家与中国香港等地区的十多所名校建立各种形式的合作关系。(4)促进与各国教育的交流,接待各国各类代表团来访。(5)成为联合国教科文组织的联系学校,合作开展了"亚洲国家多元文化的交流与理解"的研究项目。

四、开展东西方比较教育实践研究

东西方教育之间存在着较大差异,也存在着优势互补的可能性,从实践的视角加强东西方教育比较研究,能为国际学校发展获得诸多动力源。通过比较研究,我们可以了解各国教育思想、课程设置、教学方式;可以对国外招生考试制度与教育教学管理制度进行分析;可以借鉴国外教材中的现代内容与优势经验;可以拓宽师生参与国际教育交流活动的渠道,为师生国际意识的增强与国际活动能力的提高搭建更多的舞台。

上中国际部注重从实践视角进行东西方教育比较研究,上中教师在研究与实践中注意借鉴国外的先进经验,促进了教育观念的更新与教育教学的改进。教师对不同学生的思想、文化背景、教育理念有了从感性到理性的认识,在教育实践过程中会理性面对差异,采取相应的应对举措。如今,上中国际部已经成为提高教师英语水平的高效培训基地,实施外国课程与采用国际教育模式的最佳实验园区,使国际部教育品牌的发展保持"源头活水"。

五、加强对中外教师的校本培训

国际学校的教育教学,不仅需要一批拥有国际教育视野的中国籍教师,同样也需要一批能胜任的外籍教师。由于国际学校的办学实际与发展状况不一样,有针对性地开展对中外教师的校本培训,能为国际学校品牌建设提供师资保障。

上中国际部学生累计来自 60 多个国家与地区,上中国际部的教师不仅要有较高的专业素养,而且要有国际意识。通过导师带教建立教师责任体系、开展教师基本功大赛促进中外教师交流、选送教师出国培训与攻读学位等方式,我们形成了一支从事国际教育发展研究的素质好、思路宽、层次高、能力强的师资队伍;有 100 多位教师能熟练地用英语进行学科教学。

需要强调的是,外籍教师流动性较大,他们的处事方式和生活态度也受西方文化的影响,因而对外籍教师的培训与管理难度相当大。上中国际部注重创设一种文化认同感,使外籍教师对学校产生亲切感、宽容感和归属感。

六、营造中西文化融合的管理机制

营造中西文化融合的管理机制是国际学校取得成功的重要基石。西方发达国家的学校管理有一套完备的规章制度,注重以制度管人,往往对学生离校后发生的问题一概不管,强调合法合理;我国学校管理在法制化、标准化的基础上更大程度地注重人情化管理,强调合情合理合法。国际学校管理要突显自身特色,就应充分发挥两者的优势,强调中西结合。

上中国际部形成了三段(高中段、初中段、小学段)与三级(国际部主管—各学段/部门—年级组/教研组)的管理体制,形成了一条完整的责任体系,实行契约与规范管理。注重关爱学生,能利用课余时间来提升学生的优势潜能或为学生查漏补缺,实行人情化管理,对学生的关心从课内延伸到课外,从校内延伸到校外。中西融合的管理体现在法、理、情的紧密结合上。

在国际部管理中,我们既注重和尊重西方发展学生个性的管理特点,又注意渗透中国文化中发展学生集体意识与社会责任感的管理特点,让国际部学生深刻领会中西文化交融所带来的魅力。学校注意利用本部与国际部的优势条件,将两者教育教学活动融合,如国际部学生可以参加本部组织的活动,本部学生也可与国际部学生一起开展科技节与社团活动等。

创建国际学校教育品牌采取的策略远不止以上六个方面,还可以从国际学校校园活动的组织、教学模式的建构、多元文化的渗透等方面来促进学校品牌的形成。当然,要创建具有持续竞争力的国际教育品牌,最为关键的是把握国际教育市场发展的动态与时代发展的需要,并不断创新。总而言之,创建国际学校的教育品牌是一项系统工程,需要国际学校内部各组成要素的整体提升与学校全体成员的长时间努力。

(选自《论国际学校教育品牌的构建——以上海中学国际部的发展为研究个案》一文,刊于《上海教育科研》2005 年第 8 期。)

7.

国际学校"走强"的实践探索与基本策略

中国人自主管理的国际学校,如何在外国人办的国际学校林立、我国同行与涉外中介机构合办的国际学校增多这一形势下,走出一条有自身特色的强校发展之路,值得深入探索。这是提升我国教育自主创新国际竞争力的必由之路,必须走强。国际学校的"走强",其参照系远不应局限于国内,而应立足于国际先进或一流水平的学校。现以上海中学国际部的发展为例,谈谈如何推进中国人自主管理的国际学校"走强"的实践,并从中找到一些国际学校"走强"的基本策略。

一、国际学校"走强"的实践探索

上海中学国际部从 1992 年开始筹备,到如今无论是规模、教育质量与国际认证都显示出"走强"的巨大能量,形成了从 1 年级到 12 年级的完整序列。从教育质量上讲,开设的类美国课程(含大学进阶先修 AP 课程、SAT 课程)、国际文凭课程(IB 全科平均分超过41.5)达到一流水平,毕业生获得世界认可,超过 90% 的学生被欧美一流大学录取;每年有百余所国外大学直接派招生官来校招生。从国际认证角度来说,学校不仅在 1995 年就成为国际文凭学校,而且近年来先后又被授权开设 AP 课程与开设 PSAT、SAT、TOEFL、GRE 考点。这些年来,上海中学国际部经历了从无到有、从小到大、从大到强的三个发展阶段,每个阶段都显现了学校创业的艰难、坚忍、坚持和坚守,显示了学校不断走强的实践探索道路。

第一阶段(1992—1998年)　从无到有

学校刚起步时面对的是"无教材""无固定的教学年级""无经验",创办者通过努力走了过来:没有教材就参考国外教材;没有固定的年级,就采用复式授课(在同一教室同一课堂中,不同年级学生混班上课,先对低年级学生进行授课,高年级学生自修,后对高年级学生授课,低年级学生自修);没有办学经验,就不断探索、反思、创造自己的经验。几年后,学校逐步走出了困境,国际部引入美国的课程与教材,进行分年级教学,逐步走上了正常轨道,办学质量也得到了外界的认可。1998年,国际部学生人数达到280人。

第二阶段(1998—2010年)　从小到大

从1998年至2010年,上海中学国际部从小到大,办学规模迅速发展到2800多人。这个阶段学校发展可以用四种经历与五个特征来概括。

其中四种经历是:(1)经历了办学规模迅速发展带来的课程教材难以匹配的剧痛。(2)经历了从以年级管理、学段管理为特征的横向管理到学段管理(分1~4年级、5~8年级、9~12年级三个学段进行管理),与课程、教学、人力、总务、生活协调管理相结合的纵横交叉的矩阵管理的蜕变。(3)经历了规模扩大与质量提升的双重挑战。(4)经历了师资紧缺到通过招聘、培训形成自己独特、有活力的国际部教师团队的飞跃。

这个时期的五个特征是:(1)在办学规模上成为国际学校中的一艘"超级航母",形成了从1至12年级的完整序列,课程、年级、班级都有了明显的定位与格局。(2)在课程建设上,初步形成了自己的体系。能提供类美国课程、IB课程、AP课程和中国留学生课程等多样化课程供学生选择。(3)在学科门类上,比较系统齐全。不仅数学、自然科学、人文科学、技术等学科可供选择的层次和类别增多,体育、音乐、美术学科的发展也初显规模。(4)在师资培训上,逐步形成了梯队。创设了高端的教师培训机构,使每个学科都有自己的骨干。

(5)在教学设施上,得到了优化配置。学校的艺术中心(音乐中心、美术中心、影视传媒中心)、体育中心(室内网球馆、室外游泳馆、乒羽中心等)都得到了良好发展,科技、工程等现代化创新实验室也不断走向数字化、系统化、规范化。

第三阶段(2010 年后) 从大到强

从 2010 年开始,学校明确了自身的办学追求,那就是从大走向强。经过这么多年的积淀,已经有了走"强"的基础与勇气,主要显现在四个方面:(1)从学科角度讲,数、理、化等学科领域势头强劲;尽管一些人文、艺术学科还有待发展,但已经有了很大提升。(2)从管理角度讲,学校的管理结构、年级序列、课程序列进一步趋于成熟完善。(3)从师资角度讲,不仅培育了许多学科骨干,而且 100 多名外籍教师与学校的中国教师一起办公,极大地促进了国内教师英语水平的提升,尤其是音乐、体育、美术教师的学科英语教学水平得到突飞猛进的发展。(4)从硬件角度讲,现代化的教育教学设施为学校走强提供了坚强后盾,"现代仪器分析""激光与光纤"等 29 个现代化创新实验室的建设和使用,推进了学生基于数字平台的学习和探究。

二、国际学校"走强"的基本策略

中国人自主管理的国际学校,要在"走强"道路上深化自己的个性、特色、吸引力。学校"走强",必须提供高水平、高规格、可选择的个性化服务,并且形成自身显著的特色(凸显高位的、引领的、公认的特征)。我们认为,中国人自主管理的国际学校走强,可以关注以下几个基本策略。

1. 推进中西结合且与国际衔接的学校课程系统建设

国际学校走强,要在强化数学学科等优势的同时,对"软肋"有清晰的认识,这取决于我们对不断发展、更新的国际课程理解能力与教授水平的提升,取决于我们对国际课程科学性的理解,取决于我们对国际课程进行深入的实践与比较研究,取决于我们在相关国际组织中的话语权与影响力。

为此,我们要确保有良好潜质的学生在有学习高端课程(如 IB、AP 课程)空间的同时,大力提升人文类课程的开设质量。进一步提升课程的领导力与执行力,包括对国际课程的理解与领悟,根据学校实情与学生特点加以创造性地运用;不仅熟悉该学科的国际课程,还需要融会贯通,在执行与授课的过程中才能显现出自身对课程处理的特色与水平。努力彰显学校在某些国际课程中的影响力,要努力推进一些学科教师参与国际课程的命题、评价工作。进一步提升艺术类课程开设门类与水平。

2. 推进活力高效的课堂教学建构与教师教学素养提升

学科特色是衡量国际一流名校的重要标准。各学科要结合本学科特点与多年的教学实践,思考在本学科中建立活力、高效的课堂及基本要素、遵循的教学程序等。建构活力高效的课堂教学,提升教师教学素养是关键,必须关注教师研究能力的提升与教学个性的彰显。

教师要从国内外课程比较研究中寻找突破口,形成自身独特的深入研究领域,显现自身的特色与个性。我们强调的研究是基于教育教学实践对问题进行深入探究,根植于教师教学实践,能引导教师走上高端发展之路,是教师高端发展的有效载体,具有聚焦性、科学性、开放性、生长性。

3. 推进"培养乐趣、激活兴趣、聚焦志趣"的学生引领突破

国际学校在走强的路上,要关注学生内在发展动力的生成与学生作为世界公民的道德素养提升,促进他们不断提升思想与人文境界,让他们更多地意识到自身的责任。对学生学习的动力生成,小学培养乐趣,初中激活兴趣,高中聚焦志趣,注重教学过程中的趣味性、互动性和实践操作性是当前国际部课堂教学的主流趋势。

加强对学生世界公民与道德的培养,要注意把握批评表扬的度。一味肯定与一味否定一样,都不利于学生成长。在课堂教学中,对学

生的创造性回答一定要给予肯定和鼓励,对学生的错误回答,既要指出其不足,也要抓住其中的可取之处给予鼓励,不能一带而过或默认,这样会误导学生。只有在客观的基础上,坚持鼓励为主原则,才是富有魅力的、有价值的评价,才不失赏识教育的本色。

4. 推进法、理、情结合的学校管理机制突破

国际学校管理需要摆脱先情后理再法的管理思路,而要遵循先法后理再情的管理机制。在学校管理中,对事情的处理,要先弄清楚事实,把握准则,找到劝说的有力点后再进行教育与沟通,就能很好地化解矛盾,让学校与学生、家长满意。只要找到沟通的突破点,把握法、理、情,因势利导,就能很好地避免矛盾。

5. 推进彰显个性、博采精华的学校文化构建

校园文化是国际一流名校的重要标志,我们要努力形成国际学校彰显个性的文化氛围,又要营造具有我国特色的整体教育文化氛围。在推进与国际学校走强的文化建构上,可以围绕以下三点进行系统思考:(1)沟通与衔接。各年级、各学段之间要加强沟通衔接,促进一体化与序列化,注重整体提升。(2)整体与特色。注重分工、合作及教育内容上的整体设计,关注各年级、各学段特色的提炼与提升。(3)融合与互惠。加强国际学校与本国学校的融合与互惠,共同开展国际课程与国内课程的比较研究等。(4)国际与国内。既要扩大对国内的示范、辐射,又要扩大国际影响力,提升国际地位。

6. 推进教育技术服务与多样教育服务的不断创新

在推进基于数字平台的教与学,尤其是探究性的教与学方面,国际学校走强有着巨大的发展空间。如引进云计算技术,推进 iPad 教学试点,建设现代数字化创新实验室等。借助技术的教育教学互动,关键要看是否适合,是技术服务于教育教学,而不是教育教学围绕教育技术转。国际学校走强,提供多样、丰富的教育服务,包括艺术、体育方面的活动服务,家校沟通服务,升学指导服务,职工星级服务等,并持续提升服务水平。

总之，中国人自主管理的国际学校走强之路，是中国特色国际教育的充分发展之路，也是不断深化我国教育国际化之路。国际学校的"走强"，涉及"硬件做强、软件做强、质量做强、服务做强、活动做强"的"多强"要求，需要我们根据时代特点不断加以思考、实践与探索。

（选自《国际学校"走强"的实践探索与基本策略》一文，刊于《现代基础教育研究》2021 年第 5 期。）

1998 年，李英副校长（右 1）随团出席国际文凭组织会议

8.

浅析国际学校走强应树立的七个意识

我们要探讨的国际学校是指中国境内的、以招收外国与地区人士子女为教育对象的学校。这类学校能否成为强校，需要有一定的衡量标准。从一定意义上说，这些标准应当与社会上一些"强"的行业标准有共通之处，从社会其他行业的"强"中找出属于自己的"强"的标准。根据上海中学国际部从无到有、从大到强的创办历程，我们总结出国际学校走"强"的四条重要标准。第一，对生源有强大的吸引力。主要从优质生源、高端家庭、丰足生源三部分来衡量。第二，能提供优质的教育服务。主要是为学生提供高水平、高规格、个性化、丰富多元的服务。第三，有显著的教育特色。这些特色需要让学生发展及学校发展持续处于高位、引领教育改革的方向，其办学成效为同行和社会广泛认可。第四，教职员工要有涵养。教职员工的价值追求、气度风范、专业修养都要与学校走"强"匹配。如何让学校在走强路上达成这四个标准，我们认为法理意识、诚信意识、忧患意识、走强意识、团队意识、服务意识、责任意识是构建世界一流国际学校应树立的七个意识。

一、法理意识是学校持续发展的基石

依法治校对学校发挥高位、引领作用至关重要。国际学校发展到一定规模，要不断提升质量，必须不断增强法理意识。将"法治"当成每个教师心中的理想和信仰，在把握政策、社会赋予的机会中，走出一条具有自主管理特色的依法治校之路。依法治校需要理顺学校与各主体之间的关系,实现学校管理与运作的制度化、规范化、程序化,依法自主办学,接受社会监督。

对国际学校来说,主要从以下几个方面考虑。第一,了解国家对国际学校办学制定的相应法律法规,按照规范来操作。例如,了解上海市教育委员会《关于本市普通高中试点开设国际课程的指导意见》。第二,建立完善的内部管理规章制度。第三,提升管理人员、教职工及学生的法律意识。第四,形成民主监督、民主决策制度。

上海中学国际部十分强调法理意识的运用,如上海中学国际部被赋予一定经营性的办学权限,其原因是上海市教委批准上海中学作为上海市唯一的教育体制改革试点学校,具有明确的办学法理依据;我们制定了一系列的规章制度,如上海中学招生规范、学籍管理规范、教师培训规范、学生评价规范,并且在实践中合情合理地运用。

二、强化诚信意识,提升国际教育的公信度

任何企业在激烈的市场竞争中要想获胜,都必须要做到"诚信"。对学校来说,应将诚信作为教育的核心价值之一。第一,用严谨的态度严控招生的各个环节。第二,建立危机应对机制,增强网络诚信意识。学校诚信形象的建立,需要持之以恒的努力,来不得半点马虎。但是,由于学校涉及的是人的问题,尤其涉及不同国籍和不同地区人士子女的问题处理,有可能发生对学校诚信形象构成危险的事件。这就要求学校建立完善的危机应对机制,对突发事件有清晰的判断,及时反应、及时行动,确保学校诚信形象。第三,重视学生的学业诚实及教师的诚信意识。让每一位学生在学校中以正直诚信作为自己的行为标准,遵守学校关于学业诚实的相关规定。学生必须独立完成自己的作业。学生不能以任何理由、任何形式将他人的成果据为己有。遵守学业诚实规范不仅为学生当前学业的发展,更为其将来

的成功奠定基础。严重违反学业诚实规范的学生将受到劝退、开除等校规处罚。学校不仅要教育学生讲诚信,也要教师守诚信,防止泄题、漏题,特别是背靠背命题和半背靠背命题制度试行后,更加要规范,不能有任何徇私舞弊的现象发生,对学生作弊和教师徇私舞弊的行为,必须严惩。否则,不仅学校声誉受损,而且对学生发展也不利。更严重的是,国际认证与考点可能被取消。

国外许多机构、高校之所以认可上海中学及上海中学国际部的成绩,就在于学校一直不作假、讲诚信。如果不能守住诚信的底线,会破坏已经树立起来的良好形象。上海中学国际部被国际诸多教育机构认可,并产生良好的国际影响,如 IB、AP、PSAT、TOEFL、GRE考点均设在上海中学,毕业生得到国内外大学的普遍认可与欢迎,这与学校在国际教育方面有良好的公信度和诚信意识密不可分。

三、牢固忧患意识,持续提升教职工专业素养

国际教育的竞争非常激烈,要成为一流的国际学校,竞争对手不仅是中国人自己办的国际学校、外国人在上海办的国际学校,而且要与国际上一流的国际学校比较。为此,我们需要常怀忧患之心。可以肯定地说,上中国际部无论是生源,还是学校办学力量,都为未来的发展奠定了很好的基础。但是,没有忧患意识,不主动发现问题并解决问题,学校就会驻足不前。越是发展形势好,越是要有忧患意识。

首先,要增强忧患意识,必须全面看清形势,在已经取得的成绩面前保持清醒的头脑。一般国际学校创办之初,都是被学生选择,无法挑选好的生源,因此学校也会在发展自身竞争力方面积极努力。但是,取得一定的成绩后,学校到了由大到强的阶段,这时,就需要审时度势地寻找新的增长点,提升内涵。其次,要增强忧患意识,必须不断完善学校的激励机制,做到固本强基,防患于未然。

学生、家长对学校的"高要求"是摆在面前的,我们要思考的是拿什么留住学生,这就要不断提升教职工专业素养。在日常教学活动中,不仅要为新教职工树立忧患意识,而且还要激励所有教职工努力去提升自己、改变自己。最后,要增强忧患意识,要有开拓进取精神。我们应清醒地认识到,学生和家长对优质教育服务的要求是在不断提升的。十年前能超过别人,十年后别人也可能超过你。因此,我们必须不断完善学校的课程体系,培育新的课程生长点,让教师有机会走出去开眼界,同时充分利用校内的优秀外教资源提升教师的教学理念。

四、树立走强意识,不断寻求发展的新增长点

上海中学国际部从大走向强,这个走强之路,是需要持续努力的。走强的关键首先是明确自身的参照系。这个走强,已经不仅是以国内一流作为参照系,而是放眼全球以国际一流为参照系,学校必须清晰地认识到自身存在的差距,主要从以下几个方面寻找新的增长点:一是学校的课程。纵观国际强校,无不建立了具有特色的学校课程体系,有的以人文见长,有的以艺术见长,有的以科技见长,而这些课程体系的共同点便是高选择性、探究性、现代性、数字化。二是学校的师资。尤其是教师的语言能力、专业技能、研究能力及把握学校课程核心理念的能力等。三是独具特色的校园活动。既要为高层次学生创设发展空间,又要为不同类型学生的个性发展提供成长的平台。不仅要重视学生的学业成长,还要关注学生的活动、比赛、艺术、体育、演讲、戏剧等方方面面的舞台搭建,打开不同基础学生的成长视野。世界各大名校都拥有自己独具特色的社团文化,对国际学校来说,这一点尤其重要。在各类社团活动中,学生体验着不同文化之间的碰撞,增进了国际理解与文化共融。四是学校与各类机构交流和合作的层次及深度。学校要扩大国际影响力,提升国际地位,拓

宽国际合作的空间,必须提升教育交往的层次,加强与国际知名机构的交流和合作,这种交流与合作并不是简单互访,而是在学校发展重要增长点上的深度沟通。

以我校为例,在未来的发展思路中,我们认为以下几个方面是需要进一步提升的:一是学校课程进一步彰显多元化,尤其是对人文、艺术方面有特长的学生发展。二是教师的语言能力与专业能力还需要持续提升,特别是小学、初中阶段教师,且教师对自身专业提升的研究能力与发展能力还有待提升。三是学校的数字化应用与学生基于数字平台的学习能力还需要进一步发展。四是进一步加强学生与国际名校交流的机会和空间,同时在合作中寻求新的发展契机。目前,上海市基础教育国际课程比较研究所秘书处设在我校,在上海市高中试行国际课程评估中发挥重要作用与影响,这体现了一种被同行的认可。同时,学校中有一批教师参与更多高中申请试行国际课程评估,这对教师的价值追求、专业修养的提升起到了积极的作用,也让上海中学国际部不断走向高位和引领。

五、明确团队意识,深化团队合作与研讨文化

国际学校的走强需要从管理者到教职员工树立起团队意识,加强团队合作、沟通,形成团队文化。在学校管理方面,目前存在三种普遍形式:第一,管理靠权威;第二,管理靠制度;第三,管理靠文化培养。真正一流的好学校,靠的就是自觉的文化,也就是学校作为品牌,会形成一套独特的文化,完全内化学校师生、员工的自觉体验和行为方式。对向国际一流标准看齐的国际学校来说,主要靠学校管理文化的内化,从而形成不可分割的共同体。好的团队文化,依靠的不仅是校长的权威,也不仅是制度的监督,而是文化精神的熏陶。文化是看不见摸不着的,但是文化每时每刻都在发挥作用。从管理的模式、团队合作、规章制度,到每一个教职工日常行为习惯和礼仪修

养,学校方方面面的细节都是文化的体现。让教职工沉浸在一个良好的文化氛围中,每个人的才华就可以发挥到极致。

在加强团队文化建设方面,上海中学国际部倡导的"学生优先、事业优先、认真负责、追求高质、团结协作、共进共荣、光明磊落、顾全大局"32字上中文化,把学校利益看成自身发展的最高利益,在团队文化建设与凝聚力提升方面做了大量工作。主要集中在以下几个方面:第一,努力激发与释放青年教师的教育教学激情,让青年教师努力参与学校课程改革与建设,进一步完善学校的发展课程体系,让青年教师的团队活力成为推进上中国际部发展的巨大动力。第二,加强对中青年教师的集体研讨文化建设,让中年教师认识到自身实践智慧对青年教师影响力的价值,通过共同研讨、集体交流、上公开课的方式,让中年教师的内在力量得到进一步激活。第三,通过老、中、青教师之间的合作研究,形成一些包括教材的比较、教学的比较等方面的研究成果,可以在学术刊物上发表,也可以结集出版。

六、提升服务意识,强化学生为本的服务至上

在国际学校中,我们所面对的学生来自世界各地,不但语言文化差异较大,学业基础参差不齐,各国的教育理念和学校管理方式也不尽相同,学生及家长对学校的教育教学、学生的发展需求等方面的想法更是大相径庭。这些语言、文化、理念及需求上的差异,是国际课程实施中需要面对的棘手问题。因此,对学生的服务必须考虑与国际接轨:(1)学业指导服务。学校应能建立一个完整的学生指导和咨询系统,通过咨询、辅导、活动、干预、转介等方式,有效帮助学生了解自己的能力和优缺点,提高学生察觉自己感受的能力,教育学生识别问题的根源、处理情绪的技巧和解决困难的方法;帮助学生建立自信和增强自尊,培养学生良好的学习习惯及社交行为,引导学生为自己的学习、事业和人生制订计划和目标。(2)心理辅导服务。国际学校

的学生因语言文化上的差异、生活环境的变化，可能更容易产生心理、性格和行为上的偏差。因此，对国际学校来说，心理辅导服务必须完善。（3）升学指导服务。升学指导服务的主要内容是帮助学生选择合适的高中课程；帮助学生注册和参加大学升学考试；帮助学生制订大学升学计划，并指导和协助学生完成具体的大学申请。（4）学生生活服务。在生活服务中，首先是为学生提供安全、准时、高效的交通服务；其次是细致入微的住宿服务。

学校建立了一套满足学生学业和成长需要的全方位服务的管理模式。在上中国际部，每个班级都配备班主任（Homeroom teacher）。班主任负责为本班学生提供绝大部分的辅导和咨询服务。在开展各类主题教育活动时，班主任也会和任课教师协同合作，以满足每一个学生在学业、社交和升学等方面的个性化需要，引导他们健康成长。随着学校规模的扩大，学生的升学需求也随之趋向多样化。为此，学校专门设立了升学指导老师（College Counselor），以适应不断增加的学生和家长的各方面需求。在交通服务方面，为了保证全校3000余名学生正常的教学秩序，学校配备了校车管理系统，对校车的运行状况进行实时监控，使110余辆校车安全有序运行。一般3～4位学生合住一间宿舍，内有衣橱、书桌、书柜等家具。宿舍楼内设有24小时的热水供应设备，还配备了洗衣机、冰箱以方便学生生活。

七、深化责任意识，在敢于担当中提升软实力

为推进国际学校管理责任体系的完善，需要处理好责任与执行、责任与绩效、责任与团队、责任与学习的关系，而执行、绩效、团队、学习也将成为国际课程管理的四根支柱。在上中国际部国际课程的实施中，注重在目标的引导下，推进责任体系的建立，与矩阵型组织结构、数字校园的强大技术支撑和"自强不息、创新不断"的学校文化匹配，形成一个国际课程实施的责任体系：其中纵向责任系统如国际部

主管责任、段主任责任、年级组长责任、班主任责任组成的系统。横向责任如教学处、招生办、网管组等平行职能部门人员责任组成的系统;学科组、备课组、教研组内教师责任组成的系统。

　　总的来说,国际学校如果能在法理意识、诚信意识、忧患意识、走强意识、团队意识、服务意识、责任意识的引领下,抓住我国教育发展的战略机遇,寻求突破,就一定能在构建世界一流的国际学校之路上飞得更高、走得更远。

　　(选自《浅析国际学校走强应树立的六个意识》一文,刊于《基础教育参考》2014 年第 2 期,有所删改。)

9.

强化国际学校办学特色的"五项全能"突破

国际学校办学特色,是在实践中生长的。上海中学国际部作为中国人自主创办的国际学校,需要百尺竿头更上一层楼,在树立危机意识、比拼意识、提升意识的同时,力求在课程、师资、教学、教研、管理五方面获得"五项全能"的突破。

一、全面深化课程建设,力求取得课程改革的突破

上海中学唐盛昌校长一直强调,课程是学校的核心竞争力,没有良好的、有自身特点的课程体系,学校是难以形成自己的特色与优势的。因此,学校课程一直是改革的重点,在以下方面持续寻求"突破"。

1. 完善国际部的学校课程图谱

我们要创造性地实施类美国课程、IB 课程、AP 课程,更要对有自身特点的课程进行整体思考,从八个方面进行学校课程图谱的建构:(1)公民(即如何让学生成为一个合格的世界公民)。我们已制定《国际部学生教育活动大纲》,为公民课程打下坚实的基础,进一步提炼出公民课程核心科目与微型科目或模块。(2)语言(中文、英文、日文)。(3)数学。(4)实验科学(理化生)。(5)社会科学(历史、地理、经济)。(6)技术(工程技能、机器人)。(7)AT(表演、视觉、听觉艺术)。(8)PE(体育)。调动校内外教师的力量,完成对每一门课程科目、模块的实施大纲(或说明),特别强调国际部语文、数学、外语要有

学段衔接以确保使用。只有一步步探索,我们才能说建立了自己真正的课程体系。

2. 全面梳理 IB 课程开设的强势与不足

寻找提升 IB 课程开设水平与门类的突破口。我们在英文、数理化、中文、计算机等科目方面取得了很好的成绩,还需要在历史、地理、经济、生物等方面进一步突破。

3. 研究、吃透 AP 数理化等课程要求

尤其是科学类课程要求,为拓展 AP 课程打下坚实基础。持续积累经验,厚积薄发。转变教学观念,不同国家、不同民族、不同文化背景的学生在同一课堂中学习,教师要摒弃中国传统的教学思路,进行教学改革。要对照大纲找出容易犯错的地方,提高 AP 教师专业水准。

4. 对音乐、美术、体育、计算机、科学、汉语的国际部课程图谱进行全面深入研究,拿出切实可行的操作方案

音乐课程通过任务驱动,汇报演出,展示课堂教学成果。美术课程分模块上课,每位学生都有自己的作品。体育课不断发挥学生特长,组织球类比赛。

5. 进一步做好国际部课程的分层教学

做好对课程的高水平、普通水平等多层次类型的教学部署。

6. 要充分发挥语言教学的优势

中文要凸显优势,在进一步加强分层教学的同时,加强对 HSK、IB 汉语、AP 汉语考纲的研究。从英文教学角度来说,我们要加强对英美文学的研究。

二、全力打造高端教师团队,力求取得师资队伍建设的突破

高端教师不仅决定着学校发展的声誉,而且决定着学校发展的可持续性与进一步突破的可能性。

1. 要分学科、分层次研究教师的高端定位与培养

在数理化、信息、中文、生物、经济等学科方面形成高端教师团队,努力培养年轻教师,引导教师去开拓新的领域,在承担任务中冒得出来。

2. 数理化教研组一定要定人、定项目、定时间加强培养高端教师

突出专业、语言、课题与论文,采用集体讨论与带教,关注专家指导、外出培训,引导教师在培训中理解国际课程,见"庐山真面目"。

3. 对有潜力的教师,要求个人制订发展规划,且应有导师跟踪指导

搭设平台,创造条件,促进教师成长。持续推进青年教师基本功大赛,除了促进教师的学科教学功力的提升,英语演讲水平的提升,计算机操作的提升外,再增加个人才艺、运动及技能等风采展示,使有潜力的教师浮出水面,脱颖而出。

4. 创设高端教师发展的平台,促进高端教师梯队的建设

多鼓励教师参加 IB 学科培训、高质量研讨会,对有潜力的教师重点培养。特别注重分析有潜力教师的发展突破点。

5. 要加强对教师队伍的评价、考核与激励

除了教学满意率外,每学期或每学年还应增加两方面的评价,一个是对教学水平的评估;另一个是学生作业的评估。逐步建立教师的分级、分层考核评价与相应的激励措施。对有潜力的教师,突出潜力的外显与业绩成果,对已经是高级教师的要强调高原期的突破与自身业务素质、特色的提升。

三、强化教学督导,力求在教学质量提升上寻求"突破"

推进教学工作,提升教育质量是学校品牌展现的重要一环。由于国际部教学涉及学段多、层次多、类型多,要形成有效的教学督导体系,须加强教学质量控制,在以下几方面进行突破。

1. 对学生学习成绩评价与教学定位的把握

注重对主动题型批改的有效性与公正性。课堂教学要以中上水平为关注点,在课外对后进学生多给予指导。

2. 对高水平、普通水平测试卷区分度的把握

3. 对教学内容难易度的把握

加强对教学内容难易度的把握与考试试题的测试督查。

4. 对学生评价的客观度与可说服力的把握

5. 对教学信息沟通反馈的把握

各年级组、学段对各班级、学科的教学信息(包括上课纪律、上课成效、学生满意度、教师作业批改、考试成绩等)分析要及时反馈。

四、优化教研组建设,力求在协作共同体建设上寻求突破

强化教研组建设,形成协作共同体是国际部教师产生强大凝聚力与教学活力的关键所在,也是整体提升教师教学水平与加强教研组建设的重要举措,更是形成独特教研组文化的基本途径。在教师专业发展协作共同体建设上可以从以下四个方面入手。

1. 各教研组要加强共同学习与研讨

在团体情境中,通过相互沟通与交流达成共识,实现整体成长。要创造条件与平台,促进同一学科教师的交流,或以备课组为单位,或以教研组为单位,或以网络平台的方式加强交流与研讨,做好研讨记录。尤其要注重在学校课程图谱建设中加强教研活动。

2. 加强各学科、教研组的精品教学资源建设

教研组要根据自身的特点,不断完善与构建有自身特色、能为本组教师共享的精品资源库,内容和形式要多样化,包括优秀教师上课实录、案例,系统化的教案、联系、成长经验论文,成功教学做法与分析、课题研究成果等,实现教师之间的知识与师生之间教学知识、资源的交流、传递与共享。

3. 确立协作共同体共同发展的目标

关注教研组特色与文化的生成。只有上中国际部教研组的文化氛围有特色、有个性，学校改革、发展才有突破口。教研组要进一步发扬优势、提炼特色，用事实与业绩说话，用教师的精神面貌与成长说话，用高端教师的人数与梯队说话，用研究与探索的成果说话。

4. 在良好协作的氛围内促进教师专业发展

由任务关注过渡到自主更新关注阶段，变被动为主动；由促进个体专业发展过渡到关注集体智慧、个体智慧交融共享经验与资源的阶段；由教研活动对关键要素的分析过渡到精品课程与资源的开发；由教育教学经验的汇聚过渡到教育教学实践的理论提升阶段。

五、多举措抓好制度与规范落实，力求在提升执行力上寻求突破

制度与规范是全体师生共同约定的规章、行为规范，一旦形成，就要有效地得到落实。要从"精致化"的视野进一步抓好执行力，抓好团队建设，力求取得教育教学管理的突破。

1. 强化执行角色意识

修改完善教育教学工作守则，进一步从理论与实践操作结合层面进行细化、可操作化，细化工作目标与操作步骤。让每位成员知道"为什么要做""怎样做""做了有什么效果"。从每位教职工执行角色而言，用一句话可概括为："用正确的人，做正确的事，把事情做正确，正确地去做人做事。"

2. 完善学段执行机制

在上中国际部，我们一直强调这样的思想：不论资排辈，要看实绩与奉献，"不进则退"，不能缺乏对学生工作的主动性，要保持对学生工作的热情与激情。学段工作要抓好学生行为规范，抓好各类教育活动，抓好各类常规（如课前 2 分钟预备铃，让教师、学生进教室等

效果良好）。与此同时,要将侧重点放在抓教育教学质量的提升督导与教育教学亮点的突破。在学段执行过程中,既要有大的宏观战略与策略,又要关注细节,坚持三个克服:克服实施过程中可能产生的浮躁心理与自满情绪;克服繁琐哲学,不搞不符合学生实际的形式主义;克服内部各种消极因素,知难而进,防止"松懈情绪"。

3. 凝聚团队执行合力

每一位管理人员与教职工要有使命感,要具有团队意识与执行合力,"众人拾柴火焰高",要认真处理好合作与竞争之间的关系,个人与学校之间的关系,奋斗与获取之间的关系。每一位教职工都可以在奋斗中、在提升中,获得自己应该得到的物质上和精神上的奖励。虽然有时候从眼前看起来,你的付出与收获有一些不平衡,但从长远来看,付出与获取是成正比例的。

最后应强调的是,上中国际部目前已经达到相当高的高度,每一次突破都是不容易的,同时也是一次质的飞跃,为构建世界一流的国际学校奠基。

（选自上海中学国际部 2007 学年第二学期工作思路发言《百尺竿头更上一层 十五春秋突破五项全能》一文。）

10.

在"更强"之路上开拓"给力"点

上中国际部的发展,经历了几个阶段:1993 年从无到有,1998 年从小到大,2004 年从大到强,2010 年提出从强到更强。我们在提出的"更强"目标上努力开拓,注重处理好规模与质量、现实与目标、传承与创新、国内与国际这"四大"关系,找准"给力"点,为国际部在"更强"之路上注入新的、强大的能量。

一、找准"给力"点

1. 第一方面:上中国际部规模与质量兼顾的秘诀

从 1998 年至 2020 年,连续 12 年,国际部每年递增 200 多名学生,30 多名教师,但我们的质量始终在不断提升。就拿 IB 成绩来说,我们的 IB 成绩若放在英国排名,已经从 2008 年的第四位上升到 2010 年的第一名,也就是说,上中国际部既保证了教育的一流品质,又保持了很大的学生规模,这是一件非常不容易的事。成功的秘诀在于以下五个方面:(1)课程选择性强;(2)优秀教师云集(外籍教师 92 名,海归 40 多人,本地专职优秀教师 100 多名,在开设的任何学科中都有高水平教师把关);(3)优秀学生群体越来越多(可以使教师受到"教学相长"的启发);(4)学校拥有可持续发展的雄厚财力(各学段的图书馆、新型实验室、运动场馆、绿化环境等不断改善);(5)唐盛昌校长先进思想的引领及文化价值观的推动(既没有照搬西方欧美教育的做法,也没有完全沿用国内教育的做法,而是在国际性与民族性结合的基础上办出有新意的国际教育)。

2. 第二方面:上中国际部走在"更强"的路上面临的挑战

(1)各学段管理对象扩大带来的标准水平教学班质量问题。包括对小学、初中教育质量的评估与促进,以及各学段教育教学的沟通与协调等。(2)课程选择性扩大带来的管理问题。例如,减少小学低年级的必修课时,增加选修课时,大量开展课外活动;提升社团活动开设质量等。(3)面临学籍管理制度的修改与完善的问题。例如,学分点怎样设置合理。(4)教学常规处理与疑难问题的应对。怎样处理对学生违反课堂秩序与劝告批评的问题。(5)教育教学设施功能升级与条件改善的问题。包括数字化教学设置的有效应用等。

3. 第三方面:上中国际部向"更强"发展目标的引领

(1)树立更加先进的教育理念,力求使每一个学生都能得到促进他们发展的优质教育。(2)促使更多教师成为高水平教师和让学生满意的教师。学校要求绝大多数教师不仅能上必修课,而且能上第二专业课或选修课,为学生多样化课程选择提供支撑。(3)集聚优秀学生群体。在选拔生源时吸收更多元的优秀学生群体。(4)拓展更多的学科教育特色。不仅在数学、物理、化学等学科方面形成鲜明的学科教育特色,还要思考如何拓展经济、人文艺术特色。(5)形成更好的教育服务品牌。在资源优化、家校互动、国际交流、学术研究、优势互补等方面都有值得拓展的空间。

二、找准"更强"路

1. 课程"给力"点,完善课程体系,引入人文教育

上中国际部将进一步推进核心课程的实施,完善由必修课与选修课组成的课程体系。随着国际部的发展,为了培养全面发展的学生,保证学生的知识结构更加合理,这几年开始推进人文学科分层制教育,并将人文、艺术教育引入课程体系,满足大学对人文性、艺术性知识的要求。

2. 教学"给力"点，优化课堂教学，关注能力提升

目前外在的统一考试不多，主要由学校内部组织考试，质量没有可比性，教学质量怎样把控是关键。教学必须以学生发展为中心，把教学的重点放在培养学生的独立思考能力、分析能力、批判性思维能力和解决问题能力的提升上面。把教学难点简单化、通俗化，便于学生的理解和掌握，这种深入浅出、化繁为简的能力，正是国际部教师必须具备的。要给学生独立思考的时间，让他们积极参与课堂讨论，给学生多布置启发其思维发展的作业，考试题目要注重启发性思维。

3. 社团"给力"点：重视社团活动，激活兴趣潜能

我们的教育不能僵化地只强调知识与技能，而忽视向学生提供从事相互依赖的合作活动的机会。必须在打好学生全面知识基础的同时，加强社会活动能力，课内要抓好基础，课外要加强社会活动能力。我们在学生中扩展社团，使学生有能力认识世界、认识自我，提升社会能力。课外社团活动不仅已经成为对学生有益的服务，而且成为教育过程本身的组成部分。社团活动的开展既给学生提供发展的良好平台，包括促进他们的批判性思维、合作能力，而且还是申请高层次大学所必需的条件。

国际部目前有几十个社团，将社团活动与学段教育特色的彰显紧密地结合起来，最大限度地激活学生广泛的兴趣与开发学生的多方面潜能，让学生的学校生活更加丰富多彩，不断提升他们的社会能力，包括领导与组织能力、合作与沟通能力等。为此，我们制订了国际部学生的社团活动管理条例，内容为社团组建与活动、社长的资格与职责、社团评价制度、学生会对社团的监管制度、社团指导教师/班主任的职责等五章。

4. 阅读"给力"点：加强经典阅读，提升知识内涵

在国际视野下加强英文经典阅读，国际部学生对经典（经久不衰、有典范性或权威性、经过历史选择最有价值）的阅读还比较少，要进一步加强。英文教学应把阅读与写作摆在同等重要的位置上，不

断提高学生的英文水平。一个真正想要学知识、长智慧的人,必然要经过阅读中的难读、难懂阶段,才能真正有所进步。汉语教研组还会充分利用寒暑假,向学生推荐阅读经典的散文、诗歌、小说、戏剧等。

5. 技术"给力"点:活用信息技术,促进无缝整合

信息技术促进教学与学习的潜能全面释放。新开设的课程应吸纳更多与信息技术、个人发展和健康、学习与生活基本技能有关的内容,充分发挥信息技术和最新教学设施的影响力,创新教学方法,为学生营造生动有趣的课堂氛围,让学习变得更加有趣。上中国际部不但要求教学方法有多样性和启发性,而且注意教学手段的现代化,投影仪、计算机等现代教学媒体在教学中得到广泛运用。将信息技术运用到学校的日常管理中,能提高管理效能,如我校 110 多辆校车都安装 GPS 系统,对校车的运行进行实时监控,极大地提升了校车的管理水平。

6. 教师"给力"点:优化教师结构,培养优秀教师

国际部定期举行小学高端教师培训班,要求班主任和骨干教师参加,每月一次,使小学 1~2 年级学生在最初阶段"迅速起跑"。在阅读和数学方面取得实质性进步,把每个学生培养成有自信的人、自我管理的学习者、积极的贡献者和有责任心的公民。学校还将继续大力培养优秀青年教师,只要对学科有利,对培养年轻教师有利,学校都会在财力和人力上支持学科组,以确保每个班都有优秀的教师任教。为提高教师的教学水平,鼓励经验丰富的教师与新入职的教师结对;为促进教师迅速成长,鼓励教师冒尖,无师自通。

7. 文化"给力"点:传承价值准则,营造学风教风

国际部形成的价值观,包括"重视教师集体智慧的凝聚""国际部坚持责任意识、使命意识、危机意识、荣辱意识、奋斗意识"等,都应得到深化与弘扬。学校营造优秀的学风,注重学生的"诚信":在上中国际部受到最严厉的惩罚不是学生打架斗殴损坏公物,而是考试作弊、逃学旷课。营造教师的"三不":(1)在课堂上,教师不组织无意义的

讨论;(2)在课外,教师不布置无意义的作业;(3)在课外,教师不让学生厌倦,教师要善于发现学生的潜能,成就学生的价值,为每一个学生创造独特的环境。

8. 学生"给力"点:注重整体素质,输送优秀人才

世界名校特别看重学生的整体素质,认为决定一名学生将来能否成功的关键是学生本身拥有的,能促进其成功的个人特质及过人的天赋,而不仅仅是优异的学业成绩。具备对知识的好奇心,独立思考能力、创造力,具备良好的个性特质是学生未来成功的关键。个性特质有些是与生俱来的,有些是后天培养或转变而来的,包括领导力、坚忍不拔、创新能力、不凡的抱负、乐于挑战、敢于冒险、具备公众服务意识及社会责任感等。此外,课外活动被认为是展示学生能力和培养学生能力的重要途径。体育能力、音乐天赋、表演才能均是世界名校极为看重的才能。

9. 管理"给力"点:激活学生智慧,强调学籍规范

加强对学分制的实施与管理,学生获得学分的条件是必须完成80%的学时,参加一学年四次的期中期末大考,或参加相应的补缺考,学年总评合格。因病缺考,须有医院开具的病假单并经段主任准假的学生,方能参加补缺考。因病补考的学生需要在学校规定的时间参加相应的补缺考,无故缺席期中期末补缺考的,成绩记零分。学科成绩按照学年总评计算,如果及格,则该学科成绩合格,可获得学分,否则该学科成绩不合格。学年总评:两学期平时成绩的平均分×30%+两学期期中成绩的平均分×30%+两学期期末成绩的平均分×40%,或两学期总评的平均分。学科成绩不合格的考生,每学年结束后须参加补考,考试内容为一学年的教学内容。

10. 资源"给力"点:优化教育设施,提升育人能量

班主任接待家长可在各学段的接待室或主任室进行。每学期开学前,网络管理中心负责对所有教室内的投影仪等设备进行检查、维修和更换,定期对教师办公室中的电脑、打印机等设备作检修与保

养,及时更换使用期限长的办公室电脑。根据教师的要求,中兴楼教室的黑板全部更换成电子白板。进一步加强校车管理与安全校园建设。进一步强调对各项制度的执行力。进一步加强对学校成员的分类管理,在充分发挥国际部专职人员作用的同时,加强对兼职人员的有效督导。

上中国际部将持续做好"创新驱动、转型发展",反思、调整、完善,不断寻求质量提升的空间与教育品牌的内涵,使上中国际部早日成为世界一流名校。

(选自《在"更强"之路上开拓"给力"点——2010 学年第二学期国际部工作思路》一文。)

11.

走在追求一流卓越国际教育之路上

走在追求一流卓越国际教育之路上,我们要努力实现"展活力、拓内涵、创机制、树文化",明晰以下工作重点。

一、明确自身优势与冲击名校的要素,攻克制约发展的难题

在自身优势上,有五条我们必须牢牢把握:课程的选择性强(IB课程开了 26 门,AP 课程开了 15 门,大力推进科目选择与同一学科不同层次的水平选择);优秀中外教师云集;数理化强;具备持续发展的坚实物力与财力基础;有唐校长高屋建瓴的引领与富有活力的管理团队支撑(唐校长两次被哈佛大学邀请做学术报告,多次应美国、英国教育部门的邀请出访并做学术报告)。

与此同时,我们在引导学生冲击名校要素的认识上,也明确了五点:要求学生把学校的功课做好;要求学生把 SAT 考好;要求学生把 AP 课程考好;要求学生积极参加课外活动、展示音乐体育方面的才艺;要求学生做好大学申请筹划。在追求卓越国际教育方面,需要加强英文教学,加强英文阅读,提高写作能力,开展各类英语特色活动(如辩论赛等);在体育方面,大力组织学生参与各类比赛,特别是国际学校间的比赛,增加学生崭露头角的机会;在培养学生兴趣特长方面,继续抓好社团、课外活动和课内活动,展示学生才能;在课程方面,进一步满足学生的多元发展需求,如生物开出 IB 高水平班,开设商业管理、戏剧等课程。

二、进一步调整学校课程设置，优化学校课程结构布局

学校将立足学生的发展需求与学校长远规划，对课程设置做如下调整：第一，9～10年级物理、化学学科增设S＋水平，满足不同层次学生的需要。

第二，考虑计算机越来越普及，从本学期起取消5年级及7年级以上计算机必修课，在各年级增设限定选修课或多选课，为IB/AP计算机做准备，真正满足一些对计算机有兴趣的学生需求；多余的课时分别给英文和历史学科。

第三，对IB全科学生选拔的要求做相应调整，即只要与其选择的IB科目相对应的H班（高水平教学班）即可，其他可以在S＋水平中。

第四，英文课程要注重IB英文、雅思、托福的考试能力提升。阅读、口语、写作是我们的软肋，需要充分重视。

第五，优化课程结构，使布局更加合理。取消中文系列港澳台课程，从2011年起不再招生9年级港澳台系列教学班学生，计划三年内逐步取消该系列，到2014年港澳台班结束。高中部开设ESL，初中取消中文数学课。开设AP计算机、艺术课程，扩大经济学科学生的选择。

三、努力打造活力高效课堂，形成有自身特色的教学模式

上中国际部要发展，必须打好课堂教学改革的攻坚战，向课堂教学要质量，努力打造活力高效的课堂，让学生感到享受与快乐。真正的课堂应该是让学生感受快乐的课堂，不管我们怀着多么宏伟的教学理想，带着多么崇高的教学目的，若学生感到厌倦甚至痛苦不堪，这种教学还没开始就注定失败。希望在我们的教室里，学生在讨论

问题时各抒己见,思维活跃,做笔记时一丝不苟,书写工整。高质量课,就是使学生学习有意义,既有知识的收获,又有精神的享受,从而产生进一步学习的要求和动力,使学生各方面能力在课堂上得到充分锻炼。

如何让学生拥有活力、高效的课堂,我们将从以下几方面努力:以学校的大公开课、大教研活动为载体,调动教师积极进行课堂教学改革的尝试;确定以教师为主导、以学生为主体、以问题为主线、以激发兴趣为主旨的课堂改革理念;对优秀学生高起点、大步子、多活动、快反馈,对一般学生,引导他们全过程投入,动手、动口、动脑;通过"自探共研"互动式教学,提高学生综合能力,"自探"即学生自由探索,独立思考及创造性地分析和解决问题,"共研"即学生的个体探索与教师共同研究相结合;教师精心编制限时训练和"自助餐"式习题,让基础好的学生"吃"得"好",基础一般的学生"吃"得"饱",真正做到培优补差,低进高出,高进优出。

四、推进基于数字平台的教育教学,在实验与探究中不断突破

向世界一流名校看齐,必须意识到未来数字化环境对学生生存、发展和创新能力的挑战。学校将带来推进基于数字技术的课堂教学超越与管理创新,探索如何引进更丰富多彩、更先进的现代化教学技术与应用软件,推进教师的教学与学生的学习。

上中路校区的一年级将开展 iPad 教学试点,制定课程标准与课程大纲,教学目标清楚,测试内容确定,软件、习题配套,试点成功后逐步推广。其他年级注重借鉴与运用,做到在学习中运用,在学习中改造,在学习中发展。努力做到三个"好":了解好,规范好,总结好。

五、营造优秀学生的成长机制,培养学生受益终身的品质

在国际部中人人读好书,并不等于人人读一个层次的书。只有不同的学生读不同层次、读不同水平和不同学科的书,接受不同的教育,获得其个性特点的发展,才是人人读好书,才是真正公平的高质量教育。只要我们努力奋斗,没有什么不可能的。我们必须促进不同兴趣、不同爱好的优秀学生在国际部的各类平台脱颖而出,创设适合他们发展的空间与舞台。

我们要培养能让学生受益终身的品质,向学生传递如下人文精神:诚信意识、文明教养、友爱教育、自我意识、批判精神、宽容与自信心。

威廉·詹姆斯有句名言:"播下一种行为,收获一种习惯;播下一种习惯,收获一种性格;播下一种性格,收获一种命运。"要引导学生养成良好的行为习惯,注重他们自动力的培养(自动是自觉的行动,而不是自发的行动),促进学生养成良好的学习习惯,激励学生形成自信心。

六、寓活动于教育中,推进学校教育活动系列化特色化实施

上中国际部编写的《学校教育活动大纲》已完成修订,形成了1～12年级完整的序列,推进教育活动的系列化、特色化实施。小学段关注安全教育活动、交往沟通活动、良好习惯养成活动、感恩爱心活动、游戏体验活动的开展;初中段关注青春期教育活动、多元文化教育活动、行为规范教育活动、团队合作活动的推进;高中段关注理想立志活动、国际理解教育活动、领导组织能力提升活动、社会服务活动、潜能开发活动的升华。教育活动的系列化开展,为学生的素养发展、个性张扬、潜能开发、兴趣激活、志趣培育创设了丰富的舞台与广

泛的空间。上中国际部的教育活动,已经成为上中国际部可持续发展与教育质量提升不可分割的重要组成部分。

七、进一步加大对教师培训的力度,更加注重教师的岗位研修

我们很清楚,优秀教师不是培训出来的,是悟出来的,培训只能解决一般性问题(规范、程序、操作)。提供交流学习平台,让青年教师少走弯路。国际部重视为不同时期、不同发展阶段的教师开展培训,如为 IB/AP 教师提供高端教师培训,为音体美教师安排多期专业培训与研修等。培训的作用主要是信息的传达与观念的冲击,它能帮助教师理解知识,但在将知识转化为能力方面有着不可克服的局限性,岗位研修是以经历为基础,以体验和反思为主要学习形式,帮助教师提高教育教学能力,不要寄希望于他人的给予,关键在自己有意义的体验和有价值的反思。

岗位研修要考虑完成性(从教师日常教育教学实践中截取一个可能真实发生的任务片段,是教师熟悉且可为的、可完成的)、目的性(研修的小计划是运用知识与能力)、主体性(让教师成为研修的真正主体,关键在于策划,在于引导,在于关键时的帮助)。岗位研修要引导教师围绕活力高效课堂建构,强化一些主题式探索,包括如何有效驾驭课堂、如何指导学生做好课后练习、如何利用有效的评价激励工具来促进学生的学习等。岗位研修要针对班主任遇到的困难与问题,进行专项研修,如对“如何真正爱学生,担当起班主任的责任,提高教师的思想境界”这一问题进行深入探讨,明确爱学生要引导学生认识自己,挖掘每一个学生的优秀潜质,让兴趣与愿景引领学生发展。

八、强化奋斗不息的管理文化,践行追求卓越的管理哲学

国际部快速发展的原因:由追求卓越、奋斗不息的价值观导引,让学校迸发出巨大的能量。国际部一直强调这样的教育理念:博采人类先进教育的精华,吸取世界各国文化的精髓,注重国际性与民族性的结合,努力营造优质的国际教育服务环境,并在实践中坚持奋斗不息、创新不断的理念。上中文化的真正内核是群体奋斗。热力学第二定律阐述了自然界不可能将低温自动地传导到高温,必须有动力才能完成逆转,人的天性易在成功后松懈,但人的主观能动性是可以改变的。组织的责任是逆自然规律而行动,以考核为驱动力,防止松懈。上中国际部的管理让大家看到奋斗、付出是有回报的,是得到认可的。

在学校招生管理上,要保持低调,且不能大意。尽管这一年学校发展规模又有新突破:新学期国际部有 111 个班级,其中上中路浦西校区有 100 个,浦东有 11 个,总人数为 2930 人。人数增加主要是结构调整,浦东校区增设了 5 年级,形成了一个完整的小学结构系列;上中路浦西校区 2 年级扩班(本来 3 个班,今年统一招生为 4 个班)等。在总务与生活管理方面,信息化服务给学校发展提升了能量。

我始终认为把简单的事做好就是不简单,把平凡的事做好就不平凡,能做出不平凡的事就是我们的骄傲。上中国际部的发展,不仅要做好简单的事,也要做好平凡的事,更要干出不平凡的业绩。

(选自 2011 年 8 月 26 日国际部教职工大会上的发言《在追求一流卓越之路上展活力、拓内涵、创机制、树文化——2011 学年第一学期上海中学国际部工作思路》一文。)

12.

为创建一流的国际学校奠基

上海中学国际部作为改革开放以来国内第一所由中国人自主创办的公办学校国际部,在坚持国际标准的同时,深化中国特色,走出一条具有中国特色的国际教育发展之路,为创建一流的国际学校奠基。可以从以下几个方面持续努力。

一、多层次:认真落实国际部制定的课程纲要

学校的课程图谱制定是我校推进教育教学的纲要文本,显现出四个特点:高度重视学生的认知规律和学生的学习兴趣;厘清了各学科的层次水平,普通水平注重知识的广而浅,高水平层次注重知识点的相对深而难;明确教师如何更好地教,学生如何更好地学习课程的问题;教学评价更加客观具体。这是比较大的系统课程工程,凝聚了中外教师的智慧。

这次国际部的课程纲要显现出多层次的特点,在落实过程中,各学科教师要不断学习领会所教的学生应具有的基础学力或基本学力,特别是关键技能的目标规定。同时,了解学科结构问题,所教学科内容的构成和体系如何。为了进一步保障每一个学生的学习权利,展开了课程结构、教学形态、课时比例等方面的研究及新的评价观与评价制度的形成。

二、宽领域:开设新课程给学生多一个选择的机会

上中国际部的课程具有多样性,给学生多样的选择机会。努力开设符合学生发展需求的新课程,进一步深化"宽领域",给学生多一个选择的机会。如我们考虑开设人文地理、工商管理等选修课程。IB 课程的核心课程之一 TOK 课程,正在推进三个外教一起教,用整体评价帮助学生;IB 数学的四个层次内容,都要根据学生发展的需求系统开设。

三、夯基石:加强各学科组的规范与特色建设

学科组进一步加强规范教学与特色建设,这两者是提高教学质量的抓手与基石,只有把基石打牢了,才能进一步提高国际部的教学质量,为实现国际部从大到强的飞跃做准备。我们在加强学科评比一级组、二级组、三级组条例中,明确了一级组的实绩要求(如优秀满意率不低于 80%,低满意率不多于 10%;IB 平均分不低于 6.3 分,AP 不低于 4.5 分等)。在学科特色要求上,要求一级组应在一个或多个方面显示突出或独到的学科特色,如组织学生参加学校认可的含金量较高的比赛并获奖,积极指导与学科相关的课外学生社团活动的开展,并取得一定的成果和反响;学科内教师在核心刊物上发表一定数量的论文或出版学科教学专著等。

四、讲效能:真正显现活力高效课堂教学

在教学上,国际标准强调活力的凸显与学生主体地位的尊重。所谓活力,即在尊重学生主体地位的基础上,发挥教师的主导作用,营造轻松愉悦、激情互动的课堂气氛,从而激发学生内在的学习兴趣

与动力。中国特色的教学注重高效课堂的彰显。所谓高效,即充分利用课堂上有限的时间,通过有效的教学策略、方法和手段,有深度、高质量地完成教学计划和任务。彰显活力是国际标准,高效教学是中国特色,两者融合才能推进上中国际部课堂教学的深化。理想的教学是高效而富有活力的。

真正构建活力高效的课堂,必须把握以下四点:(1)不同学科应体现不同的活力高效课堂教学,应注重形态与模式的建构,关注不同学科的差异性,人文学科教学与实验学科教学应是不同的。(2)不同年级学生的教育,要体现不同的活力高效课堂教学机制,小学、初中和高中应是不同的。(3)关注不同水平、不同层次、相同年级不同学生的差异,为学生搭建多样的教学体验平台。(4)在课堂教学中融入数字化元素。例如,不断提高 iPad 在音乐与美术教学中的有效性,通过教学组织形式与教学技术革新,促进学生志趣激活和潜能开发。

五、搭平台:抓好教师培训与激励青年教师成长

国际部要可持续发展,让新教师尽快成长为合格教师,青年教师尽快成长为骨干教师,是必须解决的现实问题。这些年上中国际部招聘的新教师每年有 30 人左右,我们会通过抓好教师培训与教学基本功大赛等方式来激励青年教师成长。针对新教师培训,我们加强对入校第一年新教师适应性培训,围绕熟悉新环境和教学常规、推进教学基本功过关及班级控制三个目标展开;继续加强对入校第二年的新教师进行胜任性培训,围绕提高教学能力、加强控班能力、更多参与教研活动、开展读书交流等展开;大力推进非专业教师的专业培训,关注学科英语运用能力与强化专业术语与能力的培养。

同时,以青年教师基本功大赛促进教师成长。青年教师基本功

大赛是青年教师成长的舞台,也是展示自身教学实力与特色的舞台。基本功大赛关注以下三方面的比赛内容:(1)英文演讲或辩论。英文演讲分为三类:第一类针对英文专业的教师,当场抽题演讲2～3分钟、准备10分钟。第二类针对非英文专业的学科教师。提供一篇阅读文章,让他们谈2～3分钟的感受。根据语音语调、单词量、观点的深刻性进行评分。第三类针对音体美或兼职中文母语教师。要求看一篇文章,回答简单提问。(2)当场备课说课,基本功好、优秀的,再选拔为学校展示课主讲教师。(3)才艺或非专业特长展示。每人准备三分钟视频。教师的综合素质极其重要,如语言能力、学科能力、艺术特长及开阔的视野等。

上中国际部致力于建设一支具有专业素养、气度风范和价值追求的教师队伍,要求青年教师具备高度的责任感和思想境界。从专业化角度出发,教师专业发展的国际视野应具备四种涵养:(1)专业涵养。教师应具备扎实的学科基础知识与熟练的专业英文能力。(2)人文涵养。教师对学生情感、态度、价值观进行引领,这是蕴含在知识和能力背后的职业伦理。(3)科学涵养。教师要有科学的指导方法,有效的教学过程控制能力,对学生学习方法和手段进行引导。(4)信息涵养。教师要具备运用现代数字技术进行高水平教学和指导的能力,使学生在课堂学习中通过听读思辨等过程提升搜集和处理课堂信息的能力。

六、添活力:引进激励机制促进体艺工作改革

上中国际部的体育与艺术教育不仅是学校的主干课,而且在国际交流与合作中占有举足轻重的地位。在艺术教育方面,进一步打造"拳头"产品,如"上中杯"钢琴赛,强化艺术社团;推进上中画廊的影响持续扩大;丰富艺术选修课。在体育教学方面,持续规范教师的教学行为,加强教师英语沟通能力,促进运动队的对外交流,完善体

育课程体系,加强视频资料的整理与分析,推进体育课渗透德育探索;营造良好的体育文化。

七、建标准:大力推进各学段国际课程的比较研究

在唐盛昌校长的推动下,上海市教委批准成立了上海市基础教育国际课程比较研究所。唐校长被任命为所长,我被任命为副所长。上海市教委批准在 21 所普通高中开设国际课程试点,其中公办学校 11 所(后来有 1 所退出试点),民办学校 10 所。上海市基础教育国际课程比较研究所以上中国际部骨干教师组成专家团队,对这些试点学校开展年检活动,年检审查的内容规范、评价规范,形成了试点国际课程的年检标准,在全市乃至全国普通高中试点国际课程方面起到了引领作用。其中一个重要方面是强化对国际课程的实践比较研究,编辑并出版了全国第一套系统研究高中国际课程的校本化改造运用成果《普通高中国际课程的实践与研究》(含总论卷、数学卷、物理学卷、化学卷、生物学卷、信息科技卷、经济学卷等 7 卷)。

为构建世界一流的国际学校,我们需要持续加强对国际课程的实践研究与本土化改造,明晰课程引进与改造的目的、法理、方式与策略,积极思考我国普通高中试点国际课程可以借鉴的理念、内容、方法和评估内容,进一步提升我国基础教育课程建设的国际视野与中国特色。

(选自上海中学国际部 2012 学年第二学期工作思路发言稿《以国际部创办二十周年为契机 提炼办学特色深化走强之路》一文。)

2000 年, 李英副校长(右 1)与国际部学生合影

2011 年 1 月 8 日, 李英副校长(左 1)接待教育部原副部长韦钰

上海中学国际部的发展与上海改革开放不断走向深入紧密相关,也得益于以具有国际视野与家国情怀的唐盛昌先生为核心的自主管理团队的坚守与传承,其成功的秘诀不仅在于上海中学国际部精准把握了学校教育的国际格局,而且具有中国教育的特色——关爱优势、数理根基和文化魅力。

——李英

2016年诺贝尔化学奖得主

纳德·L·费林加

AS FERINGA'S VISIT TO SHANGHAI HUAYU PRIVATE MIDDLE SC

华育行

第二辑

优质基础教育观览

办好人民满意的学校，尤其是大力推进优质基础教育的供给，为高一级学校输送具有良好发展基础的学生，是每一所基础教育阶段学校都努力追求的方向。

初中阶段教育作为义务教育承接高中阶段教育的桥梁，在创新人才早期培育与激发学生学习兴趣、开发学生发展潜质、让学生获得全面而有个性发展方面发挥着"枢纽"作用。大力推进优质初中建设，深化学校课程体系，注重高水平办学，提升学校教育智慧，为优质基础教育探索需要关注的重要内容。

我在担任上海中学副校长、国际部主管时，于2006年9月起兼任上海市民办张江集团学校校长（2013年卸任，后转制为公办初中）、2013年9月起兼任上海市民办华育中学校长，2014年2月从上海中学退休后一直担任上海市民办华育中学校长，并托管徐汇区公办初中——上海市紫阳中学，持续致力于上海优质初中教育的实践探索。

优质基础教育要为学生的可持续发展与未来成才奠基，要为学校内涵建设找到高质量发展的突破口，努力在融通中西方教育改革探索中提升学校教育实践智慧。

1.

新学校发展成优质名校的五个策略

如何使一批新建的学校在较短的时间内发展成为优质名校，是推进基础教育优质均衡政策与教育高质量发展的一大课题。新建学校在办学之初往往存在师资年轻化、生源质量得不到保证等诸多不利因素，从而导致其发展受阻。我曾任职的第一所初中——上海市张江集团学校（以下简称"张江集团学校"）是坐落于上海张江集团高科技园区的一所初级中学，办学时间只有五年，就成为老百姓心目中的优质名校（浦东新区中考第一名）。一所新建学校怎样在较短的时间内发展成为优质名校，以下五方面的发展策略值得借鉴。

一、高起点办学：强强联手孕育先机

张江集团学校的高起点办学包含两层意义：第一，办学起点高。学校由张江（集团）有限公司和浦东新区社发局共同投资，上海中学承办，上海中学输出较强的管理团队和教师骨干资源。第二，办学定位高。张江（集团）有限公司输入办学资金，旨在改善"国家高科技园区"的投资环境，提高地区品位，吸引更多的人才到张江高科技园区工作；为了扩大浦东新区优质教育资源，上海中学一开始就将办学定位于走高端发展的道路。"强强联手"推进高起点办学，为后来的优质教育发展孕育了先机、奠定了基础。

高起点办学提供的思考有以下几个方面：

第一，努力营造文化品位相对较高的周边环境。优良的地理环境和浓郁的学习氛围，将为新建学校的文化内涵和学习风气加分，为学生潜心学习提供安静的场地。

第二，借助多方力量提供必要的、相对优秀的办学人力及物力资源。优质学校的正常运作离不开先进的设施建设、良好的教师队伍、高效的学校管理，所有这些都需要强有力的保障。学校可以考虑依靠大型企业的资金支持，与优质学校经验丰富的团队合作，还可以尝试与高校合作，为新建学校的发展带来先机。

第三，高品位的目标引领进一步推进办学的高度。学校能达到的发展高度，取决于学校发展之初的定位，这就对学校的承办者提出了更高的要求。对承办者来说，其文化品位的高低直接影响新建学校、民办学校的发展。如果承办者之一是优质名校，那么该校的办学理念、管理模式及对两校关系的定位，会直接影响新建学校发展的高度。

二、高标准育人：激活学生内在能量

张江集团学校刚建校之初，与其他民办学校一样，存在生源"入口"成绩参差不齐、教师总体教学经验匮乏、硬件设置尚不完善等问题。面对一系列挑战，学校仍在四年内达到优质学校的高度，这得益于学校将办学的核心聚焦于学生，注重每位学生内在潜能开发的发展策略。

首先，通过各种评比、规范制订及全面细致的管理，让学生养成良好的学习习惯与道德行为规范，不仅夯实学生三维发展目标（知识与技能、过程与方法、情感态度与价值观）和谐达成的制度激励，而且持续提升学生德智体美劳全面发展的核心素养。

其次，注重抓好每一门学科激发学生的学习兴趣，通过一系列活动（艺术节、文化周、六一歌会、运动会、科技节、主题班会和社会实践活动等）来挖掘学生内在的能量，让学生在人格素养、学识素养、学能素养、艺术素养及发展潜质等方面均获得大幅度的提升与飞跃。

最后，注重学生自主能力的培育与引领学生正确认识升学和自身发展的关系，让学生发展的眼光不要只盯在升学上面，而要放在素养全面发展的高标准要求上。学生的学习视野与境界发生了变化，他们就会努力学习真正意义上的、自己能够理解的、有利于今后可持续发展的知识，通过素养提升来带动升学。

激活学生内在能量是新建学校走向优质学校的强大内动源，引起我们思考的要素有三：

第一，持续推进学生不断走向"最近发展区"。所谓"最近发展区"，是指学生的发展具有两种水平：一种是学生现有发展水平，即在没有其他帮助的情况下能独立达到的水平；另一种是潜在水平，即通过教师或其他人的帮助所能达到的水平。这两种水平之间的区域称为最近发展区。① 根据这一理论，学校在订立目标时，准确定位最近发展区，让学生不断突破现有水平，从而进入下一个发展区，形成目标激励下的良性循环。

第二，处理好学科学习与活动开展的关系。既要引导学生学好学科知识，又要尊重学生是发展的主体及他们的好动的天性，让学生在活动中锻炼自己。两者相辅相成，互相促进。

第三，正确处理成绩提高与素养提升的关系。素养提升与学生成绩提升并不矛盾，学生的学习成绩提升是防守，素养提升是主动进攻，在学生成长道路上既要注意防守，更要重视进攻，两者结合才能在未来的竞争中立于不败之地。

---

① 何善亮."最近发展区"的多重解读及其教育蕴涵[J].教育学报，2007(4)：5.

三、高素质教师：文化引领专业智慧

与大多数新建学校相同，张江集团学校的特点之一就是教师大都是刚刚从高校毕业、缺乏教学经验的年轻教师。那么张江集团学校如何在较短的时间内造就一支师德高尚、业务精湛、结构合理、素质精良的教师队伍呢？注重抓好以下几点：

第一，注重对教师进行文化价值观熏陶与精神传递。将责任意识、开拓意识、提升意识、打拼意识、主动意识作为学校文化精神传递给教师，让所有教师认同学校文化和价值观，用学校文化引领他们不断提升教学实践智慧。

第二，让实践经验丰富的骨干教师与充满热忱、激情的年轻教师进行交流与对接。经常组织教师团队与上海中学、华育中学（当时上海中学另一所初中教学基地）教师进行交流，聘请上海中学特级教师、高级教师、外籍教师及华育中学的优秀教师兼课和带教，理解名校的教师文化与教学文化，使他们在共同的文化引领下，迅速增长技能，提升专业知识。

第三，实施基于学校发展目标达成的"一三五"教师培训工程。围绕学校发展计划，在教师培训上狠下成本，完成新进教师一年内基本过关、三年胜任、五年成为骨干教师的培养。

第四，注重学生评教制度的落实，引导教师将关爱学生放在首位。每学期结束时，学生根据教师备课、课堂教学、作业批改、课外答题等六个指标对教师打分，并且将结果及时反馈给教师，促使教师更加注重练好"内功"，更加注重自身素质的提高。

作为一所新建学校，无论是输入骨干教师还是引进青年教师，都需要把他们拧成一股绳，发挥教师的集体智慧与力量，促进他们在共同的文化价值观引领下，彰显专业智慧与个性，才能使新建学校的教师高素质得到广泛认可。我们认为有以下几点需要关注：

第一,共同的文化价值观是催生高素质教师的强心剂。新建学校要让教师对学校办学理念及教育教学要求有透彻的了解与内化,形成整体认识,从而促进自身的专业智慧在新的土壤中扎根。

第二,充分利用校外名师资源加强对教师的系统培训。考虑到新建学校师资短缺的情况,与名校的合作成为教师发展的必要条件。这种合作方式体现在多个方面,如派教师去优质名校实践,邀请名校特级教师对学校的新教师进行培训,聘请其他学校优秀教师来校兼职或代课,校际之间的教师交流讨论等,关注系统化、校本化。

第三,建立全面合理的教师评价体系。评价是发展的导向,对新建学校来说尤其重要。因此,教师评价体系的建立需要考虑到教师工作的方方面面,并以学生发展为中心导向。

四、高质量教学:夯实核心张扬个性

抓好课堂教学是提升质量的保证,张江集团学校注重学生整体素养的提升,基于学生的最近发展区,明确高于一般学生的核心要求,主要举措有四:

第一,坚持集体备课,在实施国家课程标准的同时,建立自己的教学纲要。学校有完整的教学纲要,明确各科的核心要求。教师通过备课讨论熟悉纲要、教材和学生,并根据学生的实际,拓宽深度与难度。自身特色的教学纲要与集体备课,大大提高了课堂教学的有效性,训练了学生的思维能力。

第二,坚持背靠背命题。张江集团学校在教学内容、进度、课堂练习和每次测验或考试上,努力与上海中学其他初中教学基地保持同步,坚持背靠背命题,抓好教学质量监控,教师与学生都不敢松懈。

第三,坚持一丝不苟地训练学生。教师对学生平时考试、测验,包括平时的作业批改,都十分严格。对学生每次测验和考试后的试卷进行质量分析,错题整理,找出原因,让学生有针对性地加以改进。

第四,以多元选修课程与课外活动张扬学生个性。除常规的课堂教学外,学校还通过开展竞赛型、特长型、拓展型的选修课程和活动,满足了不同层次、不同兴趣学生的要求,不仅使学生的视野开阔,而且促进他们个性得到良好发展。

新建学校要迅速提升教育教学质量,要做好以下三方面工作:

第一,形成契合学生自身发展需求的、略高于普遍标准学科核心基础要求,编写自己的教学纲要是必要的。这既契合所在学校学生的发展需求,明确自身的学科学习核心基础,又可以使教师更深刻地理解课堂教学标准与学校校本运用的价值。

第二,重视学生的个性发展和开发学生的潜能。学校要鼓励学生的个性发展,开发学生的潜能,培养学生的自主意识和自觉能力,提升学生创造性运用知识的能力。这一点可以通过增加必修课的层次选择,开展多样的选修课程等措施来实现。

第三,关注集体备课与集体力量的发挥,减少“短板”的出现概率。新建学校一定要关注集体备课与集体力量的发挥,推进有效教学,通过师徒结对带教、个人探究反思、同伴互助合作等模式,使教师在眼界视域、教学实施、教学态度等方面整体提升,改变新校教学质量不均衡的状况,这是保证学校整体教学质量的基石。

五、高效率管理:内在精神高度凝聚

新建学校在管理模式上没有丰富的经验基础。如果没有高效的管理与强大的凝聚力,新学校很容易成为一盘散沙。张江集团学校的做法有以下几点值得关注:一是上海中学向张江集团学校提供了实力强大的管理资源和教学资源,这些成为学校强大的智力支撑和经验后盾。二是提高学校凝聚力,让学校成员对学校产生强烈的认同感。具体做法包括:(1)传递价值观,使每位教师自觉接受学校的愿景,使愿景变成每个人发展的需求。(2)倡导价值观,使领导与教师的价值观取向一致,这样学校中每位教师才能激发实现自我价值的愿望,提高学校管理绩效。(3)强化共同价值观,使学校不断攀登新的高峰。

新建学校努力推进高效管理时,要注意以下三点:一是学校管理与名校接轨,注重分析名校管理的模式与方略。这包括借鉴名校管理模式,借用名校的管理资源,分析名校管理模式并根据学校特点进行创造性应用,培养适合新建学校发展的管理团队。二是重视学生的文化认同感,增强凝聚力。学校精神、学校文化的接受和认同需要一个漫长的过程,在管理过程中可以充分发挥校长文化的带动性,将其内化为学校管理人员及教师的行为准则。三是注重以激励为核心的领导与决策。激励制度应与教职工的劳动价值相匹配,进一步增强学校凝聚力,进入"激励—教学—成就—凝聚"的良性循环。

总之,高起点办学、高标准育人、高素质教师、高质量教学、高效率管理是新建学校迅速发展成为优质名校值得参考的策略。当然,新建学校迅速发展成优质名校的策略远不止这几个方面,还可以从彰显办学个性等方面加以努力。新建学校在较短时间内发展成为优质名校,是推进基础教育优质均衡化政策的呼唤。

(选自《论新建学校发展成优质名校的五个策略》一文,刊于《现代基础教育研究》2011 年 6 月。)

2.

基于学生核心素养培育的初中学校课程体系建构

《中国学生核心素养》提出：推进基于学生核心素养培育的学校课程建设成为未来学校发展必须关注的重要课题。不同阶段、不同类型的学校围绕学生核心素养培育，如何把握共性要求并进行富有自身个性特点的实践，进而推进学校课程体系的建构？对这一问题的思考与突破，成为每一所学校办出特色、提升核心竞争力的必由之路。现结合上海市民办华育中学的实践，谈谈基于学生核心素养培育的初中学校课程体系建构思考与对策。

一、基于学生核心素养培育的初中学校课程体系建构思考

进入 21 世纪以来，为提升学生适应未来的竞争能力，许多国家与国际组织把培养学生的"核心素养"作为育人的重要环节加以引领，围绕学生核心素养进行课程建设，成为世界各国教育发展的必需要求。如何把握共性要求，进行个性选择和契合学校特点的核心素养解读，成为初中学校课程体系建构思考的一条主线。

1. 基于学生核心素养培育的初中学校课程体系建构必然

学校课程是学校发展的核心竞争力，同时也是国家所强调的立德树人的基本载体，是将学生核心素养要求落到实处的重要支撑。基于学生核心素养、把握时代发展需求、立足学校个性特点，进行初中阶段学校课程体系的建构，将成为学校发展的需要、期许、应对与财富。

　　初中阶段学生在夯实学生核心素养的基础上进行契合时代需求的发展,学校课程改革是基础。学校应当清晰地认识到科技进步十分迅速,如拍照过去用胶卷,现在用手机及数码产品,新媒体代替纸媒体,电商颠覆了实体经济,打车软件的出现使传统的出租车行业遭到颠覆,教育机构、资本＋高科技形式成新的形态,对教育冲击很大,措手不及,难以应对,家长加码,社会超读书,所有这些都远超预期。此外,信息技术的发展,使我们快速进入智能社会,阿尔法围棋(AlphaGo)的出现可以模拟人的思维。学校课程应当跟上时代发展的需要,无论是从内容上还是从结构上,都需要改革。

　　基于学生核心素养的学校课程建设,是立足学生未来发展的,为了让学生更好地走向 2030 年、2040 年而反过来思考今天的教育改革内容。未来的学校教育,以单一学科为基础的教育将受到巨大挑战与冲击,今后必将走向跨学科、超学科乃至多学科发展的时代。从人的素养发展角度来看,单一学科的教学无法培养学生必备的核心素养,从培养学生的认知能力、协调能力、团队合作、抗挫折的角度来讲,都需要整合学科课程与非学科课程的育人能量。从创新精神角度来讲,大力推进学校课程建设是对个体条条框框的突破,不限于基本技能、技术。学科课程只是学校课程的一部分,不是主渠道。为此,以传统的学科知识为基础的教学格局,必然会面临重大的改变和挑战。

　　初中阶段的学校课程,必须不断走向现代,整合现代科技的内容。我国的理化生教育内容,大多数以经典内容为主,而欧美等国际主流教育,则更强调与科技、生活紧密相关的现代内容传授。2016年我国北京、上海等四省市学生参加的 PISA 测试[①]排名第十,其中

———————

　　①　是经济合作与发展组织进行的 15 岁学生阅读、数学、科学能力评价项目。从 2000 年开始,每三年进行一次测评。

科学素养测试反映出我国学生的问题是对现代科技内容掌握得不够。初中阶段的学校课程改革，要促进学生开展基于现代科技的学习、基于探索与证据的教育，养成学生的批判性思维。

学校课程改革，是学校发展的一种巨大财富，是学校个性、特色彰显的制胜法宝。作为初中阶段的学校，需要围绕学生核心素养的夯实进行智慧集结，发动学校教师围绕学科课程与教学大纲进行思考、实践，充分激活教师的智慧，并把这种智慧集聚起来，变成学校共同的财富，变成学生全面而有个性成长的财富，进而让学校的课程建设成为上海市初中学校课程改革的财富与品牌，推进学校基于课程建设的转型发展。

2. 把握共性要求与个性特点的学校学生核心素养的解读

对学生的核心素养，国外诸多机构与学生进行了研究。初中阶段的不同学校在把握这一共性要求的基础上，可以根据学校学生的特点以及自身的个性，提出契合自身发展实际的学生核心素养培育要求。上海市民办华育中学对学生的素养要求较高，提出了契合自身特色与发展因子的核心素养"6＋3"要求，作为学校课程框架的建构支撑。"6"是在中国学生发展核心素养的基础上加上的修饰语，即"良好的人文底蕴，高尚的科学精神，持续的学习能力，富有情趣的健康生活，强烈的责任担当，优秀的实践创新"。除此之外，为培养学生走向优质与卓越，华育的学生还应具备"3"项华育特定要求的核心素养，即"宽广的国际视野，高远的生涯规划能力，优秀的信息媒体运用能力"。在此对"＋3"项的要求加以诠释，这三项从一定意义上说是在共性要求中有所体现，只是隐藏其中，该校将其凸显出来，作为学校的特色要求提出。也就是说，不同的初中阶段学校可以提出不同的特色个性要求。

一是宽广的国际视野，这是文化修养方面的延伸。作为优秀的初中学子，视野不仅要放在与国内同类型学生的比较平台上，而且要用国际视野去认识自身的发展优势、差距及不足，从而不断拓宽视野,认识自身可能达到的高度。应当在科学素养上进一步拓展,要有与其他各国学生比肩的勇气和气魄,奋勇前行。

二是高远的生涯规划,这是自主发展方面的延伸。初中学生应初步形成自己的阶段生涯规划与思考,家长与教师的建议只是供自己做出选择时的参考。要引导学生结合自身的特点,结合社会和科技的发展,进行高远的生涯规划,不断思考"我是谁""我能做什么""我要做什么",从而不断激发自身的兴趣、开发自身的潜能、探寻自身发展的方向,使自己的阶段发展目标清晰,明确自身的潜能、兴趣与职业倾向的匹配度①,形成高远发展追求与阶段发展取向的一致性。

三是优良的信息媒体运用能力,这是社会参与方面的延伸。当今世界,如果不能在信息与数字技术运用上抢占先机,就会失去未来科技发展的竞争力。放眼世界,德国率先提出了"工业4.0"标准,美国则喊出了"再工业化"及"能源互联网"等口号,日本、韩国等国家的工业智能化不断升级,全球正从制造工厂走向"智造时代",这些都与数字技术、"互联网＋"紧密相关。2017年,被寄予厚望的科技进展包括:(1)开发新智能(如自动驾驶技术);(2)发现新星体(如寻找太阳系中的"第九行星"与银河系中央的黑洞);(3)打开新视界(如欧洲X射线自由电子激光器将完全投入运用),这些都与信息技术、数字技术使用不可分割。为了适应乃至成为未来科技的领军人才,就需要在信息媒体运用能力上取得突破。

二、基于学生核心素养培育的初中学校课程体系建构对策

初中学校把握共性要求与个性特点,形成学生核心素养认识与解读后,就需要根据这些认识与解读进行校本化课程体系建构,主要

---

①　罗伯特·C.里尔登.职业生涯发展与规划[M].侯志瑾,等译.北京:中国人民大学出版社,2014:11.

对策有以学生核心素养培育来统整学校课程的结构,注重学校课程建设研修共同体的建构,对学校课程实施管理文化的解构。

1. 以学生核心素养培育来统整学校课程的结构

基于学生核心素养培育的初中学校课程体系建构,首要环节是进行学校课程结构的统整思考,可以从学科领域课程与非学科领域课程两部分进行架构。按照上海市和国家规定的周课时数,一周为43节左右,学科课程是34节/周,还有9节课作为非学科课程用于探索。对非学科课程,不以学术性作为重要指标,而是以开阔学生视野、介绍前沿内容为主,与中考无关,但与人的素养发展有关。通过学科课程与非学科课程的学习,可以促进学生在文化基础、自主发展和社会参与三个方面的核心素养上获得更好的提升。

学科领域课程结构奠定初中生获得可持续发展的基石。初中阶段的学校,可以采用将国家、地方课程的共同要求与学校的个性要求相结合的方式进行校本课程纲要的编写,明确基础型内容模块要求、拓展型内容模块要求(学科发展延伸)、研究型内容模块要求(与学科在生活中的运用、学生学科探究能力和创新素养提升有关)。育人目标定位在培养有良好的学科发展能力、理性思考能力及探究与批判性思维的强潜能、责任心,以学科领域课程建设培养具有国家规定的核心素养的学生。上海市民办华育中学的学生学习基础厚实,除了国家、上海规定的学科课程内容外,还进行了学科课程内容的延伸,包括学科竞赛的课程建设,科技方面的课程不仅有强化与国际接轨的 STEM(科学、技术、工程、数学的英文缩写)课程,而且还有深化符合学校特点的科技特色专门课程的建构(包括聘请外校专家来进行授课),德育课程与音体美学科也形成自己的学科课程标准与校本纲要。

非学科领域课程架构为学生志、趣、能开发创设广泛空间,关注学生核心素养的进一步夯实,并围绕学校的个性发展需求进行深化,通过各种活动、项目,来培养学生的志向、兴趣与潜能。非学科领域的课程,不仅深化学生必备的核心素养,而且关注不同类型初中学校独特要求的核心素养,应当允许不同的学生,有不完全相同的个性化知识结构,这对学校发展来说是一种巨大挑战,要求所有教师立足科技、社会、所从事的领域、学生需求等方面,大力推进非学科领域课程的科目建设。

2. 注重学校课程建设研修共同体的建构

基于学生核心素养培育的学校课程体系建构,不仅要厘清学校课程的结构,更为重要的是让教师团队达成共识,不拘泥于从自身所在的学科角度去思考学生的核心素养提升,要具备用跨学科,甚至超学科的思想去进行教学,注重学校课程建设研修共同体的建设。初中阶段的学校要打造一支高素养、懂开发、善研究的师资团队。在构建具有引领价值的学科课程与非学科课程系统架构和体系实施过程中,学校教师应当具有学生志趣引领的能力、进行学校课程开发的能力、开展具有国际视野的比较研究能力及运用现代数字技术进行教育教学的能力。

初中阶段的学校要进一步强化基于学生核心素养培育的学校课程建设研修共同体。在学校课程建设中,教研组长是负责制、备课组长是责任制、教师是执行与开发制,层层落实:(1)新教师要抓住制订课程框架的机会,不断学习,尽快熟悉、了解学校的课程框架,通过积极参与和投入,使自己早些适应框架的要求。(2)胜任教师要在制订学校课程框架时,立足课堂教学。学校的课堂是师生教学高互动、高思辨、高质量的课堂,课程框架要在内容上体现出来。学生的诸多问题,需要教师在课堂上去解决,教师的专业发展也需要在课堂上提升。(3)骨干教师借制订学校课程框架的契机,使自己积累的专业知识升华为专业思想。专业知识不仅局限于教师所教的学科、所教的学段,而且要注重临近学科或跨学科的思维,善于把握小学、中学、大学的学科或专业领域的知识体系,把所教学科知识点串成线、连成网,最终构成知识体;善于从具体的学科内容中提炼出对学科知识体系本质的认识,从而归纳出学科的、跨学科的、综合的教学手段、方式和方法。(4)教研组长应该是学科带头人,要把制订本学科的课程框架作为抓手,只有研究学科、吃透课程教材,才能准确把握课程框架背后的学科思想或专业思维,真正落实课程框架。[①]

3. 学校课程实施管理文化的重构

基于学生核心素养培育的学校课程体系建构,需要对学校课程管理文化进行重构,营造学校课程建设的良好文化支撑氛围,对学科课程与非学科课程的系统架构与实施产生潜移默化、可持续发展的影响力。学校的人文环境对学生成长的影响很大。人文环境体现在学校对学生的态度、对教师的态度及教师对学生的态度;如果教师对学生的态度不好,学生之间的关系不融洽,校园文化环境不好,学校对学生、教师不尊重以及贴标签,就不利于学生的身心健康发展与教师的专业发展。初中阶段学校要努力营造一种氛围,不完全用学科水平判断学生的好坏,而要用志趣、优势潜能来判断学生。目前国家课程标准修改已经基本完成,如何根据国家课程标准来形成自身的课程架构进而形成实施体系,包括课程领导、课程管理、课程实施、课程评价及相应的实施机制与文化建设,让学校课程成为引领学生个性发展与多元智慧生成的载体,需要初中阶段的学校做出探索。

学校将进一步营造基于学生核心素养培育的学校课程建设匹配的物质文化、宣传文化及走廊文化。譬如,在适当的时候开展学科素养与核心素养提升的教研组特色课程展示与评比活动,围绕科技、艺术专门课程建设进行研讨活动,组织教师进行基于学校课程建设的研究活动,开展非学科领域的精品课程与星级课程考核(采用多样的考评方式,包括竞赛获奖、学生满意率等),进一步深化学校课程改革的物质文化建设,包括强化学校课程实施的硬件支撑与技术支撑。

初中学校基于学生核心素养培育的学校课程体系建构,在实施

---

① 尹后庆.多途径落实学生发展核心素养[J].现代教学,2017(3A):4-7.

管理文化上应超出单纯的学科育人范畴,走向人文育人的新境界。从学生的核心素养夯实角度来说,从促进学校走向卓越、学生走向志趣能匹配角度而言,必须认识到追求中考"第一"是没有实质意义的,必须立足于学生未来成才、从可持续发展角度去思考今天的学校课程建设及实施。学校管理团队要进一步提升课程领导能力,促进课程管理"善治"空间的营造,吃透学校课程建设的框架与体系,通过制度设计、系统营造、资源优化、广聚意见等,最大限度地参与各学科、各领域的课程建设,将学生核心素养的共性要求与个性要求通过课程实施内化为学生全面而有个性的可持续发展。

（选自《基于学生核心素养培育的初中学校课程体系建构——以上海市民办华育中学为例》一文,刊于《现代基础教育研究》2017 年6 月。）

3.

初中优质教育的"航标"与"路径"

初中是学生身心从懵懂走向初步成熟的重要过渡期,怎样为这一阶段的学生提供适合他们发展的优质教育,成为每一所初中都需要认真思考的课题。每个初中毕业生只要想上学,都能接受高中阶段教育。我国教育总体规模已经迅速扩大,上学难的问题已经基本得到解决,上好学的问题成为主要矛盾。所以,尽管在一定时期内一些地区、一些领域中,民办教育的补充性作用依然存在,但从总体上看,民办教育向优质发展转型,已成为一个不可逆转的趋势。① "十三五"改革发展阶段,更需要我国初中不断根据自身的优势、特点及学校集聚的学生特点,探索初中优质教育的"航标"与"路径"。

一、定位初中优质教育的"航标"

初中优质教育的探索方向应契合国家与社会的发展需求。我国正提出从人力资源大国走向人力资源强国,需要我国教育走强。教育走强就需要办好每一所学校,包括催生一大批初中优质教育。由于学校的传统、特色不一样,学生的智能结构与优势智能领域是有差异的,这就为不同类型初中优质教育的探索提供了广泛的空间。作为初中阶段的学校,就需要根据自身发展与学生的特点,进行初中优质教育"航标"追寻的自我定位,主要显现在以下几个方面。

---

① 陶西平.民办教育发展要立足"优质"[N].中国教师报,2011 - 12 - 02(12).

1. 探求优质教育目标的"标杆"——寻找参照系

每一所初中阶段的学校在探索优质教育的过程中,需要找准自己的发展"标杆",明晰符合学校自身发展的参照系。有的学校可以区域的优质学校发展为参照系,有的可以地区、省市的优质学校为参照系,有的可以全国乃至世界范围内的优质学校为参照系。也就是说,应当以一定范围内的"一流"或"先进水平"为参照系。上海地区初中阶段学校,要有一批学校能以世界一流或先进水平为参照系。我们一直以上海地区基础教育为自豪,因为上海学生的 PISA 测试曾连续两次获得世界第一的好成绩,但不要忘了我们的成绩是基础底线高了,但高度领先不多,有些还明显有差距。事实上,在针对初高中前 5% 的学生培养方面,我们与国际一流或先进水平的差距还很大,欧美等一些发达国家,针对初高中 5% 的学生培养,在个性化培育与资源提供的力度上,比我们国家要大得多,相关培育方式包括让这批学生与优秀的大师对话,进入科研机构与大型企业做项目等。因此,在探索初中优质教育的过程中,需要有一批学校以"国际一流或国内先进水平"为参照系,也需要大量的学校找到适合自己的优质教育发展定位。

2. 探求优质教育内容的"标准"——立足高地

探索初中优质教育,需要明确自身发展内容的"标准",思考学校应在哪一个或哪些领域中成为教育发展的高地,在优质教育内容思考上把握"高地"的要求,这也是人才早期培育要适应国内外竞争的迫切需求。当前世界各国,都想抢占未来人才培养的"高地"。只有如此,才能在未来世界竞争与格局调整中找准自己的位置。放眼世界,德国率先提出了"工业 4.0",后美国喊出了"再工业化"及"工业互联网"口号,日本、韩国等国家迎头赶上,工业智能化不断升级,全球在走向"智造时代",我国也出台了中国制造"2025"。世界在不断变化,中国也在迅速发展。中国的发展要从过去的融入世界到今后的引领世界,所需要的人才不仅要关心中国,也要面向世界、全球。如何培养具有中国根、世界眼光的英才,就需要早做准备,在初中培养内容上要确立一流的"标准",考虑适合未来 20 年的教育内容改革乃至人才培养之道,确立相应的教育标准与教育内容。这将包括针对不同优势潜能学生的课程建设、智能化内容的融入、社会资本的充分利用、对当前乃至未来科技发展前沿的了解与概貌的介绍、对全球与中国的重大问题关注等,对初中教育内容进行选择。

3. 探求优质教育方式上的"标码"——坚守适度

实现优质教育有三个层面:第一个层面是从不规范的学校到规范的学校;第二个层面是成为一所有吸引力的学校;第三个层面是从有吸引力的学校到有创新性的学校。[①] 每一所初中阶段的学校,都力求在探求优质教育的方式上走出一条属于自己的创新之路。穿什么样的鞋、选择怎样的标码,只有自己试了才知道。在优质教育的方式探索上,需要把握优质教育共有的属性,又要走出有自己的传统、特色、文化的道路。从优质教育道路探索的"共性"上,要把握"五个度":(1)高度。站在一定的高度上看学校的发展。(2)宽度。视野要宽,既要与国内同行比肩,更要从国际视野角度来分析当前的不足与优势,迎难而上。(3)深度。探索优质教育,要立足学科优势和特色的不断深挖,形成自己不可撼动的特色、亮点与核心竞争力。(4)厚度。注重学校文化的积淀,包括对传统的传承与奠基,营造良好的学校文化引导。(5)长度。探索优质教育的时间,绝不是一朝一夕的事,既要把握学校的历史底蕴,也要做好打持久战的准备。

4. 探求优质教育评价的"标尺"——有竞争力

每一所初中阶段的学校,在探索优质教育的过程中,要明晰教育评价的"标尺",那就是形成自身在一定领域的竞争力,就可以说自己是优质的。这种竞争力,体现在培育的学生应当具备我国学生的核心素养上,需要注重学生志趣能发展的匹配,需要在学校优势发展与特色发展上做出选择。每一所学校优质教育的探索,都需要大力推

---

① 唐盛昌.我们需要三种不同意义的优质教育[J].现代教学,2010(3):15.

进具有不同领域发展潜质学生的发展,培养他们有远见、有担当、有视野、有信念,能适应并引领未来某一个或某些领域的发展潮流,具有可持续发展的竞争力。我们的学生在面对迅速变化的社会,面对来自社会的各种诱惑与不确定性,在理想追求、价值观念、胸怀视野等方面,面临严峻考验。要引导学生坚守自己的理想,耐得住寂寞,使自己能在志趣潜能的匹配探索路上,做出更好的选择,获得更好的成长。我们既要培养不同类型高素质劳动者,也要培育在一定领域中具有引领力的开创者、建设者。在工具性知识越来越多的当今社会,培养未来某一领域优秀人才,就需要帮助学生掌握未来成长最重要的价值与能力,立足未来英才核心素养的夯实,如良好的组织能力、深厚的人文底蕴、扎实的科学精神、高尚的审美情趣等,避免人生目标的功利化与庸俗化。

二、选准初中优质教育的"路径"

当每一所初中阶段的学校能清晰地定位好所在学校优质教育的航标,接下来就需要选准适合自身发展的优质教育道路,为不同领域、不同潜质学生走向优质提供各种桥梁、载体、车道,走出一条适合自身特色与个性发展的优质教育之"道"。这种"道",其实就是探索,有利于优质教育成长的"原动力"开拓,注重"道"法自然,为学生的成长创设一条有学校特点、学生特色的"康庄大道"。现结合上海市民办华育中学的探索加以说明。

1. 在立德上要注重育人的"仁道"

初中优质教育的探路,学校德育是重中之重。一个有才的人必须有德,否则不但成不了国家栋梁,而且有可能成为"害群之马"。因此,我们在学校优质教育的探索中,应当注重德育工作"仁道"的落实,树立学生的"仁爱之心"与"道德内化",学校的主要抓手是推进实践型德育,以各类德育实践来推进立德树人的"仁道"落实。

初中优质教育在落实德育"仁道"的过程中,可以从多个方面进行努力。第一,要立足"绿色指标"育人导向,转变德育观念。强调根据不同学生群体的需求,进行德育关怀与人文关怀,将"仁道"贯彻到学校德育实践工作,将学生的思想道德建设与人文素养夯实统整起来,真正让学生明白"育德",并与自身的人文素养提升紧密结合起来,内化到自己的言行举止中,让学生"智育"素养与"德育"素养共同提升。第二,进一步丰富德育课程与活动,搭建实践舞台。学校德育的方式要从"灌输"走向"渗透"、从"有痕"走向"无痕"、从"无趣"走向"有趣",将德育目标分解、渗透到具体的德育实践课程与活动中,包括:以志愿者服务、爱心义卖培养学生的社会责任,以科技活动培养学生的创新能力,以运动竞技比赛培养学生的体育精神,以阅读大赛培养学生的人文情怀。第三,进一步开放与利用校外资源,推进社会实践。不断引导学生去体验社会、走入社会,真正将资优生的仁爱之心与社会发展需求联系在一起。

2. 学校课程建设应注重彰显内涵中的"跑道"

当前初中阶段的学校课程建设,做了许多具有自身特色的工作,包括分层次学校课程建设、特色科技教育课程建设、多样化第二课堂建设等。但是,我们往往忽视了学校课程的另一个本意,即对学校课程的"跑道"中的"奔跑"把握得不够,没有反映出学校课程建设是一个动态、不断发展的过程。初中优质教育彰显课程建设的"跑道"之义,可以从以下几个方面努力:第一,推进智育课程在激发学生兴趣、潜能方面的活力。关注不同优势领域、不同层级学生的可持续发展。讲智育课程,不完全以学校为主的传统课程,要适度打破一些学科为中心的构成,以激发学生兴趣和潜能为主的板块式、微课程等课程的开发,包括对数字时代新的认知方式的探索,可借用数字技术来探索新知,包括知识定位,课题搜索,内容整合,发散创新,参与互动;对项目设计常用方式的探索;对科学探究常用模式的探索,如发现问题,提出假设,真伪验证,形成培养学生有科学家的思路和意识的课程。

第二,进一步强化科技教育课程特色与活力。科技教育课程的建设要在"优才"与"英才"的早期培育上做出更多的努力,如在STEM(科学、技术、工程、数学)教育及科技创新实验室建设上进行探索,把握"兴趣引领、运用切入,项目导向、板块支撑,方法养成、创意发展"的思路。学校可以活动课程、课题研究、探究式学习、主题式学习、项目等为抓手,进行多学科、跨学科的共同学习。第三,体艺课程建设,真正显现学生成长的"光环"。对现在的"优才"与"英才"认识,身体素质与艺术修养是他们可持续发展的重要一环。如果大家关心当前的许多"优才"与"英才"的话,都可以看到这样一个共同点:要么他们有特别感兴趣的体育运动爱好;要么具有艺术特长。学校在进行优质教育的探索中,应当在体艺课程建设上下更大的功夫,如露天音乐会思考如何进一步展现学生的艺术个性、体育的分模块教学等。

3. 推进教学改革不断"悟道"

初中优质教育在教学改革上,立足优质、高质不断进行探索,需要根据不同学科的特点,进行教学特色与模式的建构,在学科教学实践中不断"悟道"十分重要。学科教学改革的"悟道",在于把握学科的育人内涵、学科的人文价值、学科的特色建设之路。这个"道"包括理解本学科的精髓,形成教学特色,建构教学模式。初中在优质教育探索中"悟道",可以做好以下几方面工作。(1)营造新教师迅速成长的环境。(2)不断营造学科教学研究的氛围,推进教研组的学科特色研讨。(3)敢于挖掘学科教学特色,将特色建设与教学模式的研究结合。(4)要挖掘和总结每个教研组的特色,可以邀请专家、行家指导。初中优质教育的教学改革探索,需要结合学校课程改革进行深入思考。

4. 教师专业发展应不断树立"匠道"

在初中优质教育的持续探索中,教师专业发展十分重要。教师经常被称为"教书匠",如果真正能领悟"教书匠"的"匠道",就是一种专业精神与教学个性、特色的提升和升华。我国大力提倡"工匠精神"，对教师专业来说，其实也有自己的"匠道"，具有工匠精神的教师将教育作为终身事业，专注、执着于教育教学，力求教育教学工作的精细、极致，并在此过程中体验幸福。① 即努力探索符合自身特点、学科特点、学生发展需求的专业智慧与形成相应的专业精神。随着高考招生考试"新政"的颁布与实行，随着教育环境的变化，尤其是数字技术给教育教学带来的挑战，各种新教学形态层出不穷，如慕课、翻转课堂、在线学习等，要求教师加强对教学对象——学生的研究。最近，各地区也在酝酿初中升高中的招生考试改革，教师要不断加强对招生考试"新政"、课程教学要求、教育教学环境的研究，努力使自己在教育教学实践中成为"独具匠心"的研究型教师。

5. 学校管理在法理情机制探索上持续"问道"

学校在优质教育的探索中，需要注重学校管理上自己的操作与运行体系，其核心理念是走向学校管理的善治，走法理情结合之路。在遵照"法""规"的同时，注重学校管理的合情合理，持续"问道"。学校应进一步发挥在教育改革趋势引领下管理团队、系统的作用。一个人干不过一个团队，一个团队干不过一个系统，一个系统干不过一个趋势，如果把握改革趋势、完善系统、整合团队、发挥个人智慧，就能形成学校发展的强大合力：个人＋团队＋系统＋趋势＝成功。教师是一个对能力和素质要求颇高的岗位，如何保持持续的工作动力？需要一个"立体机制"的激励。底端是利益激励，待遇，道德纪律的约束；高端是理想激励、榜样的示范；中端是工作伦理、兴趣、集体荣誉感。学校在优质教育的探索中，一定要促使管理团队带头推进教育教学研究，进一步提升学校的研究与创新氛围，从而带动教师、学生进行研究与创新。学校应进一步推进学生的综合素质评价。既关注学科学习成绩，也关注学生的品质表现、团队活动等，真正使奖学金发挥激励机制。

---

① 王加强.教师教育：重拾"工匠精神"[N].中国教育报，2014-04-28(6).

　　学校在初中教育的路径选择中，还可以从学校文化建设上深入下功夫，不断落实"法道"。学校文化建设包括物质文化、精神文化、制度文化建设。我们还将进一步推进学校的文化建设，推进道法自然，发挥学校文化"润物细无声"的熏陶作用，让教职工与学生在校园生活中过得有价值、信仰、尊严、幸福、快乐，进一步营造学校优质教育建设的良好氛围。

　　（选自《浅析初中优质教育的"航标"与"路径"》一文，刊于《教育参考》2016 年第 6 期。）

李英校长在 2022 届学生毕业典礼上与学生合影

4.

新中考视野下的初中教育"四个激活"

从 2018 年开始,上海市推行高中阶段入学招生改革(以下简称新中考改革),面对新中考改革,初中教育如何"转型"、深化教育内涵,成为初中阶段学校需要关注的重要课题。上海市民办华育中学作为初中阶段学校的领先者,怎样把握新中考改革的发展趋势并进行实践策略探索,从一定意义上说对初中教育具有引领价值。现结合上海市民办华育中学怎样把握新中考政策变化带来的挑战并进行学校综合教育教学改革,探讨新中考视野下的初中教育改革方略。新中考改革的一个核心理念是,促进学生全面而个性发展,要求学生全面发展、不偏科,努力让每一个学生的综合素养得到全面提升、个性潜质得到良好开发。新中考实行"两条腿走路":一条是"初中全学全考";另一条是"初中生综合素养评价"。

在新中考改革中,语文、数学、外语满分 150 分,综合测试 150 分,体育与健身 30 分,新增历史、道德与法治 2 门计分科目,满分各 60 分。记分科目由以往的 630 分增加到 750 分。其中,综合测试 150 分:70 分物理题、50 分化学题、15 分跨学科案例分析题、15 分物理与化学实验操作题。7 门等第评价科目为地理、信息科技、生命科学、科学和社会 5 门科目统一命题,统一评分标准,统一时间组织考试;艺术和劳动技术 2 门科目考试则注重平时学习的综合评判。面对新中考改革,初中阶段学校教育如何促进学生全面而有个性发展,全面提升学生的综合素养,需要每一所初中把握改革精髓,进行符合学校实情的策略探索。

一、注重立德树人的初高中衔接——激活学生的创新潜质

新中考改革侧重于学生的全面发展,不是立足应试,而是立足学生的素养提升,立足立德树人是教育的根本任务,以及对每一个学生创新潜质的激活。从新中考的考试改革来看,对学生的学习能力要求更高,不仅强调学生对语文、数学、外语的基础知识与能力的夯实,而且强调对学生的跨学科分析能力、动手实验操作能力,更强调学生对道德、历史等方面政治、人文素养的奠基。学生要想获得高分,就需要提升自主学习、持续学习及综合学习的能力,并且思考学习与人文历史、品德的发展。理想的学生,不是一个精致的利己主义者,而是要学会去改变自己、改变生活、改变世界,要敢于和勇于帮助、影响更多的人。学校要将立德树人放在首位,且做好初中阶段与高中阶段的教育衔接,注重激活学生的创新潜质。

初中阶段的立德树人是以初中生综合素养的提升为衡量准绳的,要求学校乃至家庭从一开始就做好孩子综合素养提升的多种准备、创设多样发展的舞台。初中学生综合素养评价,主要包括四个方面:品德发展与公民素养、修习课程与学业成绩、身心健康与艺术修养、创新精神与实践能力。在"品德发展与公民素养"方面,需要德育先行,进一步创设丰富的德育课程,搭建广阔的实践舞台,让学生的品格与胸怀决定学生发展格局,让学生发展的格局影响学生学习眼界与学识。在"修习课程与学业成绩"方面,要继续深化课程体系的分层化与拓展课程的多样化,注重学生个性潜质的开发。在"身心健康与艺术修养"方面,应注重让学生在多样活动中,积淀人文情怀和提升审美情趣。在"创新精神与实践能力"方面,努力打造学校多样的特色平台与创新空间,让学生的创新潜质开发建立在多样的舞台与教育资源的拓展上。

二、注重阶梯式课程与创意性教学——激活学校的育人载体

新中考改革要求促进学生全面而有个性发展。持续提升学生的综合素养,需要不断激活学校的育人载体,即在课程与教学上做文章。学生在发展过程中对不同学科的领悟是有区别的,建构阶梯式课程系统成为必然。在课程实施过程中,不同类型、不同区域的初中应把握自身的实际。在培养学生的素养过程中,鼓励开展针对不同学生、不同学校特点的创意性教学。初中阶段立足于学生的全面而有个性发展,促进学生综合素养的提升,需要不断激活学校的育人载体,尤其是在学校课程建设与教学改革上推陈出新,推进学生多元个性发展与学生核心素养提升的一体化探索。这种一体化探索,既注重核心素养与综合素养发展的导向,又鼓励学生的个性潜能开发,将学生学业提升与以学生德育为核心的思想维度,以可持续发展、个性化发展、创新性发展为导向的智能维度,以体验为特征的行为方式维度等多方面发展结合起来,走出一条新路。

在阶梯式课程与创新性教学方面的育人载体建设,对初中阶段的学校来说还处于探索阶段,需要加强综合性研究,现在我国核心素养的研究探索,既是对国际教育发展趋势的把握,又是本土化实践探索的结晶。在课程与教学的载体创设上,需要加强专业化、综合化和本土化。初中教育应把学校课程项目建设作为十分重要的驱动力量,发动全体教师,并积极与高中、高校乃至科研院所的专家、学者进行实质性合作,从基础型课程的学科教学纲要与各学科应拓展及发展的内容开展研究,努力推进特色学科、创意性教学特色创建与现代技术平台的整合探索,促进教师、学生基于数字平台(如创新实验室等)的教学方式革新。

三、注重教师的校本研修与专业提升——激活教师的实践智慧

新中考对教师关注学生的全面而有个性的发展提出了新要求，初中教育应进一步开展教师的校本研修，关注教师的专业可持续发展，不断激活教师在教育教学实践中的智慧。教师的校本研修与专业提升，需要学校创设丰富的校本研修课程，激励教师基于教育教学实践进行课题研究。教师应主动关注新中考和新课标对教育教学观念、行为带来的挑战与变化，注重实践中的问题探究，努力成为研究型教师。初中教育应鼓励学科教研组开发多样的校本研修课程，促进教师进行校本研修。校本研修课程与校本课程不同。校本课程是针对不同学生发展的课程，而校本研修课程是指向教师培养的研修课程，往往由几个骨干教师为主体进行开发，集聚学科组教师的智慧，促进学科教师的成长与学科育人特色的生长，形成教师基于实践探索的各学科特色研修课程，供全体教研组，尤其是新教师学习。每一个有兴趣的教师都可以尝试开发供全体教师使用的校本研修课程，如英语教师使用题库研究、错题指导策略等。

校本研修文化的本意是唤醒教师内在对学习的价值追求，是教师生命智慧成长的不竭动力。[①] 校本研修课程的开发与实施过程，也是研究型教师培养与集聚的过程。校本研修课程的开发与学习，尊重教师团体与个体参与的价值，注重调动一线教师共同研修的力量。研究型教师，是立足学校发展实际与学生成长，注重把基于实践的课程开发与教学研究当作一门工艺、技艺、手艺去认识的教师，他们在研究过程中，形成了一种关注教育教学实践与时俱进的"工匠精

---

① 熊伟荣.营造教师校本研修文化的"生态场"[J].教学与管理,2016(5): 20－21.

神"。学校在鼓励教师开展基于实践的教育教学课题过程中,将鼓励教师采取"走出去、请进来"的方式,深化学科专业视野与拓展专业实践智慧。学校将以课题研究、分组培训等方式,促进教师与学科专家、外聘教授进行对话,拓展研究,开阔视野,推进教师的育德能力,增强教师的学科功力,提升教师的人文修养与信息素养,鼓励教师进行跨学科的交流与研究。

四、注重学校法理情管理机制的完善——激活管理的文化效能

新中考改革对学校管理提出了挑战,初中阶段的学校管理需要在学生的学科成绩提升、综合能力培育、课程载体创设、教学管理革新、教师专业发展等方面做出教育善治处理,完善学校管理机制,并将诸多管理举措上升到文化层面,真正发挥学校管理的文化效能,将新中考强调的育人理念长久地落到实处。在管理过程中,没有法的管理会缺少规范,没有理的管理难以服人,没有情的管理不通人性。① 不同类型的初中教育管理,应当根据我国教育体制改革的法律法规要求,进行契合情理的处置,形成先法、后理、再情三者结合的管理运行机制,激活学校管理的文化效能。

将法理情管理上升为学校管理文化,并产生促进学校教育质量的效能,需要长期的努力,推进"以人为本,依章办事,诚信合作,和谐发展"的理念落实,建构高效能的学习型与管理型组织体系。立足新中考理念的落实与学校办学特色的彰显,学校管理要善于立风气,用人才,建规则。立风气是倡导以奋斗者为本的理念,并在行动上带头实行。让全体教职工逐步树立共同的信仰、共同的价值观、共同的道德标准,把学校的发展放在重要的位置,从而促进学校与时俱进。用

---

① 张友苏.管理艺术:法、理、情的有机统一[J].求实,2002(2):57-59.

人才是要让一批有责任感、使命感的教师有用武之地,学校的强是团队强,教师强,疑人不用,用人不疑。建规则是指一个好的学校要有规则,要有行为准则,做事要有制约,健全制度,订规矩,制定纪律等,可以提高效率,让管理有章可循。

　　学校在教师管理、家校合作、应急处理等方面形成了很好的管理机制。教师管理注重让教师产生学校的归属感。在家校合作上建立信任系统。在应急处理上不要过高或过低估计自己的能力。处理问题要有节奏,不能情绪化,不能就事论事,不能激化矛盾。学校鼓励教师把握工作和生活的平衡,生活中只有工作是不健康的,应享受生活,希望每一个教师既有幸福感,也有成就感。

1994 年 11 月 19 日,李英副校长在印度尼西亚参加国际文凭组织亚太地区工作会议

5.

为学生的成才奠基　为学校内涵发展助力

　　华育中学究竟要从哪几个方面走向引领地位？对这个问题,我们经过了多次讨论,基本明确了未来发展的指导思想,力求在教育转型综合改革实验中适度超前,指导思想体现三个坚持:坚持"以立德树人为核心,创新精神和实践能力为重点";坚持"以转型发展为契机,转变学校办学理念、转变教师教学方式、转变学生学习行为";坚持"以绿色指标为导向,强健学生的身心素养,强调和谐的师生关系"。努力探索引领上海市中心城区优质初中的率先发展、引领发展、创新发展之路。在走向"引领"的过程中为学生成才奠基,为学校内涵发展助力,要做好六个方面的奠基。

一、立德树人的奠基

　　学生的全面发展,德育为先。华育中学的学生学习成绩与智育水平处于领先,无可争议,但学生的德育有很多工作要做,需要在"立志、素养、服务"的思想引领下抓好德育工作。由于要到华育工作,过去的一两年中,我在上海中学担任副校长工作或开行政会时,特别留意有关华育中学毕业生在上海中学的成长信息,发现了一个值得深思的现象:上海中学学习成绩优秀的、竞赛成绩好的、在学生会表现突出的,积极参加各项社团活动并获各类奖项的,相当一部分来自华育中学,但有时有些学生还不够"大气、谦和",不懂得"尊重、服务"。

学校德育工作,仍然要围绕"立志、素养、服务"六个字下功夫。这六个字的相互关系是:通过服务和开展各种活动,提升学生的素养,通过素养的提升,进一步确立个性化志向,还要引导学生立志立身,从身边的小事做起,不断成长。学校的立德树人奠基不是空洞只讲大道理的,需要抓好三个不同层面:(1)学校层面抓导向。对先进班、文明班标准进行大幅度修改,重新给全校班主任一个评价导向。每学期学生处确定的活动主题就是导向,每个时期重点问题的解决是导向,不同时期有不同的活动主题,就是导向。(2)年级层面抓风气。从年级组角度讲,实实在在抓学生认真学习的风气、积极向上的风气、诚信友爱的风气、社会服务的风气。年级组要达到标准,关键要看风气。(3)班级层面抓实效。班主任要通过班级将德育工作落实到每一个学生身上,使每一个学生个性化发展。

我们还需要做好以下三方面工作:(1)抓好主题班会,让主题班会成为学生心灵洗礼的场所。要将好的主题班会汇集起来,变成班主任培训的好教材。抓好学生自主管理与诚信教育,做到四个一样:教师在与不在一个样,校内与校外一个样,有检查与没有检查一个样,家长督促与不督促一个样。平时早读、自修也让学生自己管理,诚信教育贯彻其中,平时"周爽"练习,尝试无人监考。(2)做好学生的引路人。从班主任、年级组长到校领导,对学生的思想工作要特别关心。上学期有个别学生学业优秀,但行为举止不够规范,我们要求该生写出反思认识,家长也认可我们的做法。(3)策划好各类活动,营造好良好的德育氛围,让学生具有独立的人格。教师要让学生懂得如何爱自己、爱身边的人、爱社会,让学生不但明白哪些事情不能做,而且要劝别人也不能做。

二、学生成长环境奠基

创设学生成长的良好环境,是学校工作的第一要义。这学期学校将立足学生全面而有个性的发展,努力为学生的成长搭建各类平台。华育要实现引领,就需要在原有基础上不断打开视野,为学生个性发展搭建更为宽广的平台。从这学期开始,各部门认真思考,力图搭建以下四个方面学生成长的平台:

1. 潜能发展的平台。学校要走出一条龙的培养和个性化的发展路子,给学生搭建潜能发展的平台。本学期的发展思路是在强化学校数学优势的同时,将潜能发展平台延伸至多个学科领域。这几年华育的数学竞赛,虽然进冬令营的学生数增加,近几年每年高中联赛都有华育的学生,而且有 4 个学生进入上中后获得国际数学奥林匹克竞赛金牌。要形成上海初中的数学尖子在华育的局面,需要研究分析教研组实力,合理布局、定位,充实力量,形成数学特色。与此同时,通过数学这一基础,向多个方向发展,与上海中学科技班、工程班、数学班的专门方向衔接。2014 年 9 月,华育中学将开设科技兴趣班,培养学生的科技兴趣、探究意识与创新素养,在学生培养上走出一条新路。除了设置数学兴趣班、科技兴趣班外,学校还将在平行班开设文史兴趣小组,英文兴趣小组与拓展科技、人文、体艺等方面的第二课堂,供学生选学。让学生在选择学习中激活兴趣,识别与开发潜能。当然也包括物理、化学、生物学、计算机科学、医学、土木工程、环境、能源、海洋、通信等多个专业方向,开发多种课程,为学生潜能发展提供更广阔的舞台。

2. 开阔视野的平台。大学教育是学术性的,高中教育侧重专业发展方向引领,初中阶段则注重培育学生的探索精神,开阔学生视野,打开思路。华育自身发展定位要清晰,以兴趣激发为主。例如,通过上海市青少年科技创新大赛这一平台,引导学生去了解相应领域的知识。由于该项比赛涉及地球与空间科学、工程学、环境科学、计算机科学、物理、化学、数学、微生物学、医学与健康、动物学、植物学、生物化学、社会科学等13大领域，可以让学生在边学习的同时，边尝试进行一些自身感兴趣的课题探究，接触现代科技发展的知识，明确自身学习与社会生活、未来发展的联系。另外，教师可以通过国内外教材的比较研究，汲取国际课程优质元素，并在课堂教学中以学生可接受的方式有目的地介绍学科最新发展趋势，激发学生的内在学习动力。

3. 人文底蕴的平台。初中阶段是学生人格形成的最重要阶段，因此初中阶段的教育不仅意味着传授知识，更重要的是还承担对"人"的教育的重要职责。华育中学关注学生内涵品质的提升，而这个品质就体现在人文底蕴上。在学科教学方面，人文学科及自然科学都要找到不同的培养载体，尤其是历史、语文、政治等学科。政治学科可以考虑关心自由贸易区、货币自由兑换、十八届三中全会提出的民间参股等。人文视角则包括影视、动漫、经济、法律等，多视角激发学生兴趣。当然，对华育中学来说，除了让学生在学科教学中加强人文素养教育之外，还应让学生从丰富的实践活动中学会如何与人相处、加强团队精神及对自然的亲和力，把学生的眼光引向更为广阔的文化领域，在实践中受到人文素养的熏陶，帮助他们打下精神的基础、文化的基础，形成深厚的人文底蕴。

4. 思想境界的平台。华育学生不能只是学业成绩好，还要有志向与追求，有责任与境界，有诚信感恩的情怀与社会服务意识，能真正成为社会公认的高一级学校青睐的优秀初中毕业生，所以我们非常强调促进学生基于社会责任感的价值追求。预初要抓好适应性教育，通过军训夏令营培养学生的组织性和纪律性，督促学生养成良好的学习和生活习惯。初一要抓好道德修养教育，让学生拥有健康心理与审美情怀，在生活中讲文明、讲礼貌、不浪费等。初二要进一步强化理想信念教育、团队合作及诚信教育。初三要抓好社会责任感教育与立志教育,强调学生的综合素养提高及不怕艰苦的意志品质、抗挫折能力及面对挫折的韧性。学校将通过升旗仪式、社团活动、社会实践等进一步提升学生的思想境界,针对当前社会热点举行辩论赛、不定期组织学生参加各种公益活动,并通过德育课程的形式对活动进行评价。按照这个方向,才能把我们的学生教得更好,培养得更好,成为对社会有用的人。

三、教师发展环境奠基

要满足华育中学教师发展的需求,只能靠华育人共同的智慧,用我们积极的实践、体验来创造更多分享与碰撞的平台。让华育的教师创造一种信任文化,这个信任包括对学校的信任、对教师的信任、对自己的信任。每个华育的教师,都应为创造这种信任文化做出自己的努力。在这里,应积蓄每个人的能量;在这里,应让信任随时发生,并且制造出让每个人快乐成长的环境,信任文化可以让教师真正凝聚起来,打造华育的未来。

我在上海中学主管人事工作 30 多年,担任 4 年中层,23 年校级领导,在我的心中,无论职务如何变化,都坚持一个原则,就是对教职工的评价从不以个人好恶出发,处理事情都是对事不对人,只要他们对学生、对学校的发展有利,我都会由衷地尊重他们。我不在乎他们对我的态度,都以一颗包容的心去接纳。事实上,我们最终都成为好朋友。

刚才讲到,为学生创设四个方面的平台,需要教师充分发挥自身智慧,挖掘自身的学科优势与潜能,在自己的岗位上不断提升。各教研组与各位教师都可以从"微课程"建构及引导学生在学习"微课程"基础上,开展一些小的课题探究与研究性学习上大显身手。我们的教师完全有能力在激发学生学习"微课程"的同时,让学生尝试在学习过程中开展一些小课题探究。这些年,我们新引进的教师大部分是研究生毕业,有指导学生进行课题探究与研究性学习的能力。如果在这方面有所突破的话,我们的学生素养就能在探究、创新上迈开一大步,这也是当前我们比较缺乏的。我相信,通过一段时间的积淀,我们的教师会在这个过程中不断学到新的东西,尤其是跨学科的交叉整合与提升,获得更高的专业发展,学生也会从中获得更好的成长体验。

这学期,我们将让每个教研组开出一两门微课程进行试点,剪辑为六七分钟的时长,放到网上让更多学生学习,教师点评,再逐步进行拓展。对这些"微课程"的开设,学校将根据教师开发课程容量的大小,以大型、中型、小型、微型科目的方式予以实施,拓展学生发展的选择空间,如大型课程安排一学期、中型课程安排半学期、小型课程安排一个月、微型课程安排一两周的时间,鼓励教师开出更多的、让学生获益的课程。学校将根据学生对这些课程学习的满意率来对教师开发课程的质量进行评价。每一位教师都要在这方面做出努力,包括体育、艺术学科的教师,将开发课程、开展探究、组织社团、艺术汇报等充分结合起来。

四、校园文化环境奠基

华育中学要形成自身的校园文化价值导向,学生优先、事业优先是我们校园文化的核心,当然学校也会营造"绝不让雷锋吃亏"的氛围。每一位在华育工作的教职员工都要努力耕耘才会有收获。我的老父亲经常跟我讲的一句话就是:人老都是从手、脚开始的,因为随着人的生命体征下降,你的体力不够,你的血液、气脉都到不了最底端与最顶端,就接不了地气。一个学校,就是一个生命体,如果学校办学规范不到位,就没有生命力。由此我感到,要把学校办成有活力的学校,就必须经脉打通、血气打通,既能接地,也能到顶。这个经脉就包括文化价值观,要把学校的文化价值观融入每个教职工的血液。如果我们的文化价值观血气不通,这个学校就没有活力。

要想有收获,就必须先要付出,以承担责任为幸福感,这是华育文化的重要组成部分。尽管有时候付出未必有收获,但不努力就一点成功的可能性都没有。事物的发生都有一个循序渐进的过程,需要足够的积累,才能产生质的飞跃。我希望华育中学的平台能帮助教职工成功:(1)这个平台能继续吸引全市最优秀的教师和学生在这里任教与求学。做教师不可能成为富翁,一个人有多少钱固然重要,但有一个平台做事,那种幸福感更重要。(2)这个平台应使全体教职工气血相通、血脉相连。(3)这个平台能登高望远,让教师的聪明才智得到展现,让职工更好地为师生、学校服务。(4)这个平台能让我们共同享受成功。

校园文化作为学校发展的标杆,要坚持规范办学的价值取向,要做到依章办事。我的一个管理理念是以道德约束为主管理学校,虽然理想但并不现实,而以制度治理的学校,制度条文看似无情,但对需要的人来说,可能是最可靠、最温暖的保护。这些制度规范要贯彻到每个部门,不留死角,横向到边,纵向到底。上学期,我们组织各部门对华育各项规章制度进行梳理与完善,现在已经装订成册,为今后依章办事提供了规范依据。这些规章包括园丁业绩奖评比细则、病事假制度、联盟校孩子入学的规定、班组等级评比细则、文明班与先进班评比细则、经费使用审批制度、物资采购内控制度、工程项目议标制度、合同签订与保管制度、学校各岗位责任制度、班主任带教制度、学生评选制度、学籍管理制度等,将有力地推进学校规范办学。

五、服务保障环境奠基

让每一位进入华育校园的师生,首先感觉到校园是整洁、干净的;然后感觉到学校有完备的系统的规章制度,有章可循,内部有约定俗成的合情合理的行为规范和价值导向；最后通过一段时间的学习工作后，进一步感受到学校讲规则、讲诚信、讲情谊，从而激发对学校的信任感、归属感和敬畏感。我向来认为学校领导者是"做事"而不是"做官"，要在把握方向、起好引领带头作用的同时，努力为教育教学服务，做好教育教学的保障工作。刚才说到，规范管理就是打通经脉的管理，是增强免疫的管理，是有生命力的管理，这种管理需要我们的管理团队发挥好引领作用，这种引领作用要成为全体教职工智慧激活的引擎，需要创设服务环境，为第一线师生做好服务保障工作。

为此，在 2013 学年第一学期学校做了下列事情。首先是教代会的代表充实为 31 人，以后每学期定期召开教代会，讨论学校的发展，讨论教职工的活动安排、福利等，增强教师的幸福指数。第二，新成立的校务委员会已经开过四次会，行使对学校事情的重大决策。第三，充实调整了家委会班子，进一步完善了家委会民主选举的秩序，在我心中，华育的家长是上海最好的家长，家委会成员又是优秀家长的代表，在学校发展中应起到正能量的作用。第四，年级组、教研组上等级的条例，文明班、先进班评比条例的完善，这学期将按照新条例进行评比。第五，进一步加强财务管理。学校将对财务规章与管理制度作进一步梳理，制订各类财务规章制度，补充完善操作程序，为华育学校当好家、理好财、打好基础。

六、体育艺术的奠基

我想重点讲一下对学生全面发展不可或缺的体育、艺术工作。学校重视学生体育、艺术工作，因为这有利于学生一辈子，国际上的知名学校都重视学生的体育、艺术教学工作，华育要成为一流领先的学校，体育、艺术工作必须到"位"。体育组要认真思考这个课题，在增强凝聚力的同时，思考怎样在严格执行体育与健康标准的同时，多动脑筋、多花心思让学生喜欢体育,找到自身乐于开展的体育项目,并突显华育的体育特色。在上学期的早操中,学生退场工作抓得有声有色,学生也获得了上海市羽毛球团体比赛第一的成绩。这学期要进一步思考有特色地实施课程标准。

对体育组来说,有三项工作必须抓好,而且应达到三高:一是高标准抓好每天 30 分钟的早操,早操不仅是广播操,而且还应有素质操或武术操,包括学生进场、退场。二是必须高质量上好每一堂体育课。包括雾霾天、雨天的合理安排,可在室内教授基本功或讲解体育知识,或播放精彩的赛事并做好解读。三是高效率抓好课外体育活动,发展学生的兴趣与特长,形成华育的体育特色。如今上宝的广播体操、健美操全市有名气,除了羽毛球外,还有什么可以拓展?要发挥体育组的聪明才智去构建。艺术方面的教师也要按此要求思考,该如何提升学生的音乐素养。学校将营造这样一种氛围:我们的体育教师、艺术学科的教师,与其他学科教师是一样重要的,体育和音乐教师做得好,辅导学生取得好成绩,业绩奖励也会一视同仁。

在这里特别要强调的是体育教师要重视自己的科目,很多时候你对自己的科目都不重视,更无法引起别人的重视。

总之,从本学期开始,我与团队将努力为一线教师成长创造良好的教育教学环境。在这里,与各位教职工分享三点心得:一是要敬业。只有敬业才能不被淘汰。对自己负责的工作需要有敬畏之心,坚持不懈、始终如一地工作。

二是懂感恩。人生不可能一切如意,磨难往往是财富,要对帮助过你的同事心存感恩,要对批评过你的人感恩,懂得自己还有许多需要提升的地方。感恩是一种生活态度,让自己有满足感,你怎样对别人,别人就会怎样对你,总是看到比自己优秀的人,说明你正在往高处走;总是看到比自己差的人,说明你在走下坡路。

三是危机感。如果没有危机意识,很可能今天的优势就会被明天大趋势代替,每一位教职工都要善于运用学校提供的各类舞台,把握机遇，迎难而上，才能做出应有的成绩。没有危机感是自身发展的最大危机，满足现状是自身发展的最大陷阱。学校管理团队将努力做好学校带头人，做好保障和服务。我在上中国际部经常说四句话：校级领导要有使命感，学校领导都要有使命感，起到举重若轻的作用；中层干部要有危机感，不能有了成绩就沾沾自喜，满足现状，要经常看到危机，否则不进则退；教师要有紧迫感，把教书育人作为自己的事业，不断充实自己，拓宽视野，提升境界，关心每一个学生的成长，真正担负起教书育人的职责；一般职工要有饥饿感，要积极工作，做好每件事，不努力工作会丢饭碗，大家都这样做才能与时俱进。总之，在华育努力工作会得到认同，我们受儒家思想影响，而儒家是以承担责任为幸福感的，华育始终立足做好一个平台，在这个平台上，华育给大家一个期许，我们希望把华育的平台做成发展的平台，让这个平台帮助教师成功。

我一直说，作为学校领导与管理者，历来都是为教育教学第一线服务的，是为学生成长服务的。作为在华育中学工作的每一位教职工，都应有一个更重要的目标，就是提升境界。境界，既是如何做事，更是怎么为人。境界就是你的人生目标，就是价值观念，就是生活态度，就是你生命旅途中的每一个脚印。境界体现在人生的选择上，不是追求舒适安逸，不是追求名利地位，而是追求超越自我，胸怀天下，是拥有勇于担当，无私奉献的爱校情怀。境界不是你得到了什么，而是你付出了什么；境界不是你个人的贫富荣辱，而是国家民族的盛衰兴亡；境界不是你的智商、学历和才干，而是你的善良、诚信和正直。境界的提升，是一个人加强内在修养，不断战胜自我的过程，需要从我做起，从现在做起。只有如此，才能更好地为学生的成才筑台、为学生的发展奠基。

（选自《在华育中学 2013 学年第二学期工作思路》一文。）

6.

在重"品"走"高"中迎接学校发展挑战

2016 年既是我国"十三五"规划推进的起始年,也是华育中学朝着 2013—2020 年发展规划预定目标前进的关键年。我的感觉是,现在的华育继续在上升,又将踏上新的征程与迎接新的挑战,从领先到引领的实质是从优质到标杆,品质突破需要调整华育办学的标杆,用世界的标杆、中国的标杆定标准。上海市教委希望上海的基础教育水平走在前列,华育中学应该有勇气与实力超前发展,让世界各地刮目相看,让国内同行认同。只有这样,华育才能在新的探索和挑战中,迎接新的提升和发展空间。这学期,华育中学将在重"品"走"高"中推进"六个探索"、迎接"三大挑战"。

一、在"重品"的征程中推进"六个探索"

华育不仅需要用世界的标杆、中国的标杆来推进学校从优质向标杆发展,而且更需要用国际视野、能力、智慧推进学校六个探索,本学期有以下六方面的探索:

1. 立德树人的探索——重"品格"

华育中学始终将立德树人放在首位,学校教育的根本任务就是育人。任何一个发达国家或发展中国家,教育有以下三个层面:(1)基本教育,确保每一个公民有书读,满足大多数学生的基本教育需求,这关系到国家的稳定。(2)优质教育,特别是民办教育,提供多元的教育,满足学生的个性化发展教育,这关系到国家的发展。

(3)精英教育,涉及高端教育,它能使学生的潜能发挥,这关系到国家的战略。我希望华育在优质教育和精英教育层面上能走出一条自己的路。在我看来,现在的学生,是未来的人才;华育的学生,是未来的"精英",他们是家庭的希望,学校要把他们的道德"品格"塑造放在第一位。学习文化知识是学生的任务,但分数不是衡量学生的唯一标准。华育的立德树人要通过提高学生的思想境界、修养和学力来提升他们的道德品格:(1)境界。培养学生从小学会奉献、服务社会、报效祖国。(2)修养。提高学生的个人修养,包括言谈举止及人文艺术修养、个性特长等。(3)学力。夯实学生在远大志向引领下,可持续发展的学习内动力,鼓励学生为了理想、信念而勤奋学习,在达到华育学生基本标准的同时,发挥自身的潜力和能力,提升发展性学力与研究性学力。

学校要思考通过德育课程系列化、一体化设计来塑造学生的"品格",以文明班、先进班为抓手,通过班会、社团活动、社会考察等多样的形式系统化落实、促进学生道德品格的升华。目前华育有学生社团 39 个,种类丰富,活动积极,迎来了华育社团百花齐放的时代。为了使社团更好发展,本学期要做好以下几方面工作:(1)纠正社团评估中重结果、轻过程,重数量、轻质量的问题。(2)重新梳理社团职责不清,少量学生活动有名无实,推卸责任的问题。(3)规范社团管理,落实社团评审制度和优秀社长、社员的评选制度。真正社团的突破,与学生的好奇心、兴趣及长期的专注和努力是分不开的,好的社团的培养,就是要对个人兴趣进行挖掘,对研究活动的专注度及对未知探索的执着等方面形成积极的引导,所以华育要围绕立德树人,培养学生具有历史使命感和社会责任心,使之成为创新思维的未来人才。

2. 文化价值观的探索——重"品真"

华育创办 16 年来,是教师造就了学校,也是学校成就了教师。我来到华育工作一点不陌生,很快适应。是一种偶然吗？不是,当然不是。其背后是学校文化的深层驱动。在这种文化价值下,能让我们开诚布公地进行讨论和对话,无论是我们的愿景还是我们的问题。

华育中学要成为一所真正有品质的学校,必须在文化价值观上花更大的功夫、做更深的文章,立意在"品真"上。华育文化渗透着上中"自强不息、思变创新、乐育菁英"的文化烙印,这是唐盛昌校长引领上海中学一直走在上海乃至中国教育顶端的文化价值观精髓。华育之所以成为上海初中教育的标杆,就是因为华育有着自己追求"乐育菁英"的文化,有着自己"大气、谦和、诚勉、博雅、笃行"的文化价值观。这种文化价值观的背后,有着教育家唐盛昌校长的教育思想支撑。世界上一切资源都可能枯竭,只有一种资源可以生生不息,那就是文化。在企业界也流传着这样一句话:"三流企业靠生产,二流企业靠营销,一流企业靠文化。"没有文化的企业就没有生命力,同样,没有文化价值观的学校,就不可能有可持续发展的生命力。高端学校的可持续发展,靠我们共同打造的华育文化。我们要为学生营造更好的文化环境和读书环境,培育书香学校,建设学习型、创新型学校,引领学生多读书、读好书、善读书,让学校书香四溢,让欣赏各类文艺作品成为学生生活中不可缺少的一部分,让华育"乐育菁英"的文化内化为学生的行为准则与学习风格。

3.课程体系的探索——重"品位"

华育课程体系的探索,一直是华育核心竞争力的重要源泉,在绿色指标引领下以及注重不同类型优秀学生兴趣激活、潜能开发的思想驱动下,今后华育中学的课程体系将更注重"品位",既使强潜能学生得到应有的发展,也使不同层次、类型的学生得到更好的发展。这些年,在学校竞赛课程的支撑下,华育学生取得了令人仰望的成绩,如信息学奥林匹克高中组比赛,前20名中有三个是华育的学生,初中组前三名都是华育学生;2015年"新知杯"联赛和高中数学联赛,华育都排在第五名(包括高中);最近的初中"大同杯"数学满分华育有6人,成绩超过了另一所竞赛强校;OM竞赛获得了全国一等奖,高同学获得 DI 品学兼优奖,全国只有两人获奖,接下来要准备去美国参加比赛。

在建设有"品位"课程体系的探索中,我们还需要进一步努力。要继续探索竞赛课程,华育的竞赛要关注学生的潜能,要发挥学生的优势。2015 年华育的竞赛明显提升,成绩显著,这是所有教师和学生努力的结果。如何持久? 主要有三点意见:(1)每个竞赛学科要聚焦 1~2 个方向。语文的作文竞赛含金量高可以加分,英文竞赛突出科技英文,OM 和 DI,集中熟悉的 DI,科技方面要参加创新大赛。(2)特色很重要,在 DI、作文大赛、创新大赛等领域逐渐形成特色,才能让别人赶不上。(3)要建立可持续发展的梯队,不能乘电梯,上上下下,一届不行不要紧,形成互补,两面夹攻也可以上去的。

华育的课程架构,过去较多的是以传统的中考路线为主,如何在强应试的背景下,使整个学校的学习环境更加宽松、活泼? 如何满足不同优势潜能、不同类型、不同层次学生的发展需求? 数学、科技是华育的强项,如何通过规范大班化教学,小班化、小组化、个别化的教学组织形式,促进学生得到全面而有个性的发展? 如何通过大型讲座、中型讲座、小型讲座和微型讲座,打开学生的思路? 这些都需要我们进一步思考。我们希望教学处与各教研组认真梳理本学科领域的课程,形成一些有自身特色的"精品课程",学校愿意出资出版一批精品、特色校本课程。

4. 教学有效性的探索——重"品质"

随着"互联网+"时代的到来,教师的学习方式将发生重大变革,利用现代信息技术工具开展教师教育必将是大势所趋。对教学有效性的探索,立足点应在于教学质量的提升,重"品质"内涵的持续拓展。上学期数学组被评为区示范组,并在全区学术节上做了"实施有效教学、助力学生发展"的汇报,反响很大,原来外面只知道华育的学生"牛",现在知道华育的教师也"牛"。这学期的教学要基于华育学生的实际,进一步加强各学科教学有效性的探索,提炼出切合学校实情与各学科特点的有效教学方式与方法,既守住教学底线,又不断提升教学高度与品质。数学教研组面对不同层次的学生,采取了分层教学模式,给有天赋的学生(前5％)个性化指导,给有潜质的学生(30％)小班化指导,给踏实稳健型学生(60％)专业化指导,给基础较弱的学生(5％)关爱型指导,实现了三个"百分百":关注百分之百的学生,关注百分之百的教育目标,关注百分之百的行动过程,促进了教学目标明晰化、教学设计层次化、训练题目典型化、训练方法科学化。这些探索,有些是数学组特有的,有些可以让其他组在探索中加以借鉴、改造。

要真正体现华育的教学品质,需要做到:(1)不断发现问题和解决问题,教研组长对教学有效性的探索,要有指导力,教师对教学有效性的探索要有执行力。今年的中考能否保第一?对华育来说是一个挑战,需要通过全体初三师生的努力,通过我们的智慧去解决,真正突破瓶颈。(2)以教研活动为抓手,建立教和研一体化格局,激励教师积极、主动参与教研活动,保障教师参与教研活动的质量和持续性。上学期末,栾兆祥主编来华育看望我,借此机会我让唐轶牵头,通知一些年轻教师与栾主编见面并约稿,短时间内就有12位教师主动与他约见并座谈,探讨论文撰写,反映了年轻教师积极探索科研论文的进取精神。

5. "STEM"和活动的探索——重"品牌"

华育中学的科技班探索、STEM探索及现代化实验室建设,已经在上海市初中教育领域中形成了自身的特色;与此同时,学校开展了丰富多样的科技、社会实践活动。这学期,华育要立足于"品牌"的建构,进一步推进活动的开展、提炼、升华,促进学生的创新精神与实践能力提升。STEM探索,让学生崇尚科学、追求真知,重在点燃学生的创新思维,锻炼学生的创新能力,主要体现在:(1)质疑能力。让学生敢于质疑前人、质疑导师,另辟蹊径。(2)敢于面对失败。任何一次创新都意味着不计其数的失败,而我们的科研、比赛,尽管有一定的功利目的,但立足点在于培养人,要鼓励学生从生活细节入手,从自身兴趣出发,敢于面对失败,促进异想天开。这学期,我们将进一步推进五大类活动:探究学习活动、个性发展活动、社区服务活动、体验实践活动、社会考察活动。形成三层次组织架构:个人组织、团队或社团组织、社会组织机构组织。鼓励年级、班级根据自己的特点进行活动开展,形成丰富多样的表现形式。根据参与人数、延续时间、个人作用、结果档次、活动影响进行个性化全程评价,提炼、形成一些有特色的活动"品牌"。目前,在中国的教育体系中开展有个性特色的活动、项目还没有列入重要的位置,在美国等发达国家,如果没有自身特色的活动,即使标准化考试分数很高,大学也不会录取。探索各类活动的开展,不局限于周一至周五,关键是激活学生的内动力,只要有内动力,周六、周日也可以利用社会资源、家长资源,培育学生的领导力、组织能力及社会责任感,成为同龄人的追随者。

6.高标准常态化的探索——重"品位"

华育中学的师生是有"品位"的,这是通过这些年发展过程中的"高标准"锤炼出来的。显然,华育中学要在我国教育从大走向强,我国基础教育走向世界一流的背景下实现"领先""转型"发展,这种高标准常态化的管理探索必然是艰难的,需要坚持不懈努力,这也将成为华育中学管理的独特"品位"。追求有"品位"的常态化管理,其实大家已经体会到这些年华育的变化,如华育有品位的"咖啡厅",有品位的"科技长廊",有品位的"图书馆"等。之后,我们仍然需要在学生管理上进一步推进有品位的高标准常态化探索:(1)学生管理要进一步精细化,数学班、科技班要按照纵向衔接、横向沟通的管理,解决他们在学校发展中的特殊和共通的问题、矛盾。这个意见最初是初一数学班班主任栾老师向我建议的,这是非常好的建议,我采纳了。(2)学生常规管理在守住底线的同时,要提升高度。无论是早操、早锻炼,还是每节课的上课规范、活动规范,都要形成可操作性制度。我再次强调,在华育的每个学科,没有主课、副课之分,都是学生全面发展的重要组成部分,每节课都很重要,都要高标准地上好,不能马虎,在精细中追求品质,在常态化中追求超越。(3)评价学生要注重三个方面:第一,品德纯正,有社会责任感,有自己的理想和目标;第二,具有学习和研究的能力和潜力,有一定的自学能力和质疑精神;第三,具有一定的活动能力,善于与人交往,沟通能力强。

二、在走"高"的过程中应对"三大挑战"

华育现在走的是一条传统学校的创新之路,吸引了上海的优秀初中生,也吸引了一批中青年教师。珠穆朗玛峰属于喜马拉雅山脉,这个山脉超过 7 千米的山峰有 50 多座,其中 8 千米以上的高峰有 11 座,这让我想到高峰的形成有宽厚的基础,整体水平高了,高峰的高才是稳健的。

这些年,华育中学持续不断地走在新的"高度"上,"高处不胜寒"。学校处于"高位",就需要充分认识到以世界的眼光、国内领先的气魄审视学校发展中面临的新问题。学校的发展、学生的培育,更重要的是学校管理者、教职工的教育教学与教育服务的能量不断被激活、增强。为此,学校每一位管理者、教师、职工都必须同舟共济,根据教育教学要求与时代的变化,更新观念,应对挑战。

1. 领导班子的挑战——立足"高超"

走"高",意味着超越一般的标准,在尊重对手的同时,升华自己。领导班子要率领全体教职工朝着华育"六大引领"与"四个转型"的方向发展,要学会认真分析我们的对手——同类学校的发展趋势(不仅是上海的同类学校,而且是全国的同类学校,乃至世界上其他国家的同类学校发展),与"高手"过招,不断提升自己的管理水平。我在这里所指的领导班子,不仅是指学校的中层以上管理者,还包括我们的年级组长、教研组长及各方面的领头人,我们要一起应对挑战,拓宽视野,共同寻找学校进一步发展的突破口。

现在我们中层以上干部有 9 人,相当一部分没有中层与校级管理经验,需要在工作中不断历练,把握大局观,顺势而行,不断超越自己。我们仍需要不断加强学习。我每天在学校工作 10 小时以上,回家思考的还是工作,每天日程排得满满的。在我孩子眼里,"妈妈最擅长的就是工作"。陪伴家人的时间太少,这是我觉得最愧疚的,但能得到家人理解支持也是我的欣慰。无论是在上中,还是在华育工作,所有的付出都是值得的。我是一个乐观者,但乐观不是理想化,也不是不切合实际。我的乐观表现在用积极的态度去看问题、解决问题,很少抱怨。我挺喜欢这样三句话:(1)当自己的才华撑不起自己梦想的时候,就需要学习,学习是应对诸多挑战的一个方法。(2)能与高手过招的人,才是有竞争力的,能不断走向成功,挑战过高手并不断修炼自己的人,自己也会成为高手。(3)只有团队强,学校才会强,教师才能更强,个人更有作为。

管理人员要树立教育先进的理念,打造一支能干事、想干事、干成事的管理队伍,形成高绩效的学校治理机制,包括形成以评促教、以评促管理的学校管理体系;持久打造创新型、学习型的管理团队;进一步发挥唐校长引领的上海基础教育国际课程比较研究与咨询中心等第三方咨询的作用,充分利用好家长、少科站、高校、高科技企业等社会资源,从而让华育的教育教学与管理迈上新的台阶。

2. 教师发展的挑战——立足"高强"

本学期,华育中学正在全力以赴申请徐汇区教师专业发展学校,由市区派专员到校检查,核对资料,校长汇报,召开两个座谈会,听课,参加教研活动。具体由唐轶老师布置,这是关系到华育中学教师发展的大事。在这个充满竞争、挑战的时代,我们每一位教师要不断学习、教学相长、磨砺自己,思考自身发展的教学特色与个性,把自己锻造得足够"高强",练就既能与同事团结协作,又有自身深厚内力的教坛"高手"。现在的信息更新速度高,"互联网＋"时代到来,面对新的知识,教师应借助网络技术,与学生处于同一起跑线,有时学生会比教师更强,在这样的背景下教师如何不断加强自己的业务学习,提高信息素养,凸显自身个性,成为每一位教师应该认真思考的重要课题。

面对变革的时代,华育教师正变得大气、更具包容性,这样也就充满了创新的活力。华育的教师正变得越来越强,越来越优秀,变得有境界有使命感。一群优秀的教师在一起进行思想和教学的碰撞,在碰撞过程中肯定会有很多的思想火花出现。要加强教师的实践共同体建设,年级组和教研组经常开一些研讨会与研究课,促进研究氛围的形成,不断强化教师基于实践的教学研究与比较研究,出一些教学成果,育一批好苗子。前段时间黄老师通过微信转给我一个2003届(1)班刘同学在香港第一卫视主持财经节目的录像;韩老师转发我姚同学被美国哈佛大学提前录取的短信……这表明我们的教师对学生成才有一种自豪感。这种自豪感,让我们对教学思考得更好、更深、更广,更有意义。

我们将进一步营造"学生优先、事业优先,认真负责、追求高质,团结协作、共进共荣,光明磊落、顾全大局"的师资队伍,进一步提升教师引领学生兴趣激活与趣能匹配的能力,进一步促进教师自主开发校本课程的能力,进一步促进教师进行国际教育比较的能力,进一步促进教师熟练运用数字技术的能力,加强校本自培基地的建设,打造教师研修、发展平台,推进高端教师培训,促进一批有影响的骨干、特色教师的涌现;进一步深化对教师绩效的评估与工作量考核,完善教师发展提升机制。

3. 职工发展的挑战——立足"高远"

既然学校教育的要求在变化、外部环境对学校的要求在变化,我们为教育教学服务的职工队伍也会面临新的挑战,须进一步思考在新的形势下如何为教育教学服务、为师生服务。我认为我们的职工为教育教学服务的眼界一定要打开,不能满足于现状,要立足于华育中学发展的高度与未来发展的追求,对自身的发展要有"高远"的定位与思考,不仅要立足于岗位要求,自身业务素养要过硬,而且要立足于学校新的发展变化,不断加强学习,从长远发展的目的出发进行业务提升。之前,我对职工的发展提的要求比较少,这次专门对职工提出新的要求,就在于学校的"重品走高",是一个高标准要求,要求每一位教职工融入其中,绝不能置身事外。

一个优质的学校发展,需要有四个方面的支撑:需要一个核心,华育中学的核心是唐盛昌理事长,他是学校的灵魂;但一个学校光有这个灵魂还不够,还需要依靠一个很强的管理团队,这个团队就是年级组长和教研组长以上的管理层,他们是学校的骨干,有很强的执行力;光有这个团队能量的发挥还不够,还需要有一个健全的组织保障,这个组织就是体制与机制,它是确保组织正常运行的保证,教育家办学和不盈利的办学模式;有了这个组织的保障还不够,还需要形成一个强大的系统,这个系统就是每个教职工,能认识到自身的价值与任务,凝聚成一个能不断创造活力的系统。只有当核心、团队、组织、系统都围绕共同的目标前行,才能不断推进学校达到新的巅峰。每位职工也需要不断学习、不断反思、不断提升,才能更好地为教育教学服务。行政和总务部门要组织职工班组长和骨干到一些国际化大企业、大宾馆去考察学习,开阔眼界,看看他们的星级服务是怎样做的,也要鼓励职工继续充电、深造,学技术,适当考一些具有实用性的资格证。总而言之,要从立足于服务学校及职工的长远发展角度来调动自己的积极性,发挥自己的聪明才智。

最后,我想说的是,我们华育的每一个人都要有梦想,与中国梦、华育梦同行。因为华育是一个让所有有梦想的人展示才华的地方,只要你有好的想法、行动,都可以提出来,我们一起探讨、努力、践行,用自己的青春、用自己积累的多年经验及才华,去推进学校发展的"六大探索""三大挑战",在学校发展的"重品走高"中,贡献自己的力量与智慧。

(选自《2016 年 2 月 16 日华育中学新学期工作要点》一文。)

2024 年 1 月 10 日,李英校长(左 1)接待英国拉格比公学副校长一行

7.

引领托管学校在转型发展中增实力

　　上海市紫阳中学创办于 1998 年 8 月,地处徐汇区华泾镇最南端,属城郊接合部,教学质量在全区公办初中校中长时间处于末流。2012 年 9 月 1 日起,在徐汇区教育局促进教育均衡发展的政策引领下,华育中学勇于承担起自己的社会责任,经徐汇区教育局、华泾镇政府和华育中学三方协议,紫阳中学由华育中学进行委托管理。从 2012 年至今,在华育中学的托管下,紫阳中学教育教学质量获得了飞跃式发展。在 2016 年度徐汇区学校"办学绩效评估"中,紫阳中学获得优秀单项奖。紫阳中学的转型发展,得益于引入华育中学委托管理的新机制,得益于学校内涵发展的新实践与新探索。

一、引入华育委托管理的新机制

　　曾经有种声音认为,华育中学学生学习成绩好,是华育的学生好。紫阳中学在托管前,可以说学校的生源不比区内其他任何学校的生源好。华育中学托管紫阳中学,是一种偶然,也是为华育中学与紫阳中学正名的一次探索。

　　1. 以理念引领为关键

　　华育学校托管紫阳中学的五年里,一直强调以理念为先导,就是让普通学生变得优秀,让优秀学生变得更优秀,让每个学生都享受优质教育。学校坚持以人为本,师生共进,立足岗位、求实创新,对不同层次的学生进行有针对性的教育和教学方法的引领,强化过程管理,让不同层次的学生看到自己成长的喜悦。

2. 以年级管理为重点

教学质量是学校的生命线,提高质量是学校永恒的主题,因此紫阳中学在重视过程管理的同时,更注重质量和效率的管理。一个重要的突破点就是以年级管理为重点,实行高效网络化管理方式:以规范为抓手、质量为核心、效率为目标,立足课程建设、聚焦课堂教学、依托校本研修活动,推进学校内涵发展,提升教育教学品质。年级管理注重"愿景激励",引导班主任、任课教师以学生为点,以班级为网,以备课组集体负责制为抓手,共同谋划,促进班主任专业化管理与教师专业化成长。教师的工作理念也从过去"不出事,过得去"转变为师生共同追求高质、高效。

3. 以服务至上为保障

紫阳中学的学校管理者,这几年最大的转变是将自身从"管""官"的角色变成"服务至上",这也是华育中学一直倡导的,也一直推动着紫阳中学的学校教育管理转型,为我们的学生、家长提供优质服务,让普通学生享受更优质的教育。紫阳中学管理团队树立了"管理即服务"的理念,加强服务与沟通、指导与协调,使投入学校各项工作的人力、财力、物力等资源得到优化配置,把好的教育教学资源优先用在学生发展与教师成长上,以此来提高学校整体工作的效率。学校管理团队将服务的重心放在关心教职工发展上,本着"公平、尊重、激励"的原则,不断完善如《紫阳中学教师规范》等十多项规章制度,共同审议学校新一轮三年发展规划,改善教师办公条件,为师生创造良好的学习、工作环境,让大家有良好的归属感。

4. 以两校联动为纽带

紫阳中学以与华育中学联动为纽带,搭建校际联动多样平台,为学校的发展注入强大活力。例如,华育中学选派管理干部与骨干到紫阳中学任职;华育中学教师每学期给紫阳学生开设讲座课程;骨干教师定期为紫阳中学资优生进行辅导；紫阳中学个别学生进入华育的第二课堂（如科普英语、桥牌、羽毛球、乒乓球、国际象棋等）；学有余力的学生参加课后华育资优生辅导班的学习等。借着华育中学开设各类公开课的契机，紫阳中学各学科的教师参与听评课活动；紫阳中学骨干教师同步参加华育备课组活动，共享华育的优质教学资源、分享华育的教学经验；新教师到华育"拜师学艺"；两校教职工一起参加寒暑假教师培训及联谊活动等。通过华育和紫阳的校际联动等一系列举措增进两校师生间的沟通、交流，促进了紫阳中学教师专业水平的快速发展。

在华育中学托管紫阳中学的五年里，紫阳中学已经走在了新优质学校的发展路上，成为区域内老百姓家门口满意的学校。2016 年底徐汇区教育督导室来我校采用无记名问卷方式调查了紫阳中学的家长和学生。其中，家长对学校办学质量提升、校风好转、办学声誉提高方面的满意率是 100％，学生对托管以来自己的学习进步、学校开设兴趣课、课外活动的满意率分别是 97％、93％、97％。

如今，紫阳中学教育质量得到了极大提升，紫阳中学的本地生源开始回流，本地户籍学生已从原来的 30％ 左右逐渐上升到目前的 85％，目前预初、初一年级每班的班额数都超过 45 人。学校的教师队伍也得到了良好的发展，一批教师脱颖而出，有徐汇区"学科带头人"，区"骏马奖""育人奖"及市园丁、区园丁、金爱心的获奖者，成为学校可持续发展的生力军。

二、转变内涵发展方式的新实践

从 2016 年 4 月开始，学校开始争创徐汇区新优质学校。以此为契机，学校积极转变内涵发展方式，努力探索可持续发展的创新之策。

1. 以立德树人为根本

紫阳中学在五年的发展中始终将立德树人放在首位,关心普通初中生走好初中阶段,为今后获得可持续发展的人生打好坚实的基础。学校德育注重以社会主义核心价值体系为引领,强化对学生的社会主义荣辱观教育,关注"诚信、责任、守纪、爱校"的人格塑造,加强学科德育实践与德育活动。学校也鼓励学生积极参加志愿者服务活动,勇于承担社会责任。例如,从 7 月 10 日开始,我校学生积极参与由"人生大不同"志愿者平台与上海市儿童医学中心组织的大不同童书岛志愿者服务活动,到 8 月 18 日学生参加志愿服务 228 人次,每次服务 2 小时,人均 15.2 小时。在整个服务过程中,全体志愿者表现出积极主动的服务态度,为被服务的患儿及家长带去了欢乐。

2. 以课程建设为突破

学校加强了对国家课程的校本化实施。语文教研组、数学教研组、英语教研组、综合文科教研组、综合理科教研组,在执行市教委课程计划的基础上,按照《上海市中小学生学业质量绿色指标》的要求,充分考虑紫阳学生的学习基础、兴趣特长及发展需要,制定了《基于学生差异的上海市紫阳中学学科手册》(下称《手册》),并按《手册》落实教育教学。紫阳中学大力开发培养学科兴趣、拓宽学生视野的拓展课程,丰富了第二课堂、系列讲座的内涵,旨在培养学生多样兴趣、发展学生个性特长、提升学生探究及实践能力。针对不同年级学生的能力及需要,每学期学校开设的第二课堂的课程有 25 门左右。课程内容包括竞赛类、人文社科类、科技类、艺术类、手工类、体育类等。讲座是与第二课堂相辅相成的另一种拓展课程形式,每学期学校开设的讲座有 7 场左右,主讲教师主要由华育老师及个别外请专家学者组成。讲座的内容包罗万象。学校还建立了与拓展课程相结合的社团活动体系,已形成了创新社等 20 个社团。此类拓展课程的发展与完善,让紫阳中学学生领略了最热门、最前沿的科学知识，让学生在拓展课程中发现自己的兴趣与潜能，激发学生学习的原动力。

3. 以研究学生为上策

学校尤其注重研究学生，注重根据学生不同的发展需求进行针对性、分层次的教育教学引导，布置分层学科作业。例如，学校形成了面向资优生和学困生的辅修课程。辅修课程是学校针对不同学生的学习能力及发展潜能所开设的学业辅导课程，包括面向学习有困难的学生开设的"成功班"课程，面向学有余力、学有所长的学生开设的"资优生"课程。前者由相关年级的各科任课教师利用放学后时间进行义务辅导，此类课程的开设将有效地利用在校时间帮助学生解决学习中遇到的问题，对减轻学生的学习负担、激发学习兴趣、增强学习信心等方面起到较大的促进作用。后者针对班级学有余力的学生，由任课教师利用自修课时间进行义务辅导，年级中学有余力的学生还可由华育老师进行定期义务辅导。此课程开设对丰富学生学习经验、培养学生探究能力、开发学生创新潜能等方面起到积极作用。在作业布置上，要求各学科教师根据各学科特点和学生的学力差异，重视作业的精选、编写，布置适量、适合的作业，实施分层作业，重视作业的层次性、差异性和梯度性。各教研组在研究过程中，推进了培养实践能力的多样化学科活动，如综合文科教研组举行的"地理知识竞赛"、英语教研组举行的"电影配音比赛"、语文教研组举行的"校园辩论赛"、综合理科教研组举行的"心肺复苏技能大赛"等。此类活动为学生提供了施展才华的平台，锻炼学生团队协作、沟通互助的能力。学校还大力推进"农趣"科普创新实践园及实验室建设，进一步丰富科技实践平台。

4. 以校本教研为抓手

紫阳中学深刻地认识到，在依托华育中学发展的同时，增强自我造血功能是重中之重，长久之计，贯彻始终的主线是依托校本教研，促进教师专业能力与素养的持续提升。在新优质学校的创建中，学校注重校本教研,形成了"构建基于学生差异的校本化课程实践研究""紫阳中学教师专业(专项)能力提升研究""加强作业研究,提高作业有效性"等项目载体,带动教研工作的持久长效,促进教师的专业发展。主要经验有:以教研组、备课组为载体进行教师之间合作互动式研修,进行基于我校学生差异的教材的校本化处理;在日常课堂教学的基础上,进行基于学生差异化的分层辅导教学实践研究,基于课程标准学生差异的校本化课堂教学设计研究,突出差异化分层;以课例研究为载体、行为跟进为动力的课例式研修,探究基于我校学生差异的课堂教学有效性。每个教研组都在实践研究的基础上形成课例研究报告,每个教师在教学实践反思中形成基于学生差异的课堂教学设计系列。在校本教研中,学校还与"四个加强"匹配:加强教学常规管理的检查与落实,抓好阶段性考查,期中、期末考试的分析和总结工作;加强分层推进教学策略的实施与调控,从备课、上课、作业、辅导、检测、教研等环节,加强分层教学探索;加强中考试题信息的收集与研讨,强化学科教师的教学质量分析和信息反馈;加强各种"类型会"(年级教师会、班主任会、家长会等)的组织与落地。

在学校机制激活与内涵发展的过程中,紫阳中学的学生获得了全面而有个性的发展。在各类学科类竞赛活动和艺体类竞赛活动中,不管是活动的参与率,还是获奖等级,都呈现出令人欣喜的局面。最近两年,2017届初三张曹同学荣获2017年上海市初中物理竞赛徐汇区(公办校)一等奖。初三言李同学荣获2015年、2016年全国信息学奥林匹克联赛上海市二等奖、三等奖;在2016年的上海市"天原杯"初三化学竞赛(徐汇赛区)中,徐同学获得区公办校一等奖。还有学生在上海市中学生作文竞赛中获得区级一等奖,在上海市古诗文阅读大赛中获得区级一等奖,在上海市初中学生科普英语竞赛中获得区级一等奖。何同学还被评为2016—2017年度"上海市优秀少先队员"。

继往开来,紫阳中学在未来的五年里,仍将执着地依靠华育中学优质资源,开拓进取,在徐汇区教育局的领导与徐汇区教育学院的支持下,在新优质学校的发展路上获得内涵式持续突破。为了那份沉甸甸的责任,我们将持续在新优质学校的发展征程上奋进,走好创新转型发展之路。

（选自《代表上海市紫阳中学在 2017 年 9 月徐汇区教育工作会议发言》一文。）

8.

在融通中西中提升学校教育智慧

2019 年,华育中学迎来建校 20 周年大庆。2019 年,民办学校的政府支持力度会加大。借此机会,把华育做强,担负起培养创新人才的重任。在过去的 2018 年,每一位为华育付出努力的人都可以为自己骄傲。我们乘改革开放 40 周年之东风,努力探索引领上海市中心城区优质初中的率先发展、引领发展、创新发展,不仅在上海市保持持续领先的地位,而且在全国初中教育领域中产生了广泛的影响,一项全国初中调查排名数据显示,华育中学的排名依旧是上海市领先,同时名列全国第二。

在我们的心中,华育中学就是全国最好的初中。华育始终把立德树人放在第一位,结束不久的第五届主持人大赛和艺术节不仅是展示学生艺术才华的平台,更是学生关注社会、融入社会、培养家国情怀和民族精神的舞台。这与学生处和艺术总指导的高水平高境界筹划、指导是分不开的。体育组 2018 年获得徐汇区阳光体育大联赛团体金奖,并代表徐汇区参加了市级阳光体育大联赛五个大项的比赛,获得 1 个一等奖、5 个二等奖的好成绩。2018 年 10 月,在全市绿色指标测试中,华育各项指标遥遥领先,做到了考试成绩与素质教育两相兼顾。2018 年学校还被评为 5A 单位。

展望 2019 年,我们要继续引领上海的教育,在全国初中教育界发出来自华育的声音,需要我们进一步思考学校发展的方向,进一步明晰学校推进综合改革的重点,进一步提升这些年来我们积淀的教育智慧,从而迎接 2019 年华育中学建校 20 周年。

　　这学期的发展主线仍然是围绕发展规划的"教育教学综合改革实验"的方向进行推进。2019 年,华育中学的教育教学综合改革实验,要想持续保持上海乃至全国的领先地位,就需要基于上海、立足全国、放眼世界角度去思考华育中学的改革实验。因此,具有丰富国际教育经验的理事长唐盛昌先生,对华育中学走向未来的发展,提出了"参照国际标准"进行教育教学改革的要求。作为华育中学的教职工,需要进一步认识并尊重国际标准,了解未来学校发展的趋势,从而共同推进学校的教改实验。与此同时,抓住华育中学建校 20 周年的契机,总结与提升我们这些年来学校改革与发展的智慧,力求站在更为厚实的实践土壤中,寻求学校新的发展突破。

一、参照国际标准的五个视角

　　为抢占未来人才竞争的制高点,全球教育变革正在如火如荼地进行,学校教育将迈入一个面向未来的全新时代! 在未来的信息时代与智能时代,现在的许多工作会被智能技术替代,但人的创造力与对情感的理解力是无法取代的,为此世界各国都围绕"培养 21 世纪人才技能、提升 21 世纪核心素养"进行改革行动,学校教育变革从"农业时代的教育 1.0""工业时代的教育 2.0"走向"信息时代的教育3.0"。教育 3.0 的到来,对学校管理者、教师、职工提出了更高的要求,不仅需要具备更加积极的学习与改革的态度、更具创新的理念,而且要在教育教学中融入更多的综合能力。

　　美国正在大力推进未来学校运动,注重将创新教学方法和当今最先进的技术融合在一起。俄罗斯推进了学校的"未来项目",立足现实的学校环境和现有的师资条件,通过改变教育环境,更新教育内容、教学组织形式及管理形式,保证每个学生具有个性化的学习路径。新加坡的"智慧国项目",鼓励学校充分利用高科技信息通信技术手段,扩大学校教学和学习的内涵和外延,为学生提供优质高效的学习体验,提升学习的成效,不断提高学生的技能。欧盟的"未来教室实验室",通过教育技术的引入,支持教与学的方式变革,拓展学生的学习空间。芬兰"FINNABLE2020 项目",是芬兰赫尔辛基教育部正式下发的通知,2016 年 11 月 14 日至 2020 年,正式废除小学和中学阶段的课程式教育,转而采取实际场景的主题教学。芬兰将成为世界上第一个摆脱学校科目的国家。芬兰教育部部长认为分科教育19 世纪确立下来,已经使用 200 年,不再适合 21 世纪的教育体系。芬兰教育部的做法旨在促进建立打破传统时间、地点和人员限制的创新性学习生态系统,在国内及国际范围内推动更具合作性的、加强21 世纪学校新学习环境的研究和创设工作。

立足于面向未来国际教育发展趋势与未来学校发展标准,把握我国教育体制改革"融通中外"的教育走强要求,考虑到华育中学发展规划中提出的"六个引领",华育中学的全体教职工在 2019 年乃至未来很长一段时间,需要参照国际标准,把握好以下五个视角。

1. 大力推进学生的自主与个性化学习

我们的学生要想在未来社会发展中提升自己的适应变革能力,就需要在自主学习与个性化学习上迈出更大的步伐。尽管华育中学通过第二课堂、选修课、科技 A 班、科技 B 班、数学班等方式,努力促进学生的自主与个性化学习,但还需要进一步思考迈出更大的步伐,包括高度合作与跨学科学习,思考学生的学习计划与未来的职业目标、兴趣或特长结合;进一步引导学生的选择学习,学习分组不是根据年龄,而是根据能力、兴趣等给出更加多样化的选择,华育的数学竞赛小班和社团不受年龄和年级的限制,初一和初二是打通的。

2. 努力思考教育教学方式的改革

华育中学的课堂教学方式主要以传授为主,这很重要,但需要思考如何结合现代教育技术、现代科技的发展、现代社会的需求进行教育内容的更新、教育方式的变革。要大力推进基于任务、问题解决、项目的学习,深化批判性思维、设计思维、数据思维在教育教学中的整合运用,让课堂教学成为培养学生批判性思维与创新思维的重要渠道。

3. 合力推进教育技术的多样化运用

面向未来的学校教育发展及学生适应未来的发展,如何运用技术、驾驭技术为人的能力增强服务,变得越来越重要。无论是学校、教师、学生,都要进一步思考教育技术的多样化运用,在提升学生基于信息技术和数字技术的学习、探究与创新能力上作出实质性探索。2018 年底学校已将原先的 60 M 带宽用于校园网的访问,同时又新增加了 200 M 专线用于教师及学生的上网,大幅度提升了网速,改善了网络环境。本学期初学校要完成人工智能 AI 语音实验室和图像识别实验室的创建,推进学生运用虚拟现实与增强现实进行创新的可能性。

4. 鼎力拓宽学生学习的学习环境与资源

华育要担负起创新人才的早期培养和重任,一定要依靠社会资源,我们应该看到,面向未来的学生学习环境,已经不局限于课堂、学校、社区、社会都是可以拓宽与运用的学习环境。在学习资源开发上,无论是社会研究机构还是企业单位,无论是大学还是社区,都能参与和支持学校教育的发展与创新。我们需要进一步探求多样的途径,努力拓宽学生的学习环境,包括到高校、研究机构、企业进行考察学习,进一步开发学生可以利用的社会资源,拓宽学生的学习空间,将图书馆等公共资源变成创新活动中心等。

5. 全力改善学校的创新发展机制

为进一步推进华育中学面向未来的发展,学校将全力改善学校的创新发展机制。第一,教师的作用依旧无可替代,学校将继续鼓励教师基于教育教学实践的探究,促进教师作为学生发展的促进者、引导者、研究者。第二,进一步推进学校面向未来的学习空间设计、学习方式变革、学校课程再造、学校组织创新等。第三,建立教师开展教育教学探索与学生开展课题项目研究的容错机制,鼓励教师、学生敢于去探索。第四,进一步思考科研机构、大学、企业乃至社会力量参与学校发展和建设的方式与路径。

二、深化综合改革的五个结合

参照国际标准,华育中学在深化综合改革上还有诸多需要努力的工作要做,这是一个长期的过程。2019 年,围绕学校发展规划的教改实验内容,学校将推进深化综合改革的五个结合。

1. 将立德树人与学生创新素养培育紧密结合

我认为,未来学生一定要用全球化眼光看待问题,要用乐观的心态去面对挑战,要用丰富的想象力去创造未来。同时,我们必须让学生拥有强大的自我约束力、担当力、领导力及独特的思考能力。只有这样,我们的学生才能适应未来新的工作,不会因工作被机器取代而沮丧,也不会在变革中被淘汰。

华育中学育人的目标是培育学生的"6+3",使学生成为适应未来社会发展的精英人才或高素质劳动者。这一育人追求的主线是"立德树人"为首,创新素养为基。学校将继续抓好学生的德育工作,思考新时代背景下优秀学生德育的内涵、方式与路径,推进德育方面的课题研究深化与德育课程的体系化建设。具体从三个方面落实:第一,加强立德树人与学生创新素养培育的紧密结合,包括推进学生项目、问题学习中的探究精神、人文底蕴的夯实;第二,促进学生综合运用跨学科知识去解决问题,思考信息环境下学生的德育有效路径;第三,关注学科德育渗透与学生创新思维培育的引领。此外学校要重视学生的心理与行为,以及特殊学生案例的整理,成绩很重要,但绝不是唯一的。华育学生一定要有扬在脸上的自信,长在心中的善良,融于血里的骨气,刻在命里的坚强,使学生内心强大、友善、不自私、不冷漠、不脆弱、有担当、适应社会,这是学校和家长的责任。

学校还要进一步深化创新人才早期培育初高中衔接的探索,在学生创新素养培育的过程中,落实立德树人的目标,在推进课程的选择学习中,促进学生全面而有个性发展,增强学生合作学习的意识、相互帮助的情怀,从而使学生真正获得综合素养的全面提升、获得个性潜质的良好开发。本学期黄立勋副校长分管德育和科技,德育和科技的结合,可能成为华育的特色和亮点。

2. 将学校课程改革深化与创意性教学特色创建紧密结合

本学期期中考试前,完成对 14 本课程框架的修改,具体是:语文、数学、英语、理化生计、政史地、音体美、探究课、科技探索、国际视野、口语交际、个性发展、社团、志愿者活动(改为心理健康)、德育活动。完成以教研组为主的 6 本校本研修课程初稿的修改,有语文、数学、英语、理化生计、政史地、音体美,还要完成科技教育校本课程:微生物、植物学、环境监测、3D 打印、电子工程、智能机械、App 开发、人工智能等 8 本教材的汇编修改。

学校立足于"数学教育见长、文理基础厚实、科技教育凸显、艺体素养奠基"的育人特色延续学生发展后劲,将继续深化推进各学科从预初到初三的阶梯式课程建设,在修改并完善阶梯式核心课程的同时,对选修课、第二课堂的教育教学质量进行引导,尝试推选各学科领域的优秀、精品选修课程,从学生喜欢程度、教材编写匹配度、持续开设时间等多个方面进行衡量。

在推进阶梯式课程深化的同时,发动各学科教研组思考课程在开设过程中的教学特色、模式的提炼,形成与华育中学课程建设匹配的教学特色分析,使课程建设与教学特色彰显联系在一起进行思考,避免"课程开发"与"教学处理"两层皮的现象。创新人才的培养是步步推进的过程,如果学生在学习中缺乏思考能力和创新能力,将来不可能成为创新人才。相比学生的学,教师的教更难。难在哪里?教知识不难,但难的是教会学生思考,教师在教的过程中,训练了学生大脑,教会了学生思维方式,这能让学生终身受用。在这样一个互联网时代,知识可以从各种途径获取,而思维能力和思维方式才是一个人的核心竞争力。通过一学期的提炼,形成与阶梯式课程、选修课程、第二课堂等多样课程形态的教学特色分析。

各教研组与备课组、学科教师一起思考课程教学与信息化的配套技术、资源开发,尝试建立教育教学的资源库与共享机制,推进教师教与学生学的方式变革。教学方式的转变,须重视基于项目的学习或基于问题的学习,尝试开展类似的教学组织活动,注重问题导向,注重团队合作,注重实践参与,以项目学习提升学生问题解决综合能力,把社会责任、交流合作能力与批判性思维、创造力融合。必须看到,探索突破传统教学模式的课堂教学方式,加快探索新型课堂,是未来学校成功的标志。

3. 将学生学习空间与大学、企业、科研院校等资源开发紧密结合

事实上,20 世纪 90 年代,很多人已经意识到学生缺乏创新能力是中国教育的短板,虽然做了很多的改变,但缺乏持久性。所以,学校要进一步拓宽学生的学习空间,包括社区学习空间、图书馆学习空间及实验室学习空间等,推进学生多元个性发展与学生核心素养提升。第一,鼓励学生走出学校,到社区进行项目服务式学习;第二,加快图书馆学习空间的改造,将图书馆变成学生的研讨空间、信息检阅空间、创客学习空间;第三,学校的创新实验室将进一步深化内涵建设,除了选科教学外,还将鼓励有潜质的学生在实验室里开展一些项目研究。加快图书馆、实验室和校外学习空间的转型,特别是创客空间的集约化建设。为什么有的学生就是比其他学生学得好?我们看到的只是训练、刻苦、重复,但其背后一定有特有的思维方式,所以只有改善思维方式,打开思路,才能提升学生的学习能力,由此取得更好的成绩。

拓宽学生的学习空间,与大学、企业、科研院校等资源开发和利用紧密结合起来。上学期,我们借助家长资源,组织学生去企业、大学、科研院所,如商飞集团、华为科研机构等,了解某些领域的前沿信息,进行职业生涯体验活动。与此同时,将大学、企业、科研院所等专

家请进来,与学生座谈、交流及指导学生进行项目探究等。学校与大学、企业、科研机构形成互动推进关系。

学校通过拓宽学生的学习空间与大学、企业、科研院校等资源开发紧密结合,营造教育走向现代化的教育开放式环境建设。这种环境建设能推进学生开放式学习,引导教师重新设计学习空间。面对智能时代的挑战,人最不能被 AI 替代的是创造力和同理心。因此,我们应回归人性来开展学习空间设计,培养未来的领导者。

4. 将开展教育教学实践研究与研究型教师培育紧密结合

华育中学要在上海乃至全国持续产生引领作用,迎接未来学校发展的挑战,就需要不断加强对教育教学的实践研究。这种基于实践的研究,不是发动教师去写空洞的论文,而是希望教师从不同类型、不同年级、不同阶段的学生特点与发展差异中,有针对性地开展有效教学安排与组织形式,促进学校整合现代科技前沿进行教育教学研究,是关注实践问题解决的研究。这种基于实践的研究,强调教师根据华育"数学教育见长、文理基础厚实、科技教育突显、艺体素养奠基"的育人特色,进行切合自身教学个性的研究,从而推进教学特色的显现。这种基于实践的研究,关注学生初中阶段夯实的基础是否可持续发展,在高中、大学是否仍然保持优秀,有国际视野与家国情怀,是对教育教学方式与方法的研究。

这次有 6 位骨干教师成为徐汇区第五期名师工作室学员,这是不容易的。另外,2018 年我校有 6 位教师申报中、高级教师,全部通过,这是值得庆幸的。

学校鼓励教师开展基于教育教学实践的课题、项目研究,鼓励教师对课堂教学方式、学生学习心理、立德树人路径、学科功力提升等方面开展立足于华育学生发展需求的实践研究,就是希望教师在实践研究中成为研究型教师,而不仅仅是教书匠。学校课程开发、课堂教学方式改进、有效作业布置、课外活动开展、教室空间营造、特殊学生引导等都可以开展研究。学校将继续推进课题研究、分组培训,促进教师与学科专家、外聘教授的对话,促进教师在实践研究中成为有特色的研究型教师。黄老师参与复旦大学园艺心理的教材编写,这是难得的提升自己的机会。这学期,我们将推进上一批校级课题的结题与成果提炼工作,同时开展新一批校级课题的申报与指导工作。

此外,学校鼓励教师积极运用教育信息化手段去推进教育教学与研究,加快培育与建设、运用教育信息化的师资队伍。我们相信,决定教育质量的是教师而不是技术,技术是辅助教师工作的,技术可以让平庸的教师无所适从,技术也可以让出色的教师如虎添翼。改变教育,适应未来,必须从改变教师开始。我们的教师要重视数据科学,对数据的理解和分析应成为未来教师和管理者的基本功。

5. 将学校管理机制完善与教职工敬业爱岗能力提升紧密结合

华育中学这些年的管理,注重法理情的结合,注重对学校规章制度的修订、执行,注重对教职工发展的激励与关怀,如最佳教师、最受学生欢迎教师的评选等,初步构建了高效能的学习型与管理型组织体系。这学期学校还将进一步完善学校管理机制,与引导教职工敬业爱岗结合起来,与促进学校特色发展结合起来。

任何学校,开始强调考勤、打卡纪律,一定是走下坡路的时候。因为一所走上坡路的学校,一定是人人守纪,人人奋进。通常学校对领导评价有四种类型:(1)被人敬仰崇敬的领导,像唐校长,但很少;(2)被人尊重喜欢的领导;(3)被人害怕的领导;(4)被人讨厌谩骂的领导。我从年轻时就做领导,我对自己的评价是第二种,因为我用心做事,用心待人。

坚持高标准,不忘初心。华育的各项工作要按照国际标准、全国领先的教育标准作参照,每个人都要有危机感,要明白没有最好只有更好,不断进取。

角色到位,各司其职。每个人都要知道自己在学校承担的角色,角色到位,没有懈怠。比如,校长的角色是把握学校发展方向,与外界联络,与相关的部门协调好关系,同时要服务学校的教职工，想教职工所想，急教职工所急，尽最大的能力帮助教职工解决后顾之忧。教师的角色是教书育人，要提升自己的素养，同时要服务学生，关心学生的成长，满足不同学生的求知欲及合理的需求。职工的角色是全心全意为师生服务，要有服务本领，服务的专长，把师生的利益放在第一位，积极做好保障工作。

凝聚人心，再创佳绩。凝聚全校师生的人心，激发全校师生的斗志，不仅靠待遇，更要靠实绩和靠学校的发展。教职工要爱岗敬业，无私奉献，在平凡的岗位上创造业绩，围绕 2019 年华育中学建校 20 周年，积极参与教育教学质量提升、爱岗敬业等系列活动。通过参与 20 周年的校庆活动，希望每一位教职工发挥主人翁意识，进一步思考学校下一个 5 年乃至 10 年的发展规划，在促进学校发展的过程中建功立业，涌现一批学科教学的专家，涌现一批优秀的班主任和优秀的职工。

三、提升教育智慧的五个展台

华育中学走过了不平凡而又光辉的 20 年，学校将充分借助华育中学建校 20 周年的契机，对这些年来积累的教育智慧进行提炼和展示，为华育的进一步发展奠定更为坚实的基础。从学校层面，我们将搭建五个提升教育智慧的展台。

1. 教研组公开课与校本研修展示

开展教育智慧提升活动，学校课程建设与课堂教学是主阵地。学校将组织教师围绕华育中学"6＋3"育人核心素养进行各学科教学公开课研讨活动。各教研组选择不同年级段、不同资历的教师举行学科教学公开课，备课组帮助磨课，发动年级或跨年级学科听课，并邀请市区教研员进行点评，提升公开课的质量。同时，开展校本研修展示，将公开课教案、教师教学反思、专家点评、校本研修的内容进行整理，汇集成册。

2. 教师教研课题成果与结集

对第一批校级课题基于教育教学实践的研究成果（不一定是发表的论文，可以是结题报告、研究过程中开发的课程、开展的活动资料、习题评价、学生反馈等均可）进行收集整理，对优秀的结题报告或论文结集汇编，作为教师相互交流与学习的材料，具体由办公室布置落实。

3. 学校六个引领的智慧提升与报道

学校通过新闻媒体，对学校这几年开展的六个领先探索进行总结提炼："学校德育工作引领成人成才融合，依法规范办学引领内涵品质提升，校本课程建设引领个性多元智慧，课堂教学变革引领学生潜能开发，教师团队合作引领专业发展境界，教改实践经验引领义务教育发展。"德育处负责德育工作引领材料的收集和梳理；教学处负责校本课程、课堂教学两个引领材料的收集和梳理；校务办负责教改实验与学校内涵提升材料的收集与整理；教研组负责教师专业发展引领材料的收集与整理。

4. 学校精品选修课程的星级评定

这些年来，由学校教师开发的选修课程已经呈现出多姿多彩的现象，教育质量与教学方式也呈现出不同的表征。学校将组织精品选修课程的星级评定活动，从选修学生人数、学生评价、教材匹配度、教学特点、质量认可等方面进行衡量，由学科教研组推荐、教学处组织评定，评选后将进行表彰与奖励活动。

5. 教学大奖赛与优秀班主任的评选

结合公开课活动，学校将组织开展教学大奖赛活动，包括上课、才艺展示、演讲等，鼓励一批有教育教学特色、个性的教师脱颖而出。6个教研组每组可以推荐一位教师参加教学大奖赛。评出 1 个一等奖，2个二等奖，3 个三等奖，让参赛的 6 位教师都有奖。校庆的主角应该是弘扬名校的教师，多才多艺的学生。当然，我们不仅要鼓励教师会上课、上好课，也将根据班主任的教育业绩，开展优秀班主任的评选等。

在华育当教师要有情怀和格局,情怀决定了格局,格局也支撑着情怀,情怀偏于感性,格局归属理性,当一个人真正拥有了情怀和格局,他的人生必然是精彩的、幸福的、有价值的。不知大家是否认同这样一个观点,当一个人把一份工作做到 8 分好时,也许是因为待遇,但是把一份工作做到极致,一定和待遇关系不大。这取决于:(1)内在动力,情怀与格局;(2)对从事工作的兴趣和喜欢;(3)能力与潜力是否被完全激发。每个人要清楚地认识自己的重要性,在我眼里,学校里的每一位都是不可或缺的。你们要经常问自己,我为学校做了什么? 推动了学校哪些发展? 要知道,你现在做的一切,未来都将有所体现。你走过的路,做过的事,都会成为你生命的一部分。态度决定人生,不管做任何事,最好的时机就是现在。

(选自《在华育中学 2018 学年第二学期工作计划要点》一文。)

李英校长在华育中学 2021 学年最佳教师表彰大会上讲话

9.

未来学校视野下初中教育改革的几个方向

未来学校是指着眼于未来的人才培养规划和教育发展战略,整合或融入现代教育技术、数字技术乃至智能技术进行育人实践的学校教育形态。为抢占面向未来的人才竞争制高点,全球教育变革正在如火如荼地进行,学校教育将迈入一个全新时代。在未来信息时代与智能时代,现在的许多工作会被智能技术替代,但人的创造力与对情感的理解力是无法取代的,世界各国都围绕如何"培养 21 世纪人才技能、提升 21 世纪核心素养"进行改革行动。许多国家、学者及对学校教育怀揣梦想的人士对未来学校进行了理论探索、实践勾勒及学校改革行动。从事基础教育各学段的教育者,应当认识未来学校的发展趋势及对各学段的教育挑战,进行相应的教育改革思考。我试图站在初中教育实践者视角,试图了解未来学校发展趋势对初中教育的挑战,并在此基础上结合所在学校——上海市民办华育中学的改革与探索,提出几个初中教育改革的方向。

一、未来学校发展与对初中教育的挑战

有关未来学校的探讨,自美国 2003 年创建第一所以未来学校命名的学校以来,在欧洲、亚洲等国受到了广泛的关注,并引发了诸多学校改革的实践,从中可以认识未来学校发展的趋势及对初中教育带来的挑战。

1. 未来学校的基本发展认识

首先了解美国未来学校的发展行动。在美国教育分权制影响下

的多元化教育运行系统,鼓励学校教育多样化发展的容错机制及支持学校教育个性化发展的社会文化氛围,激活美国在未来学校的探索上出现了诸多创新行动。在面向未来学校发展的创新行动上,可以看到所谓的"现代意义上的传统学校发展基础上的创新"。如进一步拓展 STEM[Science(科学)、Technology(技术)、Engineering(工程)与 Mathematics(数学)四个英文单词的首字母组合]的内涵,走向 STEAM[加入 Arts(艺术)这个英文单词的首字母]、STREAMI[加入 Reading(阅读)这个英文单词的首字母]乃至"STEM+"的变化,并将之与学生的创业教育、创业项目、创业指导联系起来;将大学中的"Design Thinking"课迁移运用至中小学,让学生从小认识到设计思维对成长的重要性;将数据思维与计算机技术平台融入各学科教育中,基于技术平台分组进行混合式学习;基于谷歌教室(Google Classroom)及微软、苹果等公司教育软件平台在学校各学科教学中的普遍采用,信息化软环境建设成为学校教育的发展生态等。在美国面向未来学校发展的创新行动上,还可以看到冲击我们对学校教育观念认识的未来学校的创新形态,如引导学生在通用平台上进行可定制学习的 Alt School;出现了像小工厂一样的东敲西打式学校(Brightworks School)等。

除美国外,诸多国家也在推进未来学校改革或实践项目。俄罗斯推进了学校的"未来项目",立足现实的学校环境和现有的师资条件,通过改变教育环境,更新教育内容、教学组织形式及管理形式,保证每个学生具有个性化学习路径。新加坡的"智慧国项目"鼓励学校充分利用高科技信息通信技术手段,扩大学校教学和学习的内涵及外延,为学生提供优质高效的学习体验,提升学习的成效,不断提高学生的技能。欧盟的"未来教室实验室",通过教育技术的引入,支持教与学的方式变革,拓宽学生的学习空间。芬兰"FINNABLE 2020 项目",正式废除小学和中学阶段的课程式教育,转而采取实际场景主题教学,旨在促进建立能打破传统时间、地点和人员限制的创新性学习生态系统,在国内及国际范围内推动更具合作性、加强 21 世纪学校新学习环境的研究和创设工作。中国教育科学研究院于 2016 年发布了《中国未来学校白皮书》，对我国未来学校的发展进行了勾勒。此外，联合国教科文组织发布的《教育 2030 行动框架》及我国制定的《中国教育现代化 2035》，为我国未来学校发展提供指导性方略。

未来学校发展的各国行动及发展趋势，对初中阶段的教育改革提出了新的挑战。初中阶段既是衔接小学与高中的桥梁，也是学生从儿童走向青少年的转型期，这个时期的学生可塑性强，对面向未来的新事物、新技术充满好奇。如果能在初中阶段开始让学校教育注入面向未来发展的教育元素与技术元素，学生就更容易接受新的知识和锻造新的能力去不断挑战自己。对初中阶段的学校来说，应认识未来学校发展的基本趋势，了解这些趋势对初中教育发展的挑战。

2. 未来学校发展趋势对初中教育的挑战

从时代发展需求与国家教育战略出发，未来初中教育的改革与发展需要关注未来学校以下发展趋势：越来越关注学生的核心素养、关键能力的培育，引导学生适应未来时代变革的挑战；越来越关注对人的大脑研究成果的运用，包括大脑的神经可塑性，通过新的体验而改变大脑结构（包括聚焦训练，忽略外来干扰，提供可预测性），引导学生相信他们的才能和能力，而不拘泥于智力测试；越来越关注学生基于问题或项目的学习（包括自定进度和个性化学习、在线学习），将学习应用于现实生活中的问题解决，让学生与学科领域建立联系，可以社区为基础，重点关注当地问题；越来越注重开放办学及学生在课堂之外进行实习和服务学习等多种方式的学习；越来越关注运用新的技术手段来推进教育教学改革，并立足于重新思考学习将如何、何时、何地、以何种速度进行；越来越关注学校为学生未来生涯发展做准备，关注学生的全人教育，注重学生开展探究性学习与课题、项目研究的学术严谨性，与他人合作与交往的情感学习和与获得成功关系的改善策略。

面对未来学校发展的趋势,初中教育应把握初中阶段学校任务与学生的特点并进行改革与突破,需要认识到对学校教育管理者与学校教师带来的诸多挑战。首先谈未来发展趋势对学校教育管理者的挑战。学校管理者对学校的发展规划要立足于国家高水平人才培养体系与未来社会发展的需求,进行教育改革前瞻性思考,不能仅仅拘泥于学生是否升入好的高中,应立足于对学生未来生涯发展进行教育内容的整合,认识以学科教学为核心的课程体系正面临挑战,如何让学生学会借用外脑是教育的又一挑战,突破学校围墙的界限重新定义校园的内涵。学校管理者应把握初中教育改革的特点与未来时代对人才发展的需求,以此为据进行育人方式的变革,包括引导学生学会选择学习与跨学科学习,根据未来的生涯发展计划、兴趣、优势来确定学习计划,从任务完成复杂性视角推进学生之间的高度协作与相互信任;注重学生的批判性思维培育等。

其次是未来学校发展趋势对学校教师的挑战。教师的角色仍然至关重要,但应从知识的传授者变成与学生一起建构知识的合作者,与学生形成师生学术或探究的共同体;教师作为研究者、指导者、辅导员的功能将变得更为突显;要经常与小组学生和个别学生见面;要关注学生成长数据与实证资料的积累等;教师的信息素养将变得越来越重要。未来的教师要重视数据科学,对数据的理解和分析应成为未来教师和管理者的基本功。

二、基于未来学校挑战的初中教育改革方向

立足于面向未来的学校教育发展趋势与未来学校对初中教育改革的挑战,把握我国教育体制改革"融通中外"的教育走强要求,需要明确我国未来学校视野下初中教育改革的方向。

1. 将立德树人的核心导向与引导学生自主及个性化学习结合起来

未来学校视野下初中教育改革的立德树人，既需要按照国家教育改革的要求培养学生的关键能力（包括认知能力、合作能力、创新能力与职业能力），将社会主义核心价值观教育与学生关键能力培育融为一体，也需要注重未来学校发展对学生核心素养培育的要求（如批评性思维能力，数据处理与信息素养，设计思维与沟通、交往能力等），立足于我国发展需要的高水平人才培育体系去进行初中阶段教育改革的探索。无论未来学校的发展趋势如何，这一立德树人的核心导向是初中教育改革的引领方向，也是中国教育的文化基础，关注人才培养的超前性，"不能只看到社会在现阶段对人才的需求和规格要求，更要看到社会的未来发展阶段对人才的要求，还要看到人的潜在能力和他在未来的发展"。① 初中教育改革立足于学校教育"立德树人"的核心导向及致力于培育人才的超前性，需要为学生创设良好的发展舞台，在推进学生全面而有个性发展的理念指引下，考虑每个学校的特点与学生的差异性，引导学生自主及个性化学习，将立德树人的核心导向与引导学生自主及个性化学习结合起来。

2. 将学校教育内容革新与创意性教育教学方式突破结合起来

立足于未来学校教育内容革新，应着眼于初中阶段学生特点及集聚初中学生的资质特点去进行重新设计。学校教育内部革新从人的发展需求出发，"教育在许多时候就是一种唤醒，一种体验，一种影响""人的回归才是教育改革的真正条件"。② 学校教育内容革新就是从时代发展需求的视角唤醒学生内在的学习本源与动力支撑。学校教育内容的革新与创意性教育教学方式的变革要结合起来，才能将育人的内容载体转化为学生的内在素养。大力推进基于任务、问题解决、项目学习，深化批判性思维、设计思维、数据思维在教育教学

---

① 顾明远.中国教育的文化基础[M].太原：山西教育出版社,2018：308.

② 凌宗伟.教育的积极力量[M].上海：上海教育出版社,2018：127.

中的整合运用,让课堂教学成为培养学生批判性思维与创新思维的重要渠道。探索突破传统教学模式的课堂教学方式,加快探索新型课堂,这是未来学校成功的标志。

3.将现代数字技术融入与学校教育信息生态环境建设结合起来

面向未来的学校教育发展及学生适应未来的发展,如何运用技术、驾驭技术为人的能力增强服务,变得越来越重要。无论是学校、教师、学生,都要进一步思考教育技术的多样化运用,在提升学生基于信息技术、数字技术的学习、探究与创新能力上作出实质性探索。未来初中教育改革应注重现代数字技术的融入,并努力将数字技术的整合与学校走向现代化的教育信息生态环境建设结合。这种环境建设需要推进开放式学习,重新设计学习空间,变革学习方式要首先从变革空间开始。

4.将学生学习空间拓展与校外教育资源开发结合起来

面向未来的学生学习空间,已经不局限于课堂、学校,社区、社会都是可以拓展与运用的学习环境。未来的初中教育改革,要将学生的学习空间拓展与校外教育资源的开发结合起来,"教育所处的空间,就是社会整体的系统与生活相关联的系统的一个复合体。它所处的空间性质,既是封闭的,又是开放的,它自身的特殊性不断地与外部的社会、生活元素进行着物质和能量的交换,在传递的过程中完成自身的转换与更新"。① 在学生学习空间拓展与校外教育资源开发上,无论是社会研究机构还是企业单位,无论是大学还是社区,都可以参与和支持学校教育的发展与创新。初中阶段的学校需要进一步探求多样的途径,努力拓展学生的学习环境,进一步开展学生可以利用的社会资源,拓宽学生的学习空间,包括到高校、研究机构、企业进行考察学习,将图书馆等公共资源变成创新活动中心等。

---

① 张子石.未来教育空间站的设计与应用研究[M].武汉:华中科技大学出版社,2016:30.

5. 将研究型教师培育与营造学校创新发展机制结合起来

面向未来的学校创新依旧需要依赖教师的引领与指导,但教师作为学生发展的促进者、引导者、研究者作用增强,初中教育管理者要努力营造教师基于教育教学实践开展研究的环境,推进学校创新发展机制的突破,注重培育研究型教师,将研究型教师培育与营造学校创新发展机制结合起来,"教师研究者倾向于更好地理解自身专业实践对学生学习的影响,与此同时,他们的研究也对更好地理解教育学及教学实践质量提供了新的、有创造性的方式"。① 走向未来的初中教育改革,在培育研究型教师的过程中,一定要与学校创新机制建立结合起来,与学校和学生发展的实践需求结合起来,建立教师开展教育教学探索与学生开展课题项目研究的容错机制,鼓励教师敢于去探索。教师教育属于社会场域,也属于学校场域,需要了解教师教育在社会场域、学校场域中共享哪些信念、价值观和知识。发展中的教师教育场域,需要理解挑战可能会有助于改进教师培养。② 学校创新发展的机制能让教师在学校教育场域中找到自身的价值。

迎接未来学校的挑战,面向未来的初中教育改革还需要把握的方向有许多,包括营造学生多样发展的评价体系,注重学生个性发展的校园文化营造,建构数字化教学软件的运用平台等。作为学校的管理者与教育者,需要根据时代的发展思考教育的变革,需要有情怀和格局,情怀决定格局,格局支撑情怀。在探索面向未来的初中教育改革过程中,需要我们用高远的格局与深化的教育情怀去不断努力。

(选自《未来学校视域下的初中教育改革:挑战及方向》一文,刊于《现代基础教育研究》2019 年 6 月。)

---

① [澳]约翰·洛克伦.专家型教师做什么[M].李琼,等译.上海:华东师范大学出版社,2018:195.

② [美]玛丽莲·科克伦—史密斯,等.教师教育研究手册[M].范国睿,等译.上海:华东师范大学出版社,2017:919-921.

10.

立足高水平办学的学校优质均衡探索

　　进入中国特色社会主义新时代,上海市民办华育中学也进入了发展新阶段,需要把握新时代立德树人、培育中国特色社会主义现代化建设者与接班人的要求。在 2020—2025 学年创建一流学术型、创新型初中发展规划引领下,从这个学期起,按照唐盛昌校长在理事会上的提法,办学目标为创建高水平优质民办初中,开辟办学新局面。

　　在 2021 学年第二学期,我们将进一步夯实上学期提出的"四梁八柱"建设根基("四梁"即课程优势、师资优势、管理优势、学生优势;"八柱"即强化全面育人的"德育为先"、落实有教无类的高质量教育公平、推进科技班的重点突破与多样发展、做好高端教育不限高与国家"强基"计划延伸准备、重视新时代初中劳动教育的实践体系探索、深化具有研究型教师特质的教师队伍建设、促进学校综合评价系统深化与整体评价的提升、坚持精细化学校管理与学校品牌文化建设),在"优质均衡"上丰富发展内涵,使华育这所上海市义务教育阶段的优质民办学校特色更特、优势更优、强中更强。

一、把握"双减""双新"政策,夯实学校高水平办学根基

　　1. 分析"双减""双新"对华育发展带来的新挑战新机遇

　　"双减"政策,即减轻义务教育阶段学生作业负担和校外培训负担,是一项国策,需要不折不扣执行。教师要认真研究自身在"双减"

中的使命,在减轻学生校外培训上履行好职责,同时在减轻学生作业负担上做到因材施教。

"双减"政策的落实,对国家发展与每一个家庭而言都具有重要意义,是党中央为青少年一代健康成长量身定制的一份"厚礼",是促进学生全面发展的重要政策。一方面有助于提高我国整体教育质量,落实立德树人的教育重任;另一方面有助于减轻学生的作业负担,让学生有时间开展自己感兴趣和发扬自己特长的探索,使学生德智体美劳全面发展。

"双减"政策落实后,学校教育育人方式的变革变得越来越重要。"作业量"做减法,"作业质"做加法,要通过实践研究确保各学科作业量的"适中"与作业质的"提升"。华育90分钟的作业量是按照优秀学生的平均时间确定的,不包括订正。这就要求教师合理确定基础性作业与拓展性作业的比例,大力推进学科融合类作业,将科学探究、体育锻炼、艺术欣赏与学科作业有机融合。

"双减"政策连同"课后服务"带来了学校治理方式与治理结构的变化,需要在新学期加以进一步思考与探索,继续做好早上7:00—7:20早早自修和7:20—7:50的早自修管理。周五课后服务延长至16:25,增加课时数。每月第二周周五16:40,是全校政治学习大会,时长为半小时。学校要满足不同层次学生的需求,真正关注以学生发展为本,引导学生与自己的过去比较,不是攀比,而是保持良好的心态,在学校里累并快乐着,激发学生的学习积极性与创造性。

在"双减"政策后,还有一个重要的政策即将出炉,那就是"双新",即义务教育阶段的新课程、新教材的实施。我国已进入中国特色社会主义新时代,义务教育阶段的新课程、新教材必然要与新时代立德树人要求相适应,我们需要早做准备、早做部署、早做研究。社会发展很快,从工业时代到信息时代,现在正在往智能时代发展。

义务教育阶段"双新"要求,与高中阶段"双新"要求肯定有一脉相承的内容,大致有以下五个方面可以提早思考:(1)面对经济、科技的迅猛发展和社会生活的深刻变化,面对新时代社会主要矛盾的转化,面对新时代对提高全体国民素质和人才培养质量的新要求,关注发展学生的核心素养与学科核心素养;(2)促进学生全面而有个性发展的学校课程结构的优化和组合;(3)有机融入社会主义核心价值观、中华优秀传统文化、革命文化和社会主义先进文化教育内容的教学改革;(4)促进教、学、考有机衔接的育人合力;(5)加强对学生发展的生涯指导与校外丰富的课程资源开发等。

2.领悟新时代"高水平办学"要求与夯实学校高质量发展根基

华育走向新时代的高水平办学,必然融入我国教育高质量教育体系中。华育中学的高水平办学,需要内化我国高质量教育体系的质量观:全面发展的质量观、科学发展的质量观、创新发展的质量观、持续发展的质量观、立德树人的质量观。

面向新时代的华育中学,必然在推进更高层次的教育公平上发挥更大作用。从之前集聚的初中资优生源,到现在的摇号生源,华育办学的高水平必然显现在推动实现更高质量、更深层次、更大范围的教育公平上,这与学校"乐育英才""广育优才""人人成才"三方面育人追求是密切联系在一起的。华育办学高水平,要针对不同学科或不同类型的"学困生""学优生""学长生"进行适合他们的教育,上不封顶,下有保底,使普通的学生优秀,使优秀的学生更加出彩。其实质是在公平视野下实现育分与育人的融合,促进学校内部系统的整体运行调整与外部系统的融合协同发展。

我校要做到高水平优质均衡办学,夯实学校高质量发展根基,关键发力点在于四个方面:其一是课程与教学改革,构建高效、灵动、开放、互动的教学体系,让教学成为撬动学生素养、学科素养的活动场域,成为开启学生智慧、激发学生潜能的推动器;其二是学校德育与实践活动体系变革,建立学校纵向衔接、横向协同的工作机制;其三是学校治理和文化建设提升,将学校的各方面育人要素进行统整思考,打造高质量发展的学校文化;其四是师资队伍的进一步加强,加强骨干教师的培养与研究型师资的持续打造,华育有学科精英教师成长的平台,也有培养教育家情怀的教师土壤。

二、在"高水平办学"要求下持续拓展学校"优质均衡"的内涵

在"高水平办学"要求下持续拓展学校"优质均衡"的内涵,学校将在以下七个方面的"导"字上做文章。

1. 德育先导性:以树立学生远大志向为导航

华育的教书育人,德为先,是根本。我始终认为,教师对教育教学的敬业态度,对人生的思考,对社会的责任乃至平时待人接物的仪态风貌,都会对学生有深刻的教化作用,这种教化的影响是自然的、非强制性的,而作用是巨大的、长远的,它能深入学生的心灵底层,潜移默化地影响学生。今天我们要造就的是有理想、有本领、有才识、有担当的时代新人,就不能仅仅专注于对学生性格和成绩的培养,而是要对学生进行理想教育与责任教育,关注学生志向的确立与良好道德的形成。(1)形成全员育人、全程育人、全方位育人的德育工作格局,提高学校德育工作水平,提升育人实效。(2)学校德育处通过专题教育、主题班会、心理咨询等系列活动来促进学生坚定理想信念、厚植家国情怀、加强品德修养。(3)班主任在强化中华优秀传统文化、革命文化和社会主义先进文化教育等方面,可以进行班会教案设计、典型班会分享等活动。(4)学校还要通过挖掘整合德育资源。比如,利用社会资源、特聘教授资源、家长资源及其他优质资源,利用家校合作、社区合作,引领学生走入博物馆与科技馆、走入高新企业、走入高校与科研机构等广泛空间去进行社会实践,持续强化劳动教育,关注学校劳动(包括创造性实验操作活动)、家务劳动与社区志愿劳动结合,促进以劳促德。(5)推出优秀校友担任辅导员,优秀毕业班作试点。真正把握育人新思路、新方法,创出特色,做出实效。

2. 潜能优先性:关注学生优势潜能开发的导学

我认为,优秀学生就是要有潜能,没有潜能,只会死记硬背,考试成绩再好,也不是优秀学生。华育培养的学生学科水平高,不怕考试,也不死记课本,学生求知欲强,教师基本功扎实。虽然初中学生不能参加各类竞赛,但华育坚守初心,不断激发学生的潜能。1月10日专门邀请唐盛昌校长参加数理化学科竞赛会议,研究华育学科竞赛的发展方向,每个学科分别作了15分钟的发言,徐氾作整体汇报。唐盛昌校长最后强调了两个方面:

(1) 华育校内的竞赛目标在于为进入国家集训队和清北打基础。华育要培养的竞赛人才,以高中进国家集训队为目标。从学生和家长角度来讲,进入清北无疑是令人向往的。进入清北,目前途径有两个:一个是高考;另一个是竞赛进国家集训队。目前阶段,竞赛进入集训队是华育的评价标准。但是,现在很多参加竞赛的学生进入高中后,会重新选择哪条路更适合自己。因此,进入高中后,高考和竞赛会重新分流,与高中竞赛环境无关。把评价标准打开,竞赛教师不用纠结学生到底最后是否坚持参加竞赛。唐盛昌校长把有些学生初中有潜质,高中却放弃的疑团一下子解开了,可谓拨云见日。

(2) 逐步改变实现评价目标的方式。这个改变是对标准的适应,是对初中竞赛取消的适应,也是对摇号、对"双减"的适应。现在大环境是摇号,得到区和市相关部门的支持。目前能够集中培养的资优生60~80名,以前约有200名,目前我们竞赛的模式是小A班和A班。A班针对初中竞赛和四校自招。小A班的目标是高中一等奖。以后可以作些改变:(1)A班扩大范围,适当降低难度;(2)小A班的教学形式作出重大改变,考虑冲集训队的学生自学比例增大,一般性问题学生以自学为主,有难度的问题需要教师点拨,教师要注意控制讲解的时间,要留充分的课堂时间让学生提问、回答、讨论和辩论。也可以让学生分成3~5个小组比着学,争着学,相互激励,真正成为课堂的主角。(3)初二上学期以前,数理化联合培养,即一个学生可以参与多项比赛,初二上学期结束,数理化协同考虑后,确定名单。(4)培训小 A 班的形式改变,意味着教练要提升自己的专业能力,要接得住学生问题,要利用社会资源,高校有专门辅导学科竞赛的大学教师,也可以请进来,利用好。

华育的学科竞赛一直具有引领价值,各学科竞赛在促进学生优势潜能开发方面发挥着积极的作用。面对新中考及新中招政策,学科竞赛(尤其是五大学科竞赛)的优势不仅对学生自招很有帮助,更是为学生的优势潜能开发提供了广泛的发展空间。这也是我校为国家将来的经济科技建设和"强基计划"输送尖端人才夯实根基。我们要继续强化数学、物理、化学、信息等方面的学科竞赛。华育自己搞的竞赛还是有含金量的,但不必过分看重竞赛成绩,初中竞赛获奖只是为高中竞赛打基础。同时也要继续推进科技英文竞赛、古诗文竞赛、作文竞赛、OM 头脑风暴等竞赛,促进不同类型优势潜能的学生得到更好发展。还要看到,现代学生个性化知识结构方面的重要部分是信息能力与学科能力的叠加,人类智能与人工智能相互支撑,这是信息时代资优生的优势。华育要拓宽资源,促进优秀学生个性化知识的构成。

3. 学术型延伸:关注基于实践的教育教学学术导引

华育中学自从摇号招生后,学生生源的结构发生了变化,学生发展的差异性也变得比较大,由于我们积极应对,符合实际的学科分层,加上良好的学风和校风,社会反映较好。学校根据学生的实际,提出了学生"高进优出"(立足于"乐育英才")、"中进高出"(立足于"广育优才")、"平进特出"(立足于"人人成才")的发展思路。要达成这一追求:(1)需要我们的教师加强对课程内容的分层组织、教学的分类安排、活动的分阶段开展等方面的研究。比如,2022 学年起,语文可以不分层教学,初一数学,经过一年半的训练,不同层次的学生迅速提升,特别是 C 层,高端可以往 B 层靠;B 层高端可以往 A 层靠,整体教学提升。最近教学处对数学、英语的分层作了探讨,是一个月后分层还是开学前分层? 哪个更合适学生？结论是,开学前分层更适合学生。(2)推进基于教育教学的学术开展,用教研机制的优化来促进教学质量的提升。这学期将围绕学校规划要求的重点项目开展子课题的立项、开题与专家指导等活动,让教师在教育教学学术探究中获得专业素养提升。(3)围绕班级管理与带班艺术,聚集现实问题,把握现象背后的教育规律,着力提升班主任的科学育人理念和班级管理能力。总而言之,华育要形成浓厚的研究风气,想别人没有想到的思路,说别人没有说过的话,做别人没有做过的事,只有在同行中保持领先,才能真正成为领头羊。

4.创新性拓展:在科学与人文结合上加强导研

科学是探索事物的规律,是求真;人文是把握科学的方向,是求善。科学与人文的结合,便能产生最大效应。要想让科技班学生成为更优秀的学生,就要在科学与人文结合上有所突破。华育有文理知识兼顾,科学和人文兼容的教学机制,不但要教学生许多科技知识,而且要培养学生较高的人文修养,塑造学生全面的科学与人文的修养。要培养出具有创新意识的人才,就必须强化对优秀的学生进行科学技术知识和人文修养的培养,走科学与人文结合之路。(1)华育的体制灵活高效,有大量适合学生的选修课、专业课程、各种活动和大讲座,还有十几个创新实验室供学生操作研究,不仅扩大了学生的知识面,而且也促进了学生对科学知识的兴趣。(2)学校强化专业课程的人文性,作为科技班教师,不仅教专业知识,更要教思维方法、科学精神和人文关怀,真正将传道和解惑贯穿授业过程,使其成为一个整体,帮助学生在科学的追求中领悟人生真谛,培养人文精神,成为国家需要的有用人才。

为此,华育要认识到,创新人才的培养是一个系统工程,需要在基础教育阶段从小、从早抓起。华育科技班的人文实验项目将进一步走向深化。(1)对科技班学生,我们将充分借助外聘教授团队与学校教师团队一起,建立导师制运行的制度贯通、资源贯通、实施贯通、评价贯通体系,让"大师"把脉学生学术成长的方向。(2)建立初高中衔接的科技微课程学习系统,强化科学与人文统一的通识知识学习,促进这批有潜质学生的科技素养夯实,从而孕育未来国家所需要的"黄金一代"。

5.跨领域思考:关注学生综合素养提升的生涯导向

从综合素养角度来讲,学科痴迷与坚忍是非常重要的,志向、责任感与思想境界也同样是非常重要的,这些将直接影响学生的发展与创新的高度。华育应尽可能减少与避免只重视学科潜质而忽视其他因素的情况。初中是打基础阶段,学校不仅要关注学生的坚忍性、内心的强大,而且更要关注学生思想境界的提升。

初中阶段是人生非常重要的时期,是促进学生全面而有个性发展的最佳时期,也是学生人生观形成的重要时期。为促进学生综合素养的提升,要注重教育教学设计的跨领域思考,以促进学生成长为导向。在跨领域思考上,各学科不仅要关注本学科的结构化设计与实践,关注学科与现实生活的关联性;也要关注各学科在培养学生核心素养、综合素养上的联系,促进跨领域思考。借助学校的创新实验室、校园社团各类活动,开展跨领域主题设计、项目研究,包括STEAM活动的开展,音体美计之间的联合教研活动开展。

6.研究新情况:在名额分配综合评价和新中考录取上导胜

2022年是全面落地新中考的第一年,新中考的方案大势不可逆转,促进教育优质均衡,社会公共服务均衡化,打乱原来的市重点格局。名额分配的时代到来,对民办学校是严峻的考验。华育不能输,关键是本届初三年级,如何应对?如何确保四校的比例?如何确保进市实验性示范性名校的比例不减?对华育来说是一个挑战,没有退路,必须赢得主动权。

(1)初三学生需要明确定位,以自招为主还是参加中考

期末初三一模成绩下来了,没有全区的排名,对学生定位不利。特别是竞赛生课内课外如何平衡?特别是数学班有不少学生参加了当年9月份的高中竞赛,初三下学期精力在搞课外竞赛,新中考与竞

赛的冲突如何解决？我个人认为，新中考和竞赛都很重要，新中考关系到学校能否保持第一，竞赛关系到学生个人的发展，需要学校和学生站在更高的层面去协调，如何把时间分配妥当？要根据每个学生的具体情况，制订行之有效的计划，教务处拿出了一个明确可操作的规定。让竞赛学生在校时，能处理好个人利益与学校利益的关系，未来能处理好个人发展与国家的关系。

（2）新中考政策有利于华育中学的日常管理

我们要全面调动每一位学生的积极性，激发学生的内驱力，真正提升综合评价和中考成绩，毕竟综合素养高才是硬道理，中考成绩才是硬道理。同时主动与四校和各大名校紧密联系沟通，把四校和各大名校请进来。全校教师要形成共识，让学生精准定位，找到适合自己的学校，确保进名校的优势。

7. 系统性治理：在华育校园和谐文化建设上导行

现代学校发展，从管理走向"治理"的一大特点是充分调动教职工的主体性与创造性，共同参与学校治理，形成学校治理共同体，因而我们在推进华育校园和谐文化建设上，要进行系统性治理，促进学校持续走在高水平优质均衡的办学道路上。让我感到欣慰的是，华育创办 20 多年来，吸引和凝聚了一批优秀教职工，他们对教育有情怀，对学生有爱心，不计时间、甘愿奉献；他们深受学生爱戴；他们有深厚的专业基础，有很强的学术背景，满足不同层次学生发展需求。教师平均年龄 35 周岁，75％的教师毕业于 211、985 高校。在华育，优秀教师培养更优秀的学生，严师出高徒，高徒出名师。我作为校长，由衷地为我们的教师感到自豪。

华育经过 20 多年的洗礼，形成了自己的办学特色，特别在人才的早期培养方面积累了很多经验。在教育家唐盛昌先生的领导下，学校坚持以学生发展为中心，以教师发展为根基的先进理念，坚持高效务实管理，形成了领导关心教师、教师热爱学生、学生尊敬教师、教师支持学校的良性发展局面。特别值得一提的是，家校融洽、互不推诱,学校尊重家长,家长支持学校,互相包容、欣赏,不断推动华育与时俱进。与此同时,学校、教师、学生和家长在立德树人上形成高度统一,我们将在系统性治理上进一步深化。

(选自 2022 年 2 月 15 日发布的《彰显高水平办学　促进学校优质均衡——上海市民办华育中学 2021 学年第二学期工作计划要点》一文。)

11.

夯实人才早期自主培育的学校质量提升

上海市民办华育中学承担着上海市优质初中高质量教育探索的重要使命,2023 年对华育来说是关键年,如何继续保持全市中考第一? 上宝势头很猛,苦干实干,给华育很大的压力,我们要化压力为动力。2024 年对华育来说也是一个关键年,民办学校摇号后,华育能不能继续领先,在上海保持名列前茅,需要我们重新交出一份答卷;需要我们换一种姿势奔跑;需要我们不忘初心;需要我们对目标坚持和坚守;更需要我们用行动证明华育经久不衰、蒸蒸日上。本学期我们要在学校 2020—2025 年发展战略规划的引领下,把握好新时代立德树人要求,夯实人才早期自主培育的根基,推动学校全面质量提升,从以下六个方面进行改革突破。

一、人才培育:力争在拔尖学生早期培育上闯出新路

在今年的工作计划中,我要将"人才培育"放在第一个方面来讲,其原因与国家的人才强国战略落实有关。龚正市长在 2023 年上海两会上提出,2023 年,上海将着力强化教育科技人才支撑,塑造发展新动能新优势。加快建设高质量教育体系,全面推进"大思政课"建设,加强拔尖创新人才早期培养等,可以预见,上海会有大的改革动作。同时,学校承担着拔尖学生的早期培育使命,需要在全面提高人才自主培育质量的"自主"探索上踔厉奋发,在新的人才培育布局中有新作为、新变革。

为避免在中国式现代化发展过程中被"卡脖子",为全面建设社会主义现代化国家提供基础性、战略性人才支撑,走进中国特色社会主义新时代,我国比以往任何时候都重视人才培养,特别关注拔尖人才的早期培育,为努力造就更多大师、战略科学家、一流科技领军人才、卓越工程师等夯实根基。对"拔尖创新人才有计划的培养"这一认识不仅已经形成共识,而且从国家到地方都进入了深化人才发展体制、机制改革的新时期,华育中学理应把握机遇,对接"国家需要",进一步在已有拔尖学生早期培育上闯出新路。

无可否认,这些年来华育在数学、物理、化学、信息及科普英语等人文学科竞赛方面取得了突出成绩,而有分量的学科竞赛是培养强潜能学生的重要载体,是促进初高中拔尖人才早期培育衔接的基石平台。2022年华育在人才早期培养上有了新的突破:在上海市高中数学联赛中,上中25人获一等奖,其中从华育走出来的新高一学生中有14人获得一等奖,第一、三名都是华育毕业的新高一学生,有9人进冬令营,有4人进国家集训队,这个成绩是继上中之后的第二名;物理竞赛方面,华育刚毕业的新高一学生,4人获上海市高中物理竞赛一等奖,继华二、上中、复附后第四名。华育的信息竞赛是可以参加高中组的,这几年的成绩稳定在高中组前四名。

我们必须看到,这段时间,处于上海市拔尖创新人才早期培育布局的敏感期,政策变化很大。国家急需拔尖创新人才,虽然对民办教育的大环境有所制约,然而党的二十大精神很明确,强化对拔尖创新人才的早期培育趋势不可扭转,上海市教委必然会把拔尖人才的培养放在重中之重,关注徐汇区拔尖人才培养的体制创新,关注初高中衔接,关注优秀初中学生提前进入高中培养已成定局。华育在有潜质的拔尖初中生培育之路上应坚定不移地走下去,我们面临一个天时地利人和的好环境,我们背后有强大的支撑,我们不是独立作战,我们要更加努力不负重托。虽然早期人才的培养充满挑战,但无论发生什么变化,我们都要积极应对,从国家利益出发、从学生成长出发,默默无闻地坚守,相信华育自主培育拔尖学生的路一定会越走越宽。

对华育中学来说,必须在拔尖学生早期自主培育上走出一条属于自己的路,清华大学招生办上学期专访华育。这个访问不是临时决定,而是做了大量的功课后决定的,让我感到欣慰的是,华育是清华大学在全国范围内第一次访问的初中学校。经过交流,清华大学招办非常认可华育的办学理念,认可华育近几年持续提供精英人才,今年暑期有可能邀请我们的学生参加清华暑假的学科营夏令营。华育需要总结完善自己的培养体系,包括课程体系、教学体系、管理体系。努力解决拔尖创新人才早期选拔与培育中的"学习异化问题(以成绩导向为主,过分关注分数而忽视个体的兴趣与特长培养)""学习动力不足(学生个人志向带有一定的功利性,对学术追求的积极性相对不高)""专业教育与全人教育之间的矛盾(不能只关注某一强潜能领域的学习而忽视全面发展)""个性化培养问题(根据自身的兴趣、爱好、个性来规划自己的成长之路)"。

华育中学要为强潜能学生的培养、为拔尖人才早期培育打好基础。华育过去的路是正确的,符合发展趋势。对人才的早期培育,我们应关注多渠道、多视角推进:

1. 要关注学科方面的人才培养,瞄准五大学科竞赛,积极推进人才培养

我们应继续做强自身在数学、物理、化学、计算机科学等学科拔尖学生培养上的优势,增强对优秀小学生的吸引力;对化学学科尖子生要早发现、早培养。对计算机学科方面有潜质学生的培育,要与未来国家所需要的脑科学、人工智能方面的人才早期发现与培育结合起来。

2. 要关注管理方面的人才培养,需要综合素质强的领军人物

通过整合各种资源,带领团队突破,如科技领军人才、职业经理人等方面的人才。对现有理综班和 A 层的头部学生加大对"数学、物理、化学、生物"学科强潜能引领及"跨学科"潜质发现与培育引导。

3.要关注专业技能和创意方面的人才培养

以创意为核心的工作涉及多个方面,如策划师、设计师等,将创意转化为现实。华育创新实验室调整升级的事,我已经和交大杨主任联系了,他可以组织理化生等学科实验室负责老师对接华育的需求。我们要借助学校的各类创新实验室、STEM课程,促进有创意天赋的学生获得知识积淀与专业技能提升,一个人的分析洞察能力、诠释信息能力、表达能力、社交智慧和手艺都是创意技能。

坦率地说,华育要营造学生成才的环境,教师必须是人才,华育很多教师为人师表,身上具有人才的品质和境界,表现为意志力坚韧及对教学的一丝不苟,这些优秀的品质都在影响学生的成长。事实证明,只有环境土壤好,优质的种子才能长成参天大树。从学校角度每个学生都是国家的人才苗子。华育是培养各种不同职业人才苗子的学校,华育也是为培养早期的天才、帅才、将才和匠才打基础的学校。天才要给其成长的平台与土壤,让其天赋得到最大程度的开发。帅才是领军人物,定方向、定目标,找到将才,并带好将才。将才,能独当一面,找到匠才,培养匠才,给匠才空间,并带领匠才完成帅才布置的任务。匠才利用专业技能,完成任务,并且成为更高级的大国工匠。我们要培养学校里的每一个学生。

二、五育融合:推进义务教育新课标有效深入落实

本学期我们要做好华育中学全体学生均为"摇号"入学的各方面准备,进一步推进义务教育新课标的深入探索。我们的探索必须突显全纳性、全面性与基础性,在促进学生德智体美劳五育融合上下功夫。

1.持续做好组合选修,对数学和英语分层教学的经验探索,细化三个方面的分层

新课标倡导自主、合作、探究的学习方式,强调的是学生的个体

自主与有效参与,让每个学生成为学习的主人,努力提高他们有效参与度,从而逐渐缩短学生之间在认知领域方面的过大差异,让不同层次的学生都能得到较好发展。具体细化为三个方面的分层:教学目标分层,帮助不同层次的学生建立具体适当的学习目标,激发学生都能参与的积极性;教学训练分层,既要保证每个学生都能达到基本要求的统一标准的训练,又要有因人而异训练的兼顾,让每一位学生都能获得参与的机会;教学评价分层,最大限度地激发每个人的成功感,对不同层次的学生,给予不同起点为标准的相应评价,让每一个学生都能体验获得成功的喜悦。

2. 修改编写华育中学新的教学指导纲要,促进华育中学三类学生共同成长(即让智优生"高进优出",让中等生"中进高出",让普通生"平进特出")

根据新课程标准,教研组对华育中学各学科课程教学纲要进行修改与开展相关研究,争取用一年半的时间完成各学科华育中学教学指导纲要的编写,全体教师参与。做到"六个凸显":凸显培育时代新人的要求,凸显培养学生核心素养的要求,凸显根据学生的特点进行课程内容结构优化的要求,凸显教学的广度与深度的结合,凸显学段衔接、初高衔接与学科横向配合的要求,凸显课程教学与生活的联系。

3. 加强切合华育学生高质量有效教学的探索,促进每个学科教学特色的彰显

华育是一所高端的民办学校,各学科都要研究高质量有效教学,有效教学通常是指高效、高水平,能激发学生充满梦想和希望的教学,其基本特征是优教、优学、优质。优教是针对教师行为而言的,是指教学目标更先进,教学设计更合理,教学内容更科学,教学方法更有效。优学是针对学生学习而言的,是指学习态度端正,情感意志良好,师生关系融洽,思维状态活跃。优质是针对学习效果而言的,是指通过课堂教学达成三维目标。学习教学特色彰显的核心要素是,不同学科的教师

能准确把握学科的课程标准,领会学科自身的内在精神,深入研究学生,研究学生学习相关课程时的认知规律,让学生用学习语文的方法学习语文,感知语文的魅力,语文学科特色就形成了。

4. 加强对学生的发展指导与心理引导,在德育上导志,在智育上导趣,在体育上导能,在美育上导航,在劳育上导行。要特别重视学生的身心健康和韧性的培养

面对全体学生开展心理健康教育,做到"四个结合":

(1) 心理健康教育与班级集体教育、个别学生咨询辅导相结合。学生之间存在差异性,建立个别辅导模式,可以弥补集体教育的不足。

(2) 心理健康教育与家庭、社会相结合。家长是孩子教育的重要力量,与孩子心理健康直接关联,定期开展家长辅导。现在年轻的父母很焦虑,在教育孩子方面缺少有效的方法。

(3) 心理健康教育与德育相结合。学校和班主任要引导学生正确认识自己、接纳自己,从而正确认识未来。要关注对学生坚韧性的培养,特别关注班级心理健康员培养。班级心理健康员的培养是华育教育方式的一个重要特色创新。将心理健康员归入班委,心理健康员能帮助教师及时发现学生中的心理问题,对学生的问题防患于未然,化解和减轻部分学生的心理压力,使华育学生保持善良积极阳光的心态。还要培养学生报效祖国,服务社会,具有奉献精神。

(4) 心理健康教育与学校教学相结合。面对学生的学习压力和挫折,任课老师要疏导好学生,培养学生良好的心理素质,教师都要成为学生合格的心理导师。一方面,在教育与引导学生时,教师要以表扬为主,平行班学生的学科基础差,学习习惯不佳。学校要通过增设学业进步奖,鼓励他们学业进步及养成良好的习惯。华育教师达成下列共识:少告状、多表扬,非必要不批评。学校要多印一些表扬条,教师从五个方面表扬进步的学生。另一方面,减轻部分学生的学习压力,作业实行弹性制,把课间 10 分钟还给学生。

三、教研体系:形成以研促教与以研促学的发展空间

在生源结构上,华育学生总体向好,在摇号入学的政策背景下,已出现智优生更加凸显、中等生各有特色、普通生需要关爱的发展特点。新课程标准的实施对课程教学提出了新要求,需要华育中学进一步加强教研体系的建立,可从以下几个方面营造以研促教与以研促学的发展空间。

1. 发挥集体智慧,聚焦教育教学过程中需要解决的普遍性问题

教学处、德育处和办公室牵头或组织,成立课题组与教研共同体,关注基于教育教学实践效能改进的实践研究与循证研究,做好教育教学过程中与学生成长过程中资料的收集。

2. 加强各学科教研组的教研文化建设

每学期至少开展 3 次左右的专题性教研活动,或进行命题分析,或进行华育中学教学指导纲要修改研究,或邀请学科专家进行交流,针对性地进行学科教研。

3. 继续加强对以研促教与以研促学的课题项目资助

鼓励教师在研究中出经验、出成果,进行学校教学成果的评奖活动。

4. 积极开展"新课程标准视野下学科教学改革探索"的优秀教学课例

进行教学设计、教学反思、学生感悟等方面的评比,以形成良好的基于实践的教研氛围。

四、教师提升:持续打造高素质有责任感的师资队伍

华育教师身上最有价值的不是证书和技能,而是在华育教育教学的经历,在这里你会遇到一群优秀的孩子和家长,他们给你留下的

都是财富,都可以支撑你进一步发展。我希望华育的每位教师都有自己的核心竞争力,都能在华育享受教师职业带来的成就感和快乐。无论是人才自主培养,还是学生五育融合发展及教研体系的建立,都依赖一支高素质有责任感的师资队伍,学校将继续花大力气促进教师专业持续提升。

1. 激励教师敢于在学校改革需要的教育教学岗位上立新功

我希望每一位教师都有变革的勇气,有敢挑大梁的气魄,在学校安排的岗位上敢于面对新问题、迎接新挑战,通过努力建立新业绩。

2. 鼓励教师在学校教研体系与人才自主培养体系中有新作为

学校数学班、理科综合班的探索,学科竞赛的提升,分层教学的突破,社团特色的彰显,艺体素养的提升,都需要教师投身其中,开创人才自主培养与教研体系构建的新局面,有新的作为。

3. 磨砺教师发现问题、解决问题的能力

新课标对教学改革带来的新问题,对每一位教师的专业发展与能力发展都是一次磨砺。需要教师敢于面对新问题,探究新方法,寻求新路径。

4. 奖励在各教改领域与学生指导方面作出贡献的教师

这几年,我们形成了丰富多样的教师奖励制度,每年吸引了一批社会资金来奖励我们的教师在教育教学中作出的贡献。之前,我对外来基金奖励教师持谨慎态度,这些年我是大力提倡的,这能激励我们的教师持续建立学校发展的新功绩。

五、治理格局:强化学校矩阵管理结构与法理情融合管理风格

经济合作与发展组织(OECD)长期关注中国的教育表现,认为中国教育体系卓越的重要因素是积极的学校氛围,注重学校教育治理,关注整体的一致性与凝聚力。华育中学在这方面表现得十分突

出，从上次绿色指标的测量看，华育测量的指标远远超过上海市平均水平，也超过徐汇区平均水平，达到国际上的领先水平，这是全校师生努力拼搏的结果。下学期，我们要继续强化学校对矩阵管理团队统筹学校多方面的治理，注重党组织引领、校长室决策、各部门协调负责、年级组与教研组各司其职，班主任要提升自身的教育管理能力，与家长学校一起参与治理，进一步强化法理情的管理风格。2023年将进一步优化学校治理格局，促进学校可持续发展，并从以下几方面努力。

1. 促进管理团队进一步提升专业性，既能应对未来的挑战，又能让学生为建设未来做好准备——敢于变革与创新

目前学校的内部管理充满活力，在理事会、党支部的领导下，学校内部管理分四个层面：涉及学校布局和发展方向的大决策，是校长；某个部门的决策，是副校长；具体的决策，是中层；操作落实，是年级主任和教研组长。四个层面各负其责，有条不紊。涉及重要情况，除了自下而上外，都是双线汇报，直线汇报，沟通畅通，防止部门之间相互推诿和脱节。新提拔的年轻中层有闯劲，表现出很强的专业自主性。

2. 促进学校治理体系在法理情管理运行中得到更好完善

面对学校发展过程中的问题，我始终强调采用法理情融合的管理模式。我曾经引领团队使好几位问题学生发生明显转变，所遵循的都是先法后理再情的思路。

3. 促进校内高质量教育督导评估系统的建立与发展

学校管理团队要在建立校内优质教学质量督导评估基础上深化探索，建立学生多样性评价、教师发展性评价与学校高质量提升评价的多视角考察机制。关注学生的综合素质评价，避免学生出现"长于智、疏于德、弱于体、少于美、缺于劳"的单一化发展问题，关注学生品德发展、学业发展、身心健康、兴趣特长、劳动实践。

4. 促进家校沟通在学校变革管理中的价值发挥

线上线下结合的教学,让家校沟通联合促进学生的成长变得特别有价值。学生基于网络平台的学习,需要家庭监管与督导;线下教学的质量推进,需要家庭给予充分的支持。作为民办学校,要持续充分利用家校沟通的多元平台,促进学校管理变革。

六、优质服务:给师生成长提供更为良好的优质服务环境

2022 年是我到华育中学担任校长的第 10 个年头,我承担的角色是为师生成长创设更为良好的优质服务环境。教职工需要我们管理团队提供帮助的,我和团队会尽力去做;学生成长需要我们教职工提供服务的,你们也要尽力去做。面对学生生源群体的变化,面对教师专业的可持续发展,我希望大家共同努力,在以下三个方面继续加强对优质服务的精益求精。

1. 师生服务

我们的管理人员和职工要立足岗位争先锋,继续为师生做好服务工作。我们华育的职工服务总体水平是不错的,杜小东老师的带头作用做得好,新时代我们还需要加强学习,为师生服务没有最好,只有更好。不能成为温水里的青蛙,要加强业务学习、提升服务意识,在师生服务中寻找差距与不足,并主动地拥抱变化,提升自己的服务能力与水平。

2. 技术服务

学校的信息技术、网络服务,在线上与线下结合的教学过程中得到了很好提升,教师运用现代技术进行教学的能力也不断增强。线上线下结合是一种趋势,我们要考虑新的情况,继续提升技术服务能力。同时,教师也要主动学习,并掌握新技术,提高教育教学与技术整合运用能力,更好地为高质量的教学服务。

3.平台服务

师生的发展,需要学校提供各类平台。就学生发展而言,有科技探究平台、创新实验室空间、艺体活动平台等,史老师将进行功能梳理,给学生提供发展指导手册;教师发展,要通过命题、听课、评课、大奖赛等平台,让教师立足于本职工作,并得到更好发展。

2013—2023 年,我们勠力同心,共同为华育中学保持全市初中领域质量领先作出自己的贡献。从 2022 年起,我们将继续踔厉奋发、勇毅前行,怀揣新希望,向内生长,向光而行。在党的二十大精神指引下,立足为党育人、为国育才,力图走出一条初中阶段夯实人才自主培养的高质量发展之路。

(选自《夯实人才早期自主培育　推动学校全面质量提升——在上海市民办华育中学 2022 学年第二学期工作计划》一文。)

针对初中阶段数、理等方面有发展潜质学生的教学,仅关注学生的学科发展潜质开发,不断提升课程教学内容的难度还远远不够,要着眼于其未来在基础科学、应用科学及科技创新等多领域发展的可能性,在教学重点上有所突破,既包括引导他们通过团队合作、同伴激励去解决难题,注重培养他们的批判性思维与逻辑思维能力,还有一个重要的教学改革突破点在于推进这批学生的学习与探究共进,把握他们未来成为学科拔尖人才乃至领域领军人才所需要的品质进行教学突破。

——李英

第三辑

优秀教师成长观察

优质国际教育与优质基础教育的探索,离不开优秀教师的培育。优秀教师成长,既需要发现好的苗子,将优秀毕业生引入学校从事教育教学工作,又要努力创设良好的条件与平台,采用良好的教书育人理念,促进他们更好地成长。

引导教师聚焦课堂,抓好课堂教学质量,积极开展课程教材比较研究,尽快从大学生转变为一名合格的教师,尽快从一名新教师成长为骨干教师,让学校教师成为学校优质与特色发展的强大核心竞争。

我是1979年进入上海中学担任人事干部的,虽然之后有岗位调整,但我一直主抓教师招聘与教师培训工作,选好材,用好人。无论是在上海中学工作还是在上海市民办华育中学等学校任职,我都注重引导新教师尽快成长,努力创设条件促进有潜力的新教师成长为骨干教师、优秀教师。

在优秀教师的成长过程中,自信、勤奋是基石,专业功底深厚是内核,良好心态是资本,与高水平立德树人和高标准学校发展同向是追求。

1.

教师要竭尽全力抓好课堂教学质量

作为教师,要竭尽全力抓好课堂教学质量,研究课堂,解决教学中的问题,关注多媒体使用。

一、为什么要研究课堂教学质量

教学质量是学校的生命线,是学校的立校之本,也是学校的发展之基。在当前如此激烈的国际教育竞争中,教学质量下降意味着学校品牌贬值,意味着市场份额减少,这对"靠市场吃饭"的上中国际部来说,是很有挑战性的。

在经历多年的跨越式发展后,我校国际部如何保障和提高教学质量,构建与多元化质量观相适应的教学质量保障体系,已成为每一个教师必须关注的课题。保障和提高教学质量是一项系统工程,通过名师的引导、名师的示范作用,促进学校的课堂教学质量提高,促进学校的学科建设、课程建设、师资队伍建设上台阶,不断探索上海中学国际部教育的新路子。将上中国际部的教学纳入全球的视野中去考虑,才能真正从根本上提高教学质量。

抓好定期的听课制度与日常的教学监督是关键。我们将推进教研组等级评比活动,推进名师带教活动,推出满意率高的教师走上讲台,让教研组长的工作主动性、创造性逐步显现出来,根据本学科的特点,根据学段的要求,开展教研活动,使教学质量落到每一位任课教师身上。

我们研究课堂教学质量,就是要让第一线教师介绍自己的经验,他们的经验是国际部的宝贵财富。我认为,国际部规模扩大,并不等于做强,只有把国际教育做强了,规模扩大才有真正的意义。

二、教学中的问题分析与改进意见

1. 教师备课只顾及"讲什么"而忽视"如何讲"的问题

这种情况会导致不考虑学生实际,备课缺乏针对性。备课是教学活动的起点,是提高教学质量的重要保证,因此教师一定要认真备课,在备课时要充分考虑学生实际,结合教学内容在"如何讲"上下功夫,对新教师提出展示教案的要求。

2. 上课缺乏"效果"意识,只顾讲而不顾学生如何去学的问题

教师上课要注重教学效果,不让学生产生逆反心理。教师应在讲课时调动学生的主体参与意识,把学生的学习作为重点并落到实处,尽一切努力使学生保持良好的情绪状态。同时有效地控制课堂教学的秩序、节奏和气氛,做到放得开、收得拢,严而不死,活而有序,这样才能有预期效果。

3. 对启发式教学缺乏认识

启发式教学包括问答式,也包括其他方式和方法。其本质是调动学生认识思考,让学生在学习中动脑、动口、动手、主动学习,以获得最佳学习效果。目前,有些教师"满堂灌"的现象还比较严重,流于形式的简单问答较多,激不起学生的兴趣,使课堂死气沉沉。

4. 用一把尺子衡量多层次教学的问题

在国际部的诸多学科教学中,存在高水平层次(A班)与标准水平层次(O班)教学。他们有各自的质量标准,在评价与衡量学生时要有不同的质量要求。国际部的教育重点已经转移,从关注课堂纪律到关注课堂效率,从关注学生全面发展到关注学生个性发展。对天资高的学生要允许并鼓励他们跳跃式发展。A班提供他们一个发展的空间,应适当流动,有利于竞争。对 O 班不能放松,不能降低要

求,学校必须满足他们的需要,保证每个学生都能在一定的领域中充分发展。

5.备课组充分发挥团队作用的问题

备课组需要经常交流,解决不同水平试卷考试的范围与题型的统一性问题,做到评分标准相对统一。备课组不仅做到资源共享,而且做到教学经验共享。

提高课堂教学质量,需要我们改进的地方还有许多。当前最重要的是加强国际部课程建设。主要包括:队伍建设、教学内容建设、教材建设、实验建设、机制建设。队伍建设要逐步形成一支结构合理、人员稳定、教学水平高、教学效果好的教师梯队,要推广名师的经验,按照一定比例配备辅导教师与实验教师。教学内容建设。要具有先进性、科学性,及时反映本学科特点。教学内容建设要使用先进的教学方法和手段,相关的教学大纲、教案、习题、实验指导、参考文献目录等,要上网开放。实现优质教学资源共享。教材建设要适当增加物理等学科的教学参考资料,同时各年级要编撰一些对学生进行心理行为辅导的内容。实验建设要充分利用学校提供的现代化实验室,大力改革实验教学的形式和内容,鼓励开设综合性、创新性实验和研究型课程。机制建设要有相应的激励和评价机制,鼓励教师承担课程建设,要有新的用人机制保证课程建设。

三、应用多媒体提高教学质量

1.加强对多媒体资料的设计

多媒体资料能提供多种感官的综合刺激,有利于学生获取知识。教师在多媒体资料设计和制作过程中,要考虑学生这一主体,把调动学生学习的积极性、培养学生创新能力放在首要位置,特别注意两个方面:一方面,适时选择多媒体资料。在使用多媒体资料时,不能一味强调"计算机就是高科技",只有运用计算机才是"现代化教学",随意滥用多媒体资料,结果往往会适得其反,达不到优化教学效果。另一方面,多媒体材料的设计应考虑学生学习的内部过程,教以学为参照,教师只有根据学生的学习过程来设计多媒体资料,才能真正体现多媒体教材的教育性,达到提高教学效率的目的。

2.教师对课堂教学中运用多媒体技术的设计

教学设计的成功与否,直接关系到一堂课讲授的成功与否,教师在进行课堂教学设计时,要正确估量多媒体技术与教学内容在课堂教学中的作用,妥善处理好多媒体资料在课堂教学中占有的位置、时间和表现形式,使整个教学浑然一体,做到"两个结合"。

其一,教师的适当讲授与多媒体资料演示相结合。教师运用多媒体资料组织课堂教学时,不应只是无休止地讲,而应采取一些紧扣教学目标的提示点拨,配合多媒体资料演示,"点"在学生不懂或似懂非懂之处,"拨"在学生忽略而与教学重点、难点紧密联系之处,从而更好地发挥教师的主导作用。这样,教师可以通过多媒体资料中的动画、视频,将非常抽象的、难以讲授清楚的知识变得生动活泼,既节约教学时间,又加深学生认识和印象。

其二,多媒体资料演示与学生参与相结合。多媒体资料演示要掌握好时间的长短和内容信息量的大小。要根据学生准备知识的情况和学习的类型确定呈现多媒体资料的分量。学生参与方式有情感参与、思维参与和行为参与。若能在多媒体资料演示过程中留一定的时间让学生有机会实践,或穿插一定的练习并提供反馈,能使学习活动丰富多彩。

(选自 2003 年 11 月 28 日发布的《上中国际部提高课堂教学质量会上的讲话》一文。)

2.

如何成为优秀班主任

优秀班主任是在实践中磨砺产生的,把班主任当作一项事业,主动承担责任、自信、感恩,这些都是优秀班主任的品质。

一、要把班主任工作当作一项事业来做

如果你只把班主任工作当作一件差事,那么你就会对每天的工作感到苦不堪言;如果你把班主任工作当作一项事业来看待,情况就会截然不同。工作态度决定了你的成就。

我曾经问过几位班主任的感受,得到不同的回答:有人认为,班主任工作很繁琐,枯燥无味,是伺候人的工作;有人认为,班主任工作很重要,教育学生无小事;有人认为,班主任工作责任重大,关系到学生今后的发展与成才的问题。同样的工作,同样的环境,结论却不同,这就是问题的症结。如果你只把目光停留在工作本身,那么你工作的动力就不足。如果你做班主任工作时,想到的是学生今后的发展,就不会认为自己的工作百无聊赖、枯燥无味了。

把班主任工作当作一项事业来做,你就会觉得自己所从事的是一份有价值、有意义的工作,并且从中体会到神圣的使命感和成就感,从而改变得过且过的工作态度。

二、要主动承担班主任工作的责任

作为优秀班主任,要做的工作就应比明文规定的职责要多,因为

还有一些潜在的职责，这是每位优秀班主任为了学生和学校的目标都应尽力而为的。

我们的工作一方面要遵守职责和规章制度，另一方面，许多工作是无法规定的，如改进现有的工作方法，提供更优质的教育服务，站在学生的角度考虑问题等。优秀班主任要更加关注学校的发展目标，更加考虑学校的利益，更加考虑学生的利益，为此你必须做更多的工作。

不要仅仅做领导安排你做的事，而要主动去做需要做的每一件事。只要学校需要、学生需要，你就要发挥主动性，竭尽所能地去做。一旦具备了主动精神，你就会发现有许多需要你去做的事。由此你也获得了比别人更多的能力增长的机会。

三、勤奋是成为优秀班主任的基石

现在有一种错误的观点，认为有超常天赋的人根本不需要努力，把勤奋工作与出色的能力对立起来。我认为，你千万不要只依靠自己的天赋，如果你确实拥有出众的才华，勤奋会让你的工作和视野如虎添翼；如果说你能力一般，勤奋就能弥补你的不足。只要目标明确，方法得当，勤奋会让你得到更多意想不到的成功。缺少了勤奋，一生极有可能碌碌无为。

在我看来，世界上绝顶聪明的人很少，绝对愚笨的人也不多，一般人都具有正常的能力与智慧。但是，为什么许多人都与成功无缘呢？一个重要原因在于他们不愿意付出相应的努力，而习惯于投机取巧，他们希望到达辉煌的巅峰，却不愿意付出艰难的努力。他们渴望取得成功，却不愿意付出努力，而成功者之所以成功的秘诀就在于他们能超越这种心态。

四、自信是成为优秀班主任的资本

对一个人来说,自信就好比生命中的阳光,一个对自己总是充满信心的人,浑身上下都充满着力量,是不会轻易地被困难吓倒的,如果一个人对自己失去信心,那么他给人的感觉就可能像营养不良的病人一样没有神采,说话也没有底气,不敢在众人面前表达自己的意愿。久而久之,他在别人眼里的形象是畏畏缩缩的,这样的人很难让人相信他能承担重任。不论能力大小,天赋高低,成功取决于坚定的自信心,相信一定能成功。反之,不相信自己能成功的,那就很难成功。

自信是一种需要积淀和培养的品质。当你成功地做完一件事时,你的信心就会增强一点,成功的喜悦会使你渴求更大、更辉煌的成功。比如,你解决了班上一个难题,或者完成了学校交给你的任务,这就是成功。虽然微不足道,但让你充满成就感,这样就会对自己逐渐树立起坚定的信心。

要成为一名优秀班主任,可以用这种方法训练自己,可能取得进步的速度不快,但想一步登天,必定会以失败告终。大多数人容易犯的错误是他们还没有从小事上得到足够的经验,就急于去做较难的事。

五、学会感激对优秀班主任来说很重要

有些班主任在事业上取得了成功,当他谈及自己的成功时,只是将成功归咎于自己的努力。其实一个人的成功当然与个人的努力有很大关系,但也少不了其他人的帮助,普通变为优秀,还应感谢的是曾经帮助过你的领导与同事。

要把感谢的话说出来,并且经常说出来。这样做有一个最大的好处,就是可以增强凝聚力,不要觉得感激是阿谀奉承,与迎合他人所表现出的虚情假意不同,真正的感激是真诚的,是自然的,不带功利性的,是不求任何回报的。你完全没有必要惧怕他人的议论,更无须刻意地疏远领导和同事,以显示自己的清白。每一个班主任都应记住,感激不用花一分钱,只要虔诚地给予,就会带来意想不到的收获。

（选自 2004 年 11 月 16 日在班主任会上的发言《如何成为优秀的班主任》一文。）

1995 年 11 月 2 日李英副校长(左 1)访问美国圣安德鲁学校

3.

实现角色转化成为一名称职的教师

对刚进入上海中学的新教师来说,怎样实现角色转换? 怎样成为一名称职的上中教师? 想在较短的时间里成为真正的上中人,需要加强培训,须全面了解和认识上中。

一、入校培训从心态开始

上海中学倡导轻松简单的人际关系,即学校中的人际关系就是工作关系。如果想在工作中有所成就,就要放松心理上的压力,以一种愉快的心情投入工作,才能充分展现自己的才华。把主要精力放在工作上,把工作做好,同事都会认可你。

要"改变自己,适应别人",每天觉得自己怀才不遇的人,心态会很差,根本不可能取得成绩。面对一个新的环境,首先要改变自己以适应环境。当然不是说环境不需要改变了,环境之所以能存在,肯定有其存在的原因。作为一名新员工,适应是第一位的,要理解别人,适应别人。其实许多事情在决策时,不仅只有一个解,可能有多个解,而且每一条路都可能成功。但是,如果你没有适应别人的心态,觉得只有自己是正确的,别人都是错误的。就会有分歧,有矛盾……所以,有适应别人的心态,才能融入团队,才能真正展现自己的才华,才不会有怀才不遇的想法。

学校希望教师在上中国际部获得成功,坚定不移的进取精神是学校赞赏的。"改变自己,适应别人"讲的是与人相处的方法,不是无原则地附和别人。在事业上,在自己的发展方向上,有许多成功的经验告诉我们,成功的人在原则上是非常坚定不移的。我们在前进的路上,有许多困难,有许多诱惑,有可能改变我们的方向。你的无数个足迹可能都在成功的路上,可惜无数次中途改变了方向。

学校要求每一个教师做好本职工作,在自己的岗位上创造神奇。许多工作是平淡的,简单的,看起来并不复杂,可能会有一些教师觉得每天的工作平淡而无奇。其实每一个平淡的岗位都蕴含重要的职责,任何一个简单的岗位都有强大的张力。

二、实现角色转化与适应学校环境

当学生与当教师不同,这个不同是本质上的不同。当学生时,可以犯错误,可以说错话,可以做错事。当教师不可以犯错误,犯了错误就要追究责任。考试时学生做错了一道题,教师可以给 90 分。但教师上课讲错了,学生可能给你零分。学生对教师没有礼貌,教师可以教育帮助,给予改正的机会;教师对学生不尊重,讽刺挖苦,学生和家长就会追究教师的责任,不原谅教师过错的行为,甚至对学校表示出不满。这说明教师出差错,不仅教师本人要承担责任,而且学校都要付出代价。

学生的主要任务是学习,教师的主要任务是满足学生的求知欲。学生在学习上遇到困难,教师要全力以赴地帮助解决,学生有不懂的地方教师要给予指导,对求知欲强的学生,教师必须满足需求,称职的教师让学生有明显进步,能满足不同层次学生学习的需要。如果教师不能满足学生的求知欲或不能调动学生的学习积极性,那是不称职的。

教师之间的关系与学生之间的关系不同,教师之间是平等的,互相以诚相见,不管新老教师人格是平等的,不存在我一定要为你着想。教师对学生必须一视同仁,满腔热忱,要有爱心,不能歧视学习上有困难的学生,不能对犯错误的学生放任不管,不能对对自己有意见的学生进行报复打击,要发自内心地去关爱每一位学生,善待每一位学生,聪明的教师会经常反思自己,而不是责怪学生。

教师与学校领导的关系是服从,服从学校领导是教师必须具备的素养。没有教师的服从,学校任何好的战略和设想都是无法执行的;没有教师的服从,任何先进管理制度和理念都是无法建立和推广的;没有教师的服从,任何精明能干的领导都无法施展其才略。一个学校缺乏服从的意识,那么就会造成执行力下降,效率低的后果。作为教师必须学会服从,因为最后承担责任的是领导。当然,服从也并不是不能自由发表意见。

选择了上中就要以上中为荣,要唤起自己对学校的荣誉感。作为上中的教师要以学校为荣,如果一个教师意识不到荣誉的重要性,即使学校有许多规章制度和要求,他还是不会把工作做到位。追求一种认同感和荣誉感,教师才会全力以赴地去工作,远离一切有损于学校和工作的行为。

要知道你接受了学校交给的任务,就意味着你做出了承诺,而完不成自己的承诺是没有任何借口的。不找借口是执行力的表现,这是一个很重要的思想,体现了一个人对自己的职责和使命的态度。对学校领导来说,必须选拔不找任何借口的人完成工作。没有任何借口是学校最重要的行为准则,它指向的是每一位教师想尽办法完成任务,而不是为没有完成任务寻找,哪怕看似合理的借口。

坚持以学生为本,服务到位。要求学生做到的,自己一定要做到。教师的职责不仅是教知识,而且要教学生做人。我校学生总体素质越来越高,不少家庭都是几个孩子在我校就读,家长很快从孩子口中作出比较:这个教师抓得紧,作业多;那个教师课上得生动,或者那个教师教书不负责任,孩子学不到知识等。许多学生是慕名而来的,你们一定要无愧于上海中学的名誉。

遵守学校的规章制度。人的心态决定人的命运,教师的心态、领导的心态也决定学校的命运。如果我们的管理者、教师能从被动心态转变为主动心态，把遵守制度、敬业爱岗当成自己的使命，我想上海中学国际部一定在社会上赢得高度评价。

要有责任感。责任感是所有人的成功之本，没有责任感的教师是不合格的教师。责任感是简单无价的，工作就意味着责任。上海中学国际部要求每一位教师对自己的工作要认真履行职责，这种履行职责必须是发自内心的责任感，而不是为了获得奖赏或别的什么。应该说这样的要求是非常高的。我们只有将责任根植于内心，让它成为我们脑海中一种强烈的意识，在日常行为和工作中，这种责任意识才会让我们表现得更加卓越。当然，责任感是不容易获得的，原因在于它是由许多小事构成的，但是最基本的是做事成熟，无论多小的事，都能做得很好。

新教师要尽快成为一名称职的教师，还要持续不断提高业务素养，努力追求高标准、高效率、高水平，明确自身的使命与职责，落实到每一个细节，并且有大局观，加强相互配合与协调尤为重要。

（选自 2005 年 8 月 23 日与 2006 年 2 月 8 日发布的《新教师培训会上的讲话》一文。）

4.

怎样使自己成为好教师

　　在上海中学任教,学校为你们搭建了探索国际教育的舞台,你们的聪明才智将付诸实现,你们将通过自己的教学行为来缩短与世界一流学校的差距。你们将见证学校不断地走向辉煌、走向世界教育前列。在你们的身上承载了学校的神圣使命,就是要把学校建设成为国际一流的学校。先让大家了解上中及国际部,然后思考我们怎样在较短的时间内成为好教师。

一、介绍上海中学及国际部达到的高度、目前的优势与挑战

　　1. 上海中学是一所独一无二的学校

　　教学质量始终保持上海第一、全国领先,进入重点大学的比例超过99%。校友中英才辈出,中国科学院、中国工程院院士有57位,省部级领导有100多位,大学校级领导有200多位,各行各业专家难以尽数。学校信息化程度高,无线网、固定网、MP多功能视频网等三网合一,教师工作离不开网络。不仅校园环境、教学设施现代化,而且有先进的教育理念、强大的经济支撑,最重要的是有诚信、高效的管理。上海中学可以与发达国家的顶尖学校媲美,在这里工作、生活有安全感,教师的辛勤付出会得到尊重。

　　2. 上海中学国际部是一所富有挑战性的学校

　　上海中学国际部办学规模不断扩大,已经成为一所国内外享有盛誉的大型外国和我国港澳台地区人员子女学校。上海中学国际部

—　189　—

从国内一流到国内领先，从有国际影响到国际知名。90％以上学生被国内外名牌大学录取。

3. 上中国际部目前的优势与挑战

上中国际部的主要优势体现在五个方面：能提供多元、高选择性的国际通用课程，这是国际部发展的核心竞争力；中英文系列都注重汉语教学，渗透中国文化，一般学校做不到，这是国际部发展的中国特色；凸显我国数学、物理、化学等理科强项，这是国际部发展的重要魅力；造就"中国人主导"的各学科核心骨干队伍与学校管理队伍，这是国际部发展的力量源泉；营造了法理情有机结合的管理机制，这是国际部发展的运行支撑。这五个方面共同推进了国际部的竞争力持续提升。

上中国际部面临三方面的挑战：（1）上中国际部人数以20％的年增长率持续提升，已经成为大型国际学校。如何保持高效管理与高质量教育齐头并进，我们既要扩大规模也要提高质量。（2）在学生日趋多元的背景下，如何创造性地开展多元文化教育活动，关注国际性与民族性的统一。（3）国际部尚处于"青少年"时期，还有许多地方不够成熟，有待改进。再加上国际部学生流动性大、外教聘任期限短、课程多元化、学科组长又难以做到绝对权威，所有这些都对整个国际部教学管理带来一定的难度。只有所有教师、员工不懈努力，才能使上中国际部成为国际一流的学校。

二、对教师职业有一个充分的认可

怎样使自己成为一个好教师？这个好教师不是一般学校的好教师，而是国际一流学校的好教师。教师职业有其特殊性（特别是基础教育），体现在三个方面：

1. 教师的工作对象是活生生的人，是充满朝气的生动活泼的青少年、儿童，他们来自不同的国家与地区，有着不同的文化背景，他们有独特的天赋和能力,见多识广,而且正在成长过程中,教师只有了解青少年、儿童的特点,才能做好教育工作。

2. 教师工作不仅在于教书,而且要育人,要把学生培养成对社会有用的人才。

3. 教师的工作方式不像其他职业那样使用工具,而是用自己的知识、智慧、人格魅力去影响学生,唤醒学生心中沉睡的希望,提升学生内在向上的精神追求。教师工作是一种可以给人带来高峰体验的愉快的劳动,是一项可以让自己享受工作之乐的事业,而不是一种单纯的体力、爱心的奉献。

三、知道国际部认可的好教师标准

1. 能让学生喜欢自己所教的科目,具有使教学内容变得生动有趣、催人奋进的能力,具有把教学内容变得浅显易懂的才能。

2. 关心学生,尊重学生,具有站在学生角度与学生打成一片的本领,具有彻底明晰"什么水平阶段该教什么及为何而教"的敬业精神。

3. 教学能满足不同层次学生的需要,采用适宜的教学方法与教学策略让学生进行自主学习、合作学习,对学生的作业给予高质量反馈,鼓励学生进行独立自主的学习。

4. 有即兴适应新需要的能力,能集中突破关键概念,当学生对关键概念有误解时不是掩盖而是引导,向其他教师学习,共享资源,了解教学效果及如何提高教学效果。

四、了解学生眼中的好教师

1. 能用清晰的、有助于学生理解的方式向学生阐释高深的道理。对术语会进行清楚解释,抽象的概念用事例说明,概念与事例之间的区别有明确界定,解释应通俗易懂。

2.教学准备充分,教学内容条理清晰,学生容易接受。明确说明每一节课的教学目标并突出强调其中的要点,留下充分时间让学生记笔记、听课,还提示何时需要记笔记,何时不需要记笔记。

3.学识渊博。在该学科领域中处于知识前沿,但并不装作"知晓一切"。他认识到学生也有胜过教师的地方,并且愿意向学生学习。他使自己的工作及学生的学习变得有趣。通过案例研究,让事例、轶闻趣事等新思维与学生的经验联系起来。

4.了解学生,知道学生要获得更好的理解,积极参与胜于被动记笔记。因此,在课堂上留出时间让学生分析问题、解决问题,对问题进行质疑讨论,而不是满堂灌。

五、好教师应该如何起步

1.教师在上课铃声未停之前到达教室门口

铃声停了,教室里的多数人如果对你视而不见,依然我行我素,乱哄哄的,你千万不要发脾气,千万不要傻乎乎地走进教室,马上上课,这样你很难把课上下去,必须使课堂安静下来。小学生不懂什么叫"权威",什么叫"尊重",什么叫"民主",所以一定要给他们立规矩。规矩带有强制性、约束性,开始就要和学生约法三章:上课应该怎样做,不能怎样做,违反了,教师要怎样处理等。初中学生在说话,甚至在打闹,你要用一种期待的甚至严厉的目光"盯"住他;无效,你要点明某一排某一人仍然在影响大家上课;再无效,你要迅速走到他眼前,请他站起来,并告诉他不能无视课堂纪律,影响别人学习。高中生在谈话,你可以说:"我知道了,你叫某某。"这叫立威。

2.一旦进入课堂,就要像京剧演员一样,精气神十足

走进课堂,要把注意力放在学生身上。要善于用眼神表达你的满意、生气和愤怒,尽量不要吼叫,训斥只可偶尔为之,目光要经常瞥向那些神不守舍、好动、爱说话的学生。可以请他们做点事,如读书、

读单词、在黑板上默字等,这叫"以动制动",最要紧的是不断地鼓励、表扬、提醒学生,话要简洁明了。

3. 要尽快记住每个学生的名字

首先记住表现好的和表现差的学生的名字,直呼其名的表扬胜于不指名道姓的表扬,指名道姓的批评、提醒效果更好。把所授班级的学生座位表写出来,有助于记住学生名字。表扬要有实质性,切忌空话。"你做作业总是那么细心,很少有错误。"如果你在适当时机和场合,不经意地说出某一个学生做的一件值得称道的事,他不仅会感到吃惊,而且受到的鼓舞也特别大。

4. 要注意教学形式、手段的变化

小学生的注意力是短暂的,如果第一个词是教师领读,第二个词也是,第三个词就要请优秀学生当一回小老师。没有变化学生会生厌,没有变化,也就没有教学艺术。教学形式的变化让学生感到有趣,使他们注意力集中。讲到重点部分、关键问题,给注意力不集中的学生提个醒,否则学习困难的学生队伍会扩大。

5. 上好第一节课

精心备课,精准把握教材,把教材装在心里。准备好教具,辅助教学设施,组织好教学,一旦学生安静下来,要尽可能展示自己的特长和才能。板书让学生为之赞叹;朗读让学生为之感动;得体的幽默,让学生笑起来;用丰富的表情和机灵的眼神,吸引住学生……你就成功了。

6. 肯定学生的长处

不要在家长面前一味指责学生,对任何学生都要首先肯定他的长处,把优点放大,让家长树立信心。如果处理不当,谈话欠妥,甚至误解学生,一定要当着全班同学的面认错,向学生道歉,不要自以为是。教师向学生认错、道歉,让错误成为一种教育资源。好学生谁都喜欢,但切不可让学生看出你的偏爱,学会赏识学生。

学高为师,身正为范。虽然只有八个字,但包含了一个好教师的

全部内涵,若干年后当你们把这八个字读"厚"了,我相信你们一定会成为非常优秀的教师,因为上中国际部对每一位教师来说,都充满着机遇与挑战,交织着梦想和现实,去感受世界名校的风采,实现自身的价值。

(选自 2006 年 8 月 20 日发布的《新教师培训会上的讲话》一文。)

2013 年 5 月 24 日,李英副校长(右 1)与上海中学国际部部分管理团队合影

5.

教师加强对课程教材的比较研究

常态化举行课程教材研讨会,就是要推进学校课程现代化及与国际教育接轨的进程。对每一个教师来说,要有国际视野与本土情怀,必须经过下列三个阶段。

一、学习阶段

在国外教材的使用过程中,看到国内教材与国际教材之间存在很大的差异。无论是课程的指导思想、教学目标,还是教材内容、习题训练及实验要求、课题研究等都存在显著差异。我们要在国际教育中得心应手,首先是学习。

我非常高兴地看到,上海中学不少教师已经历了第一阶段——学习阶段。学习国外教材中值得借鉴的元素,如原来我们的 IB 物理、化学实验得分 1～2 分,现在能达到 6～7 分(满分 7 分),这就是学习的结果。

我们的学习还要更加深入。2008 年 2 月开办的青年高端教师培训班也是一种学习推进。为期一年,一年结束后要写出高质量的比较类论文。上海中学教师在国内外课程教材比较方面有着得天独厚的舞台,每一个教师都应好好把握。

二、研究阶段

近年来,上海中学教师已经有几十篇学科比较类论文发表在各类杂志上。可以讲上海中学的课程教材比较，是边学习边研究。思考哪些方面值得借鉴，哪些方面还存在不足。比如，对本部来说，小班制、走班制，由于教育成本高还无法全面实施，但国际部可以深入推进；有些受体制、文化传统的制约而无法完全照搬，需要结合我校的实际情况进行实实在在的研究。

在我看来，虽然在课程教材比较研究方面有不少论文、专著，但比较笼统，粗线条，偏重宏观、理论方面，在微观或具体学科教材方面进行细致研究的不多，能指导学校教育实践、有价值的更少。基于实践运用的国内外课程教材比较研究，在许多方面我们国家还是空白，上海中学与上海中学国际部有实力做好国际课程创造性实施运用的实践研究。本部教师在国际部兼课，国际部也有教师在本部兼课，有利于对国内外课程教材进行比较研究，是一项有价值的工作。

在国际课程教材的比较研究中，我们的教师要有一种使命感。本部教师通过课程教材比较，开阔了视野，了解国际教育的主流，将先进教育经验融入本部教学中，意义很大。国际部教师通过比较研究，学习长处，克服不足，整合我们的优势，使我们的教学取得更好的效果，真正走在世界前列。

三、提升阶段

研究的目的在于提升，上中开展国际国内课程教材的比较研究，最终目的是提升教育教学质量。我们要将学习、研究中的心得、体会、有价值的元素加以运用，真正落实到提升上中教育教学质量上来，并为上海乃至全国教育改革提供实质性、探索性的思路。

上中本部的课程图谱，实际上已经借鉴了大量的国外教材思想、内容，很多方面已经有充分体现。而且它的作用和效果正在显现，学校科技创新项目就需要大量运用这些研究成果。

对国际部来说，IB 为什么考得好，SATII、AP 成绩也不错，就是因为我们通过研究将中国的方法和国外教材的思路有机结合,才得到今天的成绩和效果。但是,我们要看到还有提升的空间,如英语阅读和写作教学。

上中课程教材比较是推进教师取得提升的舞台,我们的教师不但在培养学生方面要取得出色的成绩,而且在自身的发展提高方面也要迈向新的高峰,要通过比较研究写出高质量有水平的论文,甚至著书立说,成为某些学科比较研究方面的权威或有影响的人士。这正是我们学校所期待和看重的。

（选自 2008 年 12 月 12 日发布的《在上海中学课程教材比较研究研讨会上发言》一文。）

6.

从大学生到教师角色转化的问题解答

要尽快完成从大学生到教师的角色转换,先要明确自己已经是一名教师,教师须具有对教育事业的献身精神、责任、义务及信念。

第一方面是具有献身教育事业及专业理想的精神。热爱教育事业是现代师德的基本要求,为教育事业献身的精神是从事教师职业的必要条件。一个教师,不论有多大学问,如果他本人不是致力于教育教学工作,那就不应该留在学校里。专业理想是教师想成为一个成熟的教育教学专业工作者的向往与追求,它为教师提供了奋斗目标,是推动教师专业发展的巨大动力。

第二方面是责任。这是针对学生而言的教育者的职业态度及其精神。教育存在的基本前提在于相信知比不知好,相信每一个人都有能力学习。教师的重要责任在于保证每一个人都会学习,相信人人都应享受平等的机会,并相信教育是包含这种机会的一种方式。学生与教师的关系是平等的,教师的威信应建立在一个人的品德和教学才能的基础上。

第三方面是义务。任何一个想成为教师的人,必须成为一个学习者,必须是终身学习理念的倡导者、实践者和榜样示范者。要用崇高的精神价值准则去丰富和充实学生的意识,促进他们以积极的态度对待生活。教师不仅是一个职业,而且也是一项事业,最好的教育者正是那些能恪守理想并不断努力的人。

第四方面是信念。强调教师职业的特殊性及教师在其中所能体会到的甘苦。教师是一种讲良心的职业,其作用具有滞后性,其机制具有难以量化性,而且在更多的时候是一种风险、一种给予,教师职业的最大奖赏来自学生的成功。

刚走出大学校门的新教师知识面广博、理论水平较高、观念较新、计算机与英语能力较强,但由于刚走上工作岗位,对教育教学实践缺乏感性认识和实际操作经验,教学经验相对缺乏。应以一种怎样的姿态面对机遇与挑战?应如何调整自我心态,以适应新的工作环境,并尽快完成大学生到教师的角色转换?应怎样使自己的教育教学能力得到较大提高,并尽快成长起来,成为学校新的教育教学骨干?要注意以下几方面问题的解决。

一、培养良好的职业道德

教师职业在社会上受到追捧,职业道德比一般行业高,要成为一名合格的、受学生喜欢的教师,要有爱心、耐心、责任心。对学生的关爱与呵护是打开教育这扇神秘之门的钥匙。爱,是一切教育的前提和源泉,只有爱学生,爱教育事业,才能成为一名好教师。

作为一名教师,要以身作则,为人师表,严格要求学生;那些一团和气,迁就、放任学生,不讲原则的教师,事实证明并不受学生的尊敬和爱戴。严格不是苛刻,要严而有度,严而有方,对尺度的把握是非常重要的。好教师的责任心比能力更重要。

教师要具备强烈的责任感和事业心,教师不仅要教学生知识,同时要把学生的学习过程看作其生命成长的历程,让学生去体验去认识。教师的责任在于通过自身的人格魅力影响学生,培养学生富有个性的思维品质、积极的人生态度和富有挑战的创新精神。新教师只有带着责任感去做事,才会与学生共同成长。

二、做好备课与业务知识的持续学习

大学生或研究生毕业去教书,还需要学习业务知识吗? 毕业时,虽然已经学了四年或七年的专业知识,但教学生和自己求学是两码事,有很多东西自己是懂的,但要有理有据、有逻辑地讲授给一个班学生听,不做大量充分的准备,是很难做到的。

有些时候,讲着讲着,发现难以自圆其说,会让教师的形象和影响力大打折扣。要给学生一碗水,自己要有一桶水。一定要在业余时间加强业务知识学习。教育是一门科学,要学习大量的教育科学知识,才能用它来指导和改进自己的教育方式和方法。有了丰富的业务知识,还要认真地备好课。不仅要备教案,而且要备学生、备环境。

在讲课之前,应该熟悉学生的情况,如学生的基础、学习的积极性与主动性、兴趣爱好、班级特征、班风、班干部等,特别是学生的学习基础。只有准确地了解它,才能更好地做到学习的衔接和迁移。

三、重视第一印象和人格魅力的感染

作为教师,给学生的第一印象是非常重要的。想给学生留下好的第一印象,要注重以下几个方面:

(1) 自身的外表形象。现代教师不再一味地讲究衣着朴素,而是要大方得体,再加上和蔼可亲的态度,才会增加教师的亲和力。

(2) 上课时的激情,教师一定要保持充沛的精力和激情。学生大多数喜欢有激情的教师,人不可能时时精力旺盛,要调整自己的情绪。比如,到教室门口时,停顿一下,酝酿一下激情,露出和蔼的微笑,再踏进教室,不把不良情绪带进教室,以免给学生带来负面影响。

(3) 灵活的方法。第一次上课不急于讲授新的知识,可以先与学生进行正面零距离的交流和了解。比如,鼓励学生树立学习信心和目标,做学习计划,或以游戏的方式说明某种教育观点或现象。

（4）明确的要求。就是在第一次上课时向学生讲明教师的要求。如对考勤、作业、课堂纪律、问答问题、期末成绩评定等的规定或措施,让学生了解教师的要求和意图,并尽力获得学生的认可和支持。

有了良好的第一印象,即便不小心出现了疏忽,学生也会原谅教师的。但是,如果学生对你的第一印象不好,过后即便花大量的精力和努力也难以弥补,至少学生在短期内很难接受这样的教师。教书育人,要注意用自己的人格魅力来感染学生。做事果断、刚毅、爽快、诚实、言行必果、富有同情心等都会增加教师的亲和力,有利于树立威信。

四、调整心态与放松心理压力

学校要关心的是教师的内心世界,是良心的领域,是"心灵"的领域。这种关心不会完全停留于学校规则的法理层面和提出具体解决办法的操作层面,它需要确定某些不可违反的最低标准。是一种既可以得到所有教育工作者认可,也可以得到非教育职业认识支持的具有约束性的价值观、不可或缺的标准和与道德态度相关联的最起码的共识。

从自己做起,便是要谨防把摄像机的镜头对准生活中的瑕疵和缺点。我发现生活中总有一些人喜欢找问题,对身边的事不满意。我不是说我们不应该面对现实,不是说我们应该闭目塞听,也不是坚信学校完美无缺。有些教师喜欢把镜头对准学校的日常工作,对准身边的同事,但时常会感到沮丧和忧虑。我们要多看教师与同事相处中的真善美。

五、提高自己的沟通能力

不仅要学会沟通，而且要善于沟通。教师职业所接触的群体涉及社会、学校、家庭等方方面面，由于教育对象复杂多变，教师沟通会遇到许多意想不到的问题，作为教师要提升自己的沟通能力。

1.善于聆听。弄清沟通对象的真实想法，找出彼此共同之处及差异所在，努力寻求消除差异的办法。

2.反思沟通方式是否得当。要善于在沟通中提问题，运用开放式提问，使沟通双方很快进入角色。

3.达成共识。使自己的观点能被对方接受，被对方认可，获得理解和支持。所有教师在沟通之前要理顺自己的思路，使其合乎逻辑，不能无目的地即兴发挥。教师在工作中善于沟通，会取得事半功倍的效果。

（选自 2008 年 6 月 22 日发布的《如何完成大学生到教师的角色转换——上中国际部新教师培训上的讲话》一文。）

7.

让外籍教师有育人的归属感

欢迎来到上海中学国际部任教。上海中学国际部任教能改变你们的人生,给你们的人生带来转折。我希望你们在这里度过的时光仅仅是你们和上海中学交往的开始。

一、从外教安德鲁开始

安德鲁在上中国际部工作了整整五年,学生爱戴他,同事信任他,今年暑假他要返回美国读博士,离校前我与外教办主任邀请他做了一次访谈,为什么在上中国际部一干就是五年(如今,在上中国际部工作五年以上的已经越来越多了),他说:"选择我们学校任教是非常有意义的,并且具有挑战性,满足了自己的三种幸福。"这三种幸福是:(1)物质上的幸福。如每月能得到不薄的薪水和丰富的福利待遇。(2)社会地位上的幸福。在上海中学做教师的社会地位高,受到尊重。有利于将来再找工作,有中国的教学经历非常好,用人单位会看重你大胆创新的能力,给自己再求职带来助力。(3)精神上满足的幸福。看到学生的成功,学生的进步,会有一种满足感,觉得自己付出的心血很值得,觉得自己人生有价值。

通过与安德鲁的对话,我理解了他为什么会全身心地投入自己的教学工作,每天早上 7 点不到就已经在办公室里工作,每天认真备课,不停地批改作业,比中国教师还要早,几年如一日。使我感动的是,在上中国际部充满激情工作的不止他一个人,而是一批外籍教师。不少提早返校的外籍教师自发组织新教师熟悉校园及学校周边环境,并在新教师遇到困难时给予及时帮助,体现了大家庭的温暖。

值得一提的是,每学年都有不少外籍教师承担 IB 教学任务,IB是大学预科课程,也是学校最优秀学生的课程,许多外籍教师为了胜任 IB 教学,经常挑灯夜战,备课到深夜,双休日几乎都在工作。他们积极研究 IB 考纲,研究教材,研究学生,虽然辛苦,但没有半点怨言,学校的 IB 成绩也不断提升。

二、从一门英语学科谈起

国际部英语课都是由外籍教师上课的。英语教学质量的提高在于外籍教师。在提升英语教学质量方面,我们强调学生作业的重要性。我知道有些发达国家的学校对作业要求不严,认为作业是学生的个人行为,不做没关系,但我们学校强调作业是教学环节中最重要的一环。作业既是学生学习的过程,更是对教师教学的检验。作业能体现学生的学习态度、学习习惯、对知识的理解与运用,更包含教师的教学态度、教学水平,所以作业是教学质量的具体体现。学段主任和学科组长抽查教师作业的批改情况,并给教师很满意、满意、基本满意及不满意的反馈意见。

在提升英语教学质量方面,我们将加强五个方面的力度:(1)从 7年级起加强英语阅读能力。开学初对 7 年级以上学生进行英语摸底测试,英文母语测试选用美国本土试卷,英文非母语测试选用新加坡试卷,针对性地提高英语阅读能力。(2)小学段 1～4 年级选配外教担任班主任与副班主任。担任班主任的有机会参与学生的管理与学校的日常管理,即承担更多的责任。(3)9 年级起英语课有两节课提供托福、SAT 英语的训练。(4)开展各种形式的英语演讲、英语角、竞赛等活动,提高学生学习兴趣。(5)不断提高外教的学历与教育的挂钩,对 IB 教学成绩突出的给予嘉奖。

三、尽快适应国际部的教学

小学、初中、高中在知识目标和能力目标等方面有不同的学习要求。首先，在知识目标上，小学的知识内容简单，初中有一定的知识量，而高中知识量及难度大幅度增加。其次，在能力目标上，小学以简单的识记为主，初中以理解为主，而高中阶段更需要学生具备独立思考和分析归纳的能力。因此在国际课程的建设方面，小学课程要求保护学生的好奇心与想象力，初中课程要更多地关注学生的兴趣与学业基础，高中课程更要提高学生的学习能力，在小学、初中、高中课程衔接与兴趣培育上下功夫。

1. 落实学校英语课程教学大纲

英文组经过组织外籍教师反复讨论，形成了适合上海中学国际部学生特点的《上海中学国际部英语课程教学大纲》，成为英文教学活动的准则，能引导教师在教学活动中经常性进行对照检查，判断教学是否符合要求，是否符合学生的实际，是否能提高学生的阅读能力。

SAT旨在考查学生的综合能力，对国际部学生来说弱项是核心词汇和阅读。学校将进一步强化这方面的教学，培养学生对英语语言的感觉，各年级都推荐学生大量阅读，撰写读后感，并进行评比交流。英文学科组每学年组织初高中各举行一次英文演讲和一次英文辩论赛，不断提高学生演讲能力。小学比赛用英文讲故事、朗诵，提高学生对英文学习的兴趣，从而提高英文口语能力。

2. 全面推进英文分层教育

在一段时间内，上中国际部英文课程分母语与非母语两大系列，主要是考虑到国际部学生来自不同国家和地区，有着不同的文化背景和知识结构。基础不同，对所学课程的要求也不尽相同。这种传统的分班制优点是教学相对便利，针对性较强，缺点是在国际部环境下人为分班,使母语与非母语学生产生学习上的自卑感或优越感,对非母语学习优秀者难以真正得到发展。

从 2010 年开始,我们打破母语、非母语分班模式,推进分层次教育,使非母语学生有较多的收益。由于非母语采用类似母语教材,可以让非母语学生更快融入母语教学语境,使非母语学生的词汇、会话、思维、写作、表述等能力逐渐母语化,英文能力有实质性提高。具体分五个层次:H+、H、S+、S、ESL,H+ 与 H 基本以母语学生为主,但是非母语学生达到一定要求,也可以进入 H+ 与 H 班。S+ 与 S 基本以非母语学生为主,如果母语较差,可以在 S 班学习。S 班学生进步大,也可以进入 H 班学习,这样才能提高学生学习兴趣和质量。

外籍教师适应国际部教学,要解决自身作为教师的荣誉感与使命感的问题,解决新教师基本功过关的问题,解决教师不断更新知识的问题,解决教师心态的问题,无愧于上海中学国际部教师的身份。

(选自 2010 年 8 月 25 日发布的《上中国际部外籍教师培训班上的讲话》一文。)

8.

新教师成长之"三四五"

新教师要迅速成长,必须面对现代教育的三个挑战,把握未来社会的四个重要方面,具备五个意识。

一、新教师面临的三个挑战

随着我国教育改革的不断深入,教育国际化进程的加快,评价一所学校的标准已经不再局限于国内,而是要纳入国际范围的参照系。同样,对教师的要求也与以往有了很大不同,现代学校的新教师必将面临来自各方面的新挑战。

1.对学科驾驭能力及研究能力提出了挑战

现代教育关注的是学生的可持续发展。这就需要教师帮助学生认识和发展潜能,如果不能对所学领域甚至相关学科交叉领域有整体把握,就无法引导学生的发展,激发学生的兴趣。未来学校需要的是专家型教师,既能针对教学过程中出现的问题进行研究,又能对学生成长规律、思想教育等方面进行科学研究。

2.对数字技术运用和探究式教学能力提出了挑战

数字时代的到来要求学生具备信息素养,这就对教师的信息素养提出了更高的要求,加之学校课程从教学资源的开发到课堂教学、课后指导和评价等教学的各个阶段都与数字技术密切相关。这就决定了教师必须具备运用网络搜集和整理信息并与教学有机整合的能力,必须熟练使用数字技术产品,并能利用数字平台进行辅助教学。

除此之外,高中课程体系选择性和探究性的增强,也要求教师能与学生共同探究并在教学实践中不断提升自身能力。

3. 对国际视野及新教师的英语运用能力提出了挑战

上海的教育要培育出能站在国际舞台上竞争的学生,新教师必须不断拓宽国际视野,站在更高层次认识所教领域的发展趋势。在此基础上把握国际教育动态,采用适合学生的方式融入当前课程,让学生接触到学科前沿,感受到学科概貌,这必然对教师的英语运用能力提出更高的要求。

二、新教师要把握未来社会的四个重要方面

人的需求不仅是成绩和成就得到满足,还需要安全、需要爱、需要社会的认可,需要个人梦想的实现。新教师如果能把握未来社会的"方向、能力、心态、奋斗"四个方面,必将体会到教师职业的内在价值,更好地面对来自多方面的挑战。

1. 未来社会努力重要,方向更重要

未来社会充满了不确定性和风险性,谁能在有限的时间和空间里尽早做出正确的方向选择,谁就将成为这个领域的专家或权威。从这个角度讲,方向比努力更重要。现在是讲究绩效的时代,政府、学校、公司、企业需要的是有能力且能与其共同发展的人,而不是一味努力但方向不一致的人。现在有些年轻人不知道自己究竟需要什么,干一行怨一行,始终找不到方向,这值得新教师引以为鉴。

2. 未来社会知识重要,能力更重要

知识如果不能演化为能力,就更不能通过能力来挖掘自己的潜力。作为一名新教师,如果所学知识不能及时在教学过程中实现转化,也就失去了可持续发展的动力。因此,现今学校更关注从能力的角度来观察应聘者能否胜任岗位,是否能在学校提供的环境、机制、职责之内实现高绩效。

3. 未来社会期望重要,心态更重要

现代社会,拥有健康的心态越来越重要,处理复杂的人际关系,承受挫折与痛苦,缓解压力与抑郁,耐得住寂寞,受得了委屈,这些都将成为毕业生需要面对的问题。为了使自己能尽快适应新的环境,需要对自己的心理健康投资。没有健康心态,就无法应对工作压力和个人成就欲的矛盾,更何谈发展。

4. 未来社会文凭重要,奋斗更重要

在信息社会,知识的更新弹指一挥间,一纸文凭已经远远不能满足未来社会对人才的要求,艰苦奋斗才是可持续发展之根。这里的"艰苦"与物质生活没有关系,与客观环境没有关系,源于自己的理想和生活态度。对教师来说,这种奋斗,主观上为自己和家人的幸福,客观上为学校、社会和国家。学校的发展又会让个人的发展提升至一个更高的平台。

三、新教师必须具备的五个意识

教师承载的是学生的未来,是家庭、学校和社会的期望,一个好教师可以让一批学生接受优质教育,一支好的教师队伍可以让整个学校的教育质量飞速提升,让每个学生都能充分享受学校的优质教育资源,促进教育公平。为此,新教师必须具备五个意识。

1. 新教师要有使命意识

新教师应有主人翁的精神,通过自己的努力推动学校的发展。以上海中学为例,我们要求无论是教师,还是行政人员,无论是处于教学第一线,还是招生、教务、财务等重要部门的人员,都拥有这样一种价值观:做不好工作没有任何借口;没有最好只有更好;当个人利益与学生、学校发生冲突时,以学生、学校的利益为重。

2. 新教师要有打拼意识

学校是培养人的地方,但不会因新教师而放松要求。虽然每所学校都会积极采取带教、培训等措施来帮助新教师尽快适应学校教学工作,但是这些只是辅助作用,如何能迅速适应学校的教学环境,担负起相应的教学工作,在短时间里成为学校的新骨干,不仅是新教师需要关注解决的问题,也是学校和家长非常关注的问题。

3. 新教师要有忧患意识

作为新教师,我们需要时刻审视自己的工作职责,经常想一想我们学校的目标与追求,想一想新的突破在哪里,短板在哪里,想一想自己的课堂教学质量怎样才能进一步提升,学生的兴趣、创新意识如何激发,教学是否满足了课堂上每一位学生的需求,学生的素养是否提升了。

4. 新教师要有竞争意识

既然我们选择了教师这份职业,就应该选择奋斗,选择进取。教师要始终处于发展的过程和状态,必须不断完善自己。在这个过程中,目标不断更新,不断发展,一个目标达到了,又有新的目标。如果不能及时发展自己的核心竞争力,即使今天自己是优秀的,但是明天只能是合格,后天可能被淘汰。

5. 新教师要有服务意识

教师要有服务意识,要有强大的执行力。坚持学校工作跟着学生走,学生到哪里,工作就做到哪里,教师就深入到哪里;工作走在需求前,随时了解学生的需求,不等学生需求,就把工作做好;工作跟着问题走,哪里有问题,就到哪里解决,什么时候有问题,就什么时候解决;工作走在问题前,防患于未然,在问题发生前,就把问题消灭在萌芽中。只有这样,才能称得上是一流的服务、规范的服务,才能说我们有很强的执行力,才能形成一支想干事、能干事、干成事的教师队伍。

（选自《新教师成长之"三四五六"》一文,刊于《上海教育》2012年第4A期。）

9.

在"举旗攻城"中促进教师学习与实践研究

华育中学要真正成为上海初中教育的领头羊,就需要教师不断加强学习,在现有的基础上不断突破,及时更新教育观念与教学行为,在实践中获得可持续发展。

一、教师明晰"举旗攻城"的内涵

在 2018 年前后,无论是国家还是地方,都关注民办学校的发展转型。华育中学作为优质民办初中,迎来了新的发展空间,要成为上海初中教育的领头羊,作为教师应当举起这面旗帜,重点体现在以下三个方面。

1. 举立德树人的旗帜

学校要始终把立德树人放在首位,研究初中学生的德育。通过新生军训、德育课程系列化等教育活动,提升学生的德育修养和爱国情怀。华育要有责任感,担当起培养未来精英的重任,很可能 20 年后,华育有一批学生成为国家的精英。精英在我看来,不是纨绔子弟,而是服务社会、报效祖国、奉献自己、引领社会前进、民族和国家的中坚,需要千锤百炼。一个人的智力不是最重要的,比智力重要的是意志,比意志重要的是胸怀,比胸怀重要的是一个人的品德。习近平总书记在党的十九大报告中指出:"中华民族伟大复兴,绝不是轻轻松松、敲锣打鼓就能实现的。"我们要实现的是伟大梦想,因此要进行伟大斗争,下一代中只有意志坚韧的人、有大德的人,方能脱颖而出，担此大任。

2. 举优秀人才早期培育的旗帜

华育中学集聚了一批优秀的初中阶段学生，他们资质优异、思维活跃、发展潜质良好，有悟性，利用同伴的影响力，身边的榜样促进学生的成长。同时学校需要进一步创设良好发展平台，充分利用社会的资源、家长的资源、特聘教授的资源，为学生开设不同类型的讲座，打开学生视野，点燃学生心中的梦想，去功利化，真正为学生营造成才的环境，希望华育的每个学生，阳光、自信、充满正能量，乐观面对挫折，成为最好的自己，为将来成为国家的栋梁之才打好基础。

3. 举民办学校优质发展的旗帜

华育以多元教育满足老百姓的需求，同时承担起良好的社会责任，华育中学作为上海市第一所民办托管公办的学校，将托管的公办中学紫阳中学的中考成绩从区倒数上升至区第八名。最近，华育中学又与徐汇区教育局签订了 5 年托管紫阳中学的协议，办好紫阳中学义不容辞。紫阳中学面临新的发展，随着学生素质越来越好，对教师的要求也越来越高。2015 年与 2017 年我分别看了紫阳中学的演出，变化很大，台上的学生有灵气了，教师有活力了，整个学校精神面貌焕然一新。这几年紫阳中学把抓教师队伍建设放在首位，使年轻教师迅速成长，学校管理层有使命感，教师有责任感，推动紫阳中学达到新的高度，无论遇到什么困难，都必须坚守初衷。

"攻城"就是要解决学校在发展过程中的重大问题。对华育中学教师来说，寻找学校发展的突破点和解决学校发展中的关键问题是首要任务。"攻城"主要体现在三个方面：

1. 攻理论之城

华育是一所高端的民办初中，要摸索出一套经验和方法，为中国的教育改革做一些努力和尝试。学校要立足于中国，着眼于全球，探索培养未来有竞争力的人才。领导班子与教职工团队都要不断学习，并且善于不断思考，总结经验，提炼出让人信服的做法，有理论支撑,能被同行认可和接受。

2.攻发展之城

努力探索创新人才早期培育的初中阶段发展路径。华育集聚了一批尖子生,不少学生在数学领域中已达到高中尖子生的水平,信息技术、科技创意和创新方面都达到了很高的水平,说明初中生通过良好的平台引领,可以超越发展,达到一定的高度。

3.攻课程之城

华育的课程体系不应局限于初中领域,10多年前,上海中学的课程体系已打破高中领域的框架。无人机、人工智能,作为高端初中都要率先研究,都要打破课程的常规。春节后,我们准备在科协的帮助下,与外部公司接触,探讨建机器人实验室。智能时代的到来,未来教育的应对在哪里? 都需要课程的突破。现在我们认为的教学重点,今后可能不再成为重点。如纯粹的记忆性内容,可以用电脑来存储,学生只要学会查找的方法就可以了。在此背景下,高端学校需要对基础知识和基本技能重新认识,提出人工智能背景下的双基。教育需要变化,但人工智能时代不会彻底颠覆今天的教育体系。

华育有10多个实验室,就要有10多套课程教材与之匹配。花一年的时间,到2019年2月初步完成教材编写。这个任务由教研组落实承担。

无论是"举旗"也好,"攻城"也好,关键在于教师的观念变化与行为革新,大力促进教师的发展是关键,教师的成就感与荣誉感高于一切。然而,需要指出的是,立足于华育中学面向未来的发展,立足于学校走向未来的引领,我们的教师学习与基于教改实验和教育教学实践研究还远远不够,认识还不充分,平台创设还不明显,以研促学、以研促教的研究氛围还不浓厚。值得肯定的是华育中学不仅教改实践不断拓展,与知名高中衔接创新人才早期培育,90%的学生都能进高端高中,而且在阶梯式课程建设与创意性教学特色创建等方面都不断探索,且成果累累。但是,现实是诸多探索并没有形成相应的经验积淀下来,这就影响了学校改革经验引领义务教育发展的实现。

我们的教职工立足于"举旗"与"攻城",需要围绕"教师学习与基于教改实验和教育教学实践研究"获得更好的突破。

二、推进教师基于教改实验及教育教学实践的探索

学校立足于办学追求中"教师团队合作引领专业发展境界、教改实践经验引领义务教育发展"两个引领,教师学习与教育教学研究方面的探索主要从"价值、学习、研究、素养、平台、氛围"等六个方面进行思考。

(一)价值:教师开展基于教育教学实践的研究重要性

教师开展基于教育教学实践的研究,不是为了研究而研究,而是为了带动教师专业发展,以研究促进课堂教学,以研究促进学生成长。这就需要我们的教职工充分认识研究和未来发展对我们教师成长的挑战。

1. 需要认识到新时代教育的挑战

在习近平新时代中国特色社会主义思想指引下,华育中学要继续引领上海优质初中发展,需要我们的教师扎根于中国、融通中外,建设具有中国特色、上海特点、世界水平的现代初中教育,进行契合学校发展追求的探索,需要我们的教师站在国际比较的视野、中国特色的彰显、上海领先的要求上,去推进自身的学习,并运用于教育教学实践中。

2. 需要认识到未来教育的挑战

未来教育不可忽视的是,信息时代人工智能对学校教育教学发展产生持续的挑战,教师以知识传递为主要功能的任务将发生变化,引领人才成长的个性化、人文性、创新性与可持续学习将变得越来越重要。人工智能的含义,简单来说,就是让机器完成一些需要人的智

能才能完成的任务。IBM 人工智能"沃森"运用于医疗、金融和餐饮等领域,谷歌开发的人工智能阿尔法狗(AlphaGo),阿里云人工智能小 AI 的实时语言识别技术,百度的无人驾驶汽车、iPhone 手机及支付宝的人脸识别技术等,都预示着人工智能时代即将向我们走来,不仅影响我们的生活,而且会影响学生的学习方式与未来成长方式。麦肯锡全球研究院认为,人工智能带来的社会转变比工业革命"发生的速度快 10 倍,规模大 300 倍,影响几乎大 3000 倍"。教师需要充分认识人工智能给学校、学生发展带来的挑战并进行学习与研究,包括人工智能时代对人才关键能力的挑战与孕育,推进学生自主探究,推进学生个性化学习能力提升,推进学生可持续的生涯发展,促进学校对课程内容的探究性处理及现代性解读等。

3. 需要认识到华育中学教改试验持续推进的挑战

我们教职工已充分认识到学校这些年的科技创新实验、校本课程架构、STEM 综合课程探索、创新实验平台搭建、艺体活动空间拓展对学校发展、学生发展的价值,但自身基于这些平台的知识储备、专业发展可持续学习还不够;对这些年取得成绩背后的经验提炼与认识还不足,相应的资料积累与分析、反思还不够,需要进一步开展基于教育教学实践的探究。每一位教师都要通过自身对学科教育学、心理学乃至学科教育理论的学习,关注华育优秀学生的心理、认知特点与生涯发展需求,进行学科教学模式、课堂教学风格的构建,并结合自身的教学个性,在课堂教学实践与教育教学实践中通过研究、展示,形成自身的教学特色。

(二) 学习:从教师培训走向教师主动学习

由于时代发展、社会发展、科技发展在不断加快,全球教师培训的发展方向正由"教师培训"走向"教师学习"。教师专业发展与学校发展需求、学生发展需求、社会发展需求结合起来,及时把握社会发展的动态,进行教育教学改革的学习。2017 学年第二学期起华育教师的学习和发展,将在教师培训与教师主动学习的紧密结合上下功夫。

1. 将"培"与"学"联系在一起,不断提升教师的育人境界

学校将努力探索适合华育中学特点的教师发展之路和名师成长之路,注重理论与实践相结合,学习与探究相结合,个体与团队相结合,强化任务驱动、学科驱动与学生驱动,以满足教师多层次发展需求的立体激励机制,包括优秀导师和优秀见习教师评选、过程质量奖考核、园丁业绩奖考核、最佳教师与最受欢迎教师评选、表彰教师显著成绩的荣昶奖教金等,促进教师在教书育人中提升道德境界、思想境界与艺术境界。

2. 将教师培养的"团队智慧"与教师成长的"个性特色"融为一体

华育教师的学习与成长,围绕"文理基础厚实、数学教育见长、科技特色凸显、艺体素养奠基"的育人整体要求,进行"五个能力"的提升:(1)提升对学科知识体系的整体把握与课程开发能力;(2)提升基于学生需求的学科发展校本改造能力;(3)提升教师基于数字化创新平台的运用能力;(4)提升教师指导学生进行探究学习与生涯规划的能力;(5)提升教师基于实践的教学研究能力。在这个过程中,鼓励我们的教师根据自身特点与学科特色敢于冒尖、拥有特色,从而推进教师的个性化成长,如有的教师在竞赛中脱颖而出,有的教师在科技指导方面崭露头角,有的教师在活动设计上创意十足,有的教师在教学个性上特色鲜明。

3. 将教师学习与教学技术、方式的变革充分结合起来

教师面向未来教育的挑战,需要通过主动学习来提升自己的专业素养与技术运用素养,改变固有的教育教学观念。翻转课堂教学等教学探索,需要在教师学习中不断运用与突破,这学期可以发动部分教研组开展这方面的公开课探索与研究。教育家唐盛昌先生在接受文汇报采访时就强调过,人工智能时代,"好学生"不再仅仅是那群拿高分的学生。越容易死记硬背的知识,今后越容易被机器所替代,

今天的学校教育需要开展更多的教学观察与实验,提炼出真正对适应未来社会有所帮助的知识和能力,并在学校中加以传授,我们教师乃至职工需要积极行动起来。

(三) 研究:把握基于教育教学实践研究的主线开展探索

我们将鼓励教职工开展基于华育学生特点的德育方式、课程教学特色、教改实验、学生活动等多方面的探索,鼓励教师结合自身所从事的教育教学实践开展探索与研究,以教研组、备课组、部门团队及教师个体引领的项目兴趣小组等多样的集体形式进行展开。

1. 立项一批校级教育教学研究课题,给课题提供研究经费支持

选题结合学校发展的需求与学生发展中需要解决的难题展开,通过基于实践的研究、课堂观察叙事、活动文本记录、教学研究课实录与反思等方法展开,将日常教学的资料积淀与及时的研究反思结合起来,有利于推进教育教学实践问题的解决与教育教学改革,包括德育类、学科教学类、学校课程类、课程比较类、科技指导类、活动开展类等,选题应具有一定的新颖性、前瞻性、实践可操作性。这学期将组织开展申报与立项审核:(1)教师发展、课程教学、科技指导类—教研组长(初审)—教学处(二审)—校务办。(2)德育类、班主任工作、活动开展类—年级组长(初审)—德育处(二审)—校务办。

2. 完善校级课题申报的相关制度与经费使用规则

各部门可以结合学校每个阶段的工作特点与要求,集聚一些值得探索的研究主题进行发布,然后发动教师进行申报,填写"华育中学教育教学研究申请书",经各部门审核后递交校务办,由校务办组织聘请学校教授团队或外请专家进行打分排序后立项。凡立项为重点课题的,给予 1 万元的研修经费供研究团队使用;凡立项为一般课题的,给予 5000 元的研修经费供研究团队使用。经费主要用于研讨图书资料购买、专家指导、活动差旅、文书印刷及论文发表等。一般研究周期为一年,也可以适当延期,要注重平时研究资料的收集与归

类,申请结题时递交"结题报告"。学校将定期将教师的研究成果,包括论文、研究报告结集成册,如果达到一定的质量水平,可以推荐发表或自主投稿,学校将对发表的论文给予一定的奖励。质量高的校本研修成果,学校可以资助出版。

3. 借助学校聘请的教授团队及校外专家力量进行指导

我们鼓励教师以团队形式申报课题,原则上不少于三人。课题立项后,借助学校聘请的教授团队(学校已经邀请了10多位教授团队来校指导、交流)与专家团队(如《现代教学》《现代基础教育研究》的编辑、科协的专家等)给教师提供立项开题指导及研究过程中的指导。教师基于教育教学实践研究,主要以完成基于实践反思、提升为价值追求,注重教育教学实践过程中的案例总结、文本收集及实践反思,强调教育教学实效而不是研究论文、研究报告的完成。外请教授、专家团队的指导,主要是研究方法的指导,意见的采纳最终以有利于教育教学实践的提升为导向。

(四) 素养:将教师校本研修与研究型教师的素养提升统整

学校将立足于教师素养的提升,大力推进教师的校本研修,通过鼓励教师开展基于教育教学实践的研究,带动一批研究型教师的成长与提升。高质量的教师队伍是名校最重要的教育资源,除了高尚的师德、敬业精神及对教育事业的无限热爱外,还需要具备与学校可持续发展相匹配的能力与素养,包括较高的专业水平与学术视野、课程与教材开发能力、教育教学研究能力、组织领导力与合作能力,注重在教育教学实践中不断修炼教书育人的"匠心""匠术"与"匠趣"。

1. 学校鼓励教师的校本研修与学校特色发展结合

华育中学的校本研修,将更加注重国家课程的校本化实施,以学科校本纲要为载体,进行学术导引下集体研修智慧的集聚;进一步推进学校发展型课程图谱的建设,注重校本课程的小组或个体研修驱动。学校将突出如下方面:(1)进一步鼓励教师的校本研修与立德树人及对学生在不同优势领域、不同学科潜能方面的开发匹配,强化实效性;(2)进一步鼓励校本研修与学校"六个领先"的发展目标相结合,强化针对性;(3)进一步鼓励教师校本研修与学校教育教学改革实际相结合,强化实践性;(4)进一步鼓励教师校本研修与教师个体风格、特色彰显相结合,强化灵活性;(5)进一步鼓励教师校本研修与切实促进学生志向确立、兴趣激活、学科潜能开发与创新素养持续提升相结合,强化创新性。

2.学校鼓励教师将教育教学实践研究作为一种技艺

学校鼓励教师在教育教学实践探索中,不断锻造自身成为某一方面的教育教学的"工匠"、行家。由于我们的教师面对的学生群体不同、学科要求不一样,我们的教育教学实践就具有独特性,才有自己独特的、不同于教育专家的"研究味道",关注学生成长的深层思想、行为养成,在以研促学、以研促教上看到学生实实在在的成长,看到班级实实在在的变化,看到学校实实在在的发展提升。

(五) 平台:借助学校发展的创新平台推进教师在实践中成长

学校教师的成长,离不开学校已有平台的创设及将来创设平台的引导。学校希望每一位教师乃至职工,要善于利用学校已经创设的平台及在发展过程中正在创设的平台,找到自己在实践中提升的突破口与切入点。

1.利用学校的课程教学多样化平台开展实践探索

教师基于教育教学实践探究的平台,离不开课程教学这一主体。学校每一类课程的开发、构建、实施,都需要教师去研发并实施;学校每一堂课的出彩,都需要教师去耕耘。借助学校课程的多样载体及课堂教学的多种形式(常规课、研讨课、公开课、展示课等),教师基于教育教学实践的研究载体也就异常丰富多样。例如,数学教研组的分层教学探索,作业活页体系的建构;语文教研组古诗文必读必背建构与文本阅读辅导;14门学科基础型课程内容的研修与发展课程图谱的建构等,给教师提供开展实践研究的多样化平台与广泛的发展空间。

2. 利用学校的创新实验室平台开展实践探索

学校已经建设了近 14 个现代创新实验室,包括"3D 打印""无人机实验室"等,学校还将改造植物温室棚,将其变成农艺教学、心理调适的重要平台。学校教师要注重结合融有现代技术的现代实验室建构、创设,能进行提取、分析、评价、诊断的学校教育教学与学习活动数据库平台搭建;教师要在与高校专家团队、高科技企业参观考察中,关注学生学术与科技的紧密结合;教师要努力建构智慧课堂,给师生一个近距离接触智慧教育的环境;教师应积极开展基于新技术手段的教学研究,加强学校教育研究的针对性与可预测性。

3. 利用学校的教改实验平台开展实践探索

华育中学持续走在教改试验的路上,包括初中阶段科技实验班的探索、初高中衔接的创新人才早期培育探索、学生综合素养提升探索、创意性教学特色探索及以托管公办紫阳中学为契机的办学机制改革实验探索等。这些探索,都为教师学习与成长带来了广阔的空间。

(六)氛围:在学校改革中创设教职工成长的服务环境

学校教师的学习与成长,离不开具有凝聚力、吸引力的学校氛围营造,学校管理者将努力营造多样的研修环境,促进教师开展基于教育教学实践的研究,通过自身基于教育教学实践的学习,不断提升教育教学业绩;学校职工积极为教师的教书育人提供良好的后勤支持。

1. 创设学校阅读与研修的氛围

学校图书馆经过改造、升级,藏书已经由原来的 4 万册增加到现在的超过 7 万册。教师可以借助藏书及购买的新书资料,开展教师阅读交流,教师引导学生阅读交流,教师与学生一起阅读,邀请专家来校指导阅读等形式,促进阅读研修氛围的形成。

2. 创设基于实践研究的交流项目载体

加强实践研究,可以通过"走出去、请进来"的方式加强交流,关注实践比较与探索。我们在上学期与英国很有名的一所男校和一所女校签订了友好交流协议,今年 4～5 月份英国女校来华育访问,如果条件成熟可以互派师生交流。

3. 创设教师专业发展的软件和硬件环境

学校将继续关注教师学习的硬件设备,包括部分信息技术设备的更新等,把做好教师专业发展工作放在最重要的位置,坚持不懈。教师必须知道,昨天合格的教师不等于今天仍然合格,今天合格的教师不等于明天还合格,教师只有在专业发展上与时俱进,才能保持思维观念、能力水平的领先。

4. 创设教师对教学的敬畏之心

人工制造的任何产品都会随着时间的推移,日益陈旧、过时和被废弃,而教师的工作成就却历久弥新,教师的"作品"——学生,会薪火相传,青春永驻。面对这样的荣誉和责任,面对每天怀着新的期待的学生,面对每天伴随着新的变化的课堂,教师一定要怀着神圣和敬畏的心情上好每堂课。

5. 创设教职工成长的激励平台

2018 年 1 月 16 日我们正式与荣昶基金会签约三年,每年基金会提供 50 万元奖励华育教师。华育园丁业绩奖在 80 万元左右,全年 130 万元左右。华育中学不仅提供奖教的支持力度,也提供奖学的支持力度,我个人认为,对教师发表的论文、参编的著作也应给予一定的奖励。

2018 年是中考"新政"落地,是加强对民办义务教育招生规范化的第一年。2018 年是学校走向引领发展规划落实的第五年,也是华育中学成立的第 19 年。为迎接建校 20 年,教职工一起努力,把 2018 年建成华育中学的"教职工成长年",凡是有利于教师成长的努力都可以尝试,凡是有利于职工成长的探索都可以鼓励。让我们一起出谋划策,共同推进教职工的持续学习、成长及基于教育教学实践的研究,共同推进学校各类教改项目的深化,共同推进学校在新时代获得更好的发展。

（选自《民办华育中学 2017 学年第二学期工作计划中教职工大会发言》一文。）

李英校长（左 2）与 2021 学年最佳教师合影

10.

教师的新境界

从华育中学教职工的发言中,可以看到教师的新境界主要体现在三个方面:

一、不计时间,不计付出的奉献精神

华育有一批竞赛辅导的教师,他们付出很多,每周的工作量都在20节课左右,对业余时间加班,也没有半点怨言。华育有一批热衷于科技教育的教师,他们把很多精力花在课外辅导上,指导学生做课题和写论文,乐此不疲。华育有一批对 OM、DI 感兴趣的教师和职工,几年如一日,一直保持热情。华育有一批班主任对学生倾注了满满之爱,与学生家长互留电话号码和建立微信联系,想家长所想,急家长所急。华育有一批骨干把学校的利益、家长的利益、学生的利益放在首位,任劳任怨工作。

二、不图安逸,不畏困难的拼搏精神

华育是一个大熔炉,不仅造就学生,也造就教师。能在华育坚持4 年的年轻教师就能脱颖而出。华育教师一进校门,就面临多重压力;学生起点高有目标,家长要求高有视野,学校平台高有追求。新教师刚刚从大学生、研究生转变为教师,经验不足,考验和挑战是必然的。我非常心疼年轻教师的,他们备课到深夜。华育是培养早期人才的学校,教师本身就是人才,如果教师没有奋斗的经历,没有挫折的压力,没有繁重的负担,很难指导学生成长成才。我想告知年轻人,不要在自己该奋斗的年龄选择轻松,要珍惜在华育度过的连自己都被感动的日子,才会变成最好的自己。

三、不自我封闭,不添麻烦的合作精神

华育是非常务实的学校,不喜欢空谈文化,谈的是以学生发展为本,谈的是以教师奋斗为本,把个人的发展和学校高度契合,达到新的境界。同事之间互相包容,互相分享,而不是各自为政;同时又不给同事添麻烦,有困难尽量自己克服解决。这里没有文人相轻,遇到问题没有互相推诿;这里没有复杂的人际关系,遇到困难相互帮助。这种团队凝聚力让我感动,这样的氛围使每个人变得很强大。华育有一支很强的团队,这支团队想干事、能干事、干成事;这支团队是华育的核心竞争力,这支团队更愿意付出而不是得到,是学校发展的动力。

华育因为有你们这批优秀教师而变得更好更完美,你们绝对是初中教师中的佼佼者,是我们学校及社会发展所需要的人才。按照现有的标准,华育大多数教师算得上是教育界的人才,因为华育已经担负起培养高端学生的重任,华育的中考成绩、竞赛成绩及科创成绩都是最好的。但按照20年后的标准看,华育培养的学生是否适应社会需要?是不是有很强的竞争力和科创能力?还需要我们今天的教师不断地与时俱进,不断地提高自己的前瞻性。

华育教师要不断进取,不断提升自身的素养,走在时代的前列,至少需要在四个方面鞭策激励自己:(1)要有强烈的求知欲与广泛的兴趣;(2)要有强烈的创新动机和创新意识;(3)要有勤奋工作的精神和顽强的毅力;(4)要有充分的自信心和改变现状的能力。

(选自 2017 年 1 月 16 日发布的《华育中学教职工总结大会发言》一文。)

李英副校长在上海中学办公室工作照

11.

有才华的教职工在学校有用武之地

在华育中学,有才华的教职工大有用武之地。教职工可以从自身所擅长的领域,结合学校的发展特色,推进学校不断显现发展优势与能量。

一、继续保持各类竞赛最好的成绩

2017 学年底,我曾说过,2017 学年华育中考成绩和各类竞赛成绩创历史新高,以后很难超越。感到欣慰的是,2018 学年过去了,华育仍然保持了强劲的发展势头,在全体师生的共同努力下,基本保持在高位,有些竞赛成绩达到了历史最高水平。2017 学年和 2018 学年我们应该铭记。

数学成绩在高中组中排名从第三变为第四,其原因是教育部门出台政策不让初中生参加高中联赛;参加上海高中数学竞赛,华育中学的学生只能陪考,且参赛人数限制在 10 人内,而各高中的参赛人数不受限制。信息奥赛在高中组中名列第二,获得历史最好成绩。物理竞赛仍然保持获奖人数最多。化学竞赛重新夺回上海市团体第一。体育成绩有所突破。科技创新和创意两项相加,获奖人数再次名列第二。中文三大竞赛我们也名列前茅。

二、形成了比较完整的华育课程体系和课程框架

课程是学校的核心竞争力,满足华育不同层次学生的需求,华育

课程打破常规，打破学段，超前超越，不封顶，不限制。这次举全校之力，整整两年时间重新对课程作了调整、充实和修改，这是华育的共同财富，是一项了不起的工程，是集体的智慧，是值得我们骄傲的。这次共整理了 28 册。

科技完成 8 册：环境监测、微生物、植物学、智能机械、3D 打印、App 应用开发、创新实验探索和人工智能。

德育完成 3 册：志愿者活动、德育主题活动和社团。

校本研修按学科分类有 6 册：语文、数学、英语、理化生计、政史地、音体美。课程框架有 11 册：个性发展、国际视野、科技探索、口语交际、探究活动、语文、数学、英语、理化生计、政史地、音体美。

三、有教师教研论文集正式出版

这次学校投入大量的财力，三次邀请专家到华育作辅导报告，三次请专家评审指导，按重点和一般课题发放课题经费，并将教师的优秀研究成果汇集后正式出版。教师们也投入了大量的精力，虽然平时教育教学任务重，工作量大，但是依然在繁忙中完成实践研究。所有的付出都是值得的。

《探索育人之道，引领教学之路——上海市民办华育中学教育教学研究论文集》一书，立足教师团队合作引领专业发展境界，教改实践经验引领义务教育发展的"两个引领目标"，基于华育中学首届教育教学课题研究的实践，汇总教师课题研究的实践，汇总教师课题研究的成果，推进教师基于教改实验及教育教学实践的探索。本书由三部分组成：第一部分德育（14 篇论文）、第二部分教学（16 篇论文）、第三部分心理（3 篇论文），涉及班级制度管理、教学前沿展望、心理沟通疏导等方面，合计 33 篇论文，共 22 万字。

华育要在上海地区持续产生引领作用，就需要教师有思考、有积累、有研究经验推广。华育这次推动研究，不是发动教师写"空洞"的论文,而是希望教师从不同年级、不同学生成长的差异中,针对性地开展研究,是关注实践问题解决的研究。这种基于实践的研究强调华育的育人特色,强调教师自身教学个性,从而推进教学特色的显现。这种基于实践的研究,关注学生初中阶段夯实的基础是否可持续发展,在高中、大学及进入社会后是否仍然优秀,有国际视野和家国情怀,是进行教育教学方式与方法的研究。

学校鼓励教师对课堂教学方式进行改进,围绕学科功力提升、立德树人路径创立、特殊学生心理引导、有效作业布置、课外活动开展等课题项目进行研究,就是希望开展立足于华育学生发展需求的实践研究,就是希望教师在基于实践研究中成为研究型教师,而不仅是教书匠。黄老师这次参与复旦大学园艺心理教材编写,已经顺利开题,祝贺她借此平台,全方位提升自己,成为该领域的专家。

四、各司其职,各部门运行高效有序,做到有条不紊

过去几年,学校基本上采用扁平化管理,副校长直接兼任中层主任,减少管理层级,提高效率。本学年稍有变化,后勤校级兼主任没有变,中层兼教研组长没有变,但校长、常务副校长、副校长职级增加,我的感受是磨合默契,更加健全,通常我比较忙。其实常务副校长应冲在前面,我的态度是各级层面能做的事,我都会放手;有困难的事,我会顶上。我是一个敢于承担责任和爱护下级的人,我始终认为,只有领导班子强,学校才会强。

我认为校长权力不能高度集中,校长对自己要有约束力,重大决策一定要听取意见。招生工作十分敏感,更要公开透明,不能一人说了算,以学校利益为重。校长要赋予副校长权力。没有权力,责任会出现偏差,容易出现缺位,不到位,拈轻避重和事不关己。校长权力也不能完全下放,过度下放也会产生越位,各自为政,师生难以和谐,难以协调。我的观点是,学校出任何问题我都有责任,绝不推卸,学

校出成绩一定是大家干的,成绩是属于大家的,是属于具体操作的人的。

华育实行的是三个层级管理:校级、中层、年级组和教研组。实际上,年级主任权力蛮大的,学校赋予年级主任全面而又充分的权力,让他们承担很重要的教育教学责任。现在年级主任相当于中层,一个学校到底应该设多少个管理层,每一个层级应有多少个部门,应承担什么责任,拥有多少权力,相互间关系如何界定,这些都应设定清楚。年级主任作为一个权力和责任的实体,华育中学让年级主任集教育教学管理于一身,中层部门作为职能部门,不是管理部门,按照学校工作总体规划与年级主任合作,协商工作。

五、圆满完成了招生计划,优秀学生云集华育

去年华育竞赛成绩好,有了马太效应,今年招生比较顺利。但是,今年张江集团学校招生也给了华育中学一些压力,他们势头猛,成立科创班、数学小班,和我们争的是同一批生源。无论形势如何变化,核心是:好学校想招好学生,好学生想去好学校。华育为了不错过优秀的学生,不错过对华育忠诚度高的家长的信任,也是尽全力投入招生工作,尽量做到一个不漏。创造了在两天校园开放日中接待近 8 000 人和 1 800 多人的高效面谈纪录,真正做到来访者都是客,回报社会和家长的厚爱。

六、凝聚团队力量,发挥整体作用

华育中学的办学理念是以学生为本,关注每一个学生的发展。教育家办学和企业家办学不一样,教育家办学是以教育为目的,企业家办学是以盈利为目的。华育中学面临的是学生整体强,这就意味着教师必须整体强,领导班子必须整体强,太注重个人成就感的人不

适合当领导。在我们团队中,必须强调集体主义,而不是个人主义,不允许学生掉队,也不允许教师掉队,每个人既分享集体智慧,又把自己的智慧奉献给大家。我们这个团队年轻人很多,带教师傅任教班级的考试成绩不如年轻徒弟好,我认为很正常,说明师傅有境界,带教有方,应该提倡和表扬。青出于蓝而胜于蓝是必然的。

当然,我不希望我们团队的教师受到委屈,我年轻时就是受不了委屈的,如果因为工作受到委屈,可以找我谈心,我会开导你和帮助你。其实很多委屈是由误解和信息不对称或对工作的负责任引起的。要说现在有净土,华育应该是一块净土,华育的环境相对单纯,人际关系简单,大家都很善良,愿意付出,有使命感,这就更需要我们互相包容理解。一个好教师、一个好领导一定是:了解人,理解人,影响人,转化人。具体要了解他的诉求,理解他思考的方式,用自己的人格魅力影响他,转化他。理解不等于赞成,转化需要调节温度,把握了四个方面的步骤,你的付出就有成效。希望每一位教职工都能把自己的智慧和才华奉献给华育,在凝聚团队方面,奉献自己的力量。

本学期结束,有四位教师即将离开华育,这四位教师来自不同的学科:英文、国画、舞蹈,他们有三个共同特点:名校毕业;专业很强;学生喜欢。如果是 20 年前,这样的好老师离开,我会难过很久,但现在我更多的是祝福他们,找到适合自己的归属,哪怕是回归家庭也是一种被需要。同时,我非常感谢他们为华育作出的成绩和贡献,我一直会记得他们,华育也不会忘记他们。

今天的社会有两种需要:对组织而言,需要个人为其作出贡献;对个人而言,需要把组织当成实现自己人生目标的工具,华育中学使这两种需要达到相辅相成。华育中学今天的成就,靠的是团队,不是靠某几个人,华育已经形成了培养机制,适当的流动会使学校更有活力。华育中学以开放的心态吸引人才,形成人才高地,有才华的人在华育有用武之地,经过华育的磨炼,更加成熟和优秀。我相信,无论在职的还是离职的华育人,都会有灿烂的明天,我也希望离职的教师经常来校看看。

（选自 2019 年 6 月 25 日发布的《华育中学教职工总结大会发言》一文。）

12.

教师队伍显现强大核心竞争实力

华育中学作为高端民办学校,整体很强,经受了各方面的考验,显示了华育强大的竞争实力。华育的竞争力体现在这几个方面。

一、班主任队伍强

华育的校风好,是因为班风好,班风好与班主任队伍分不开。今年的 32 位班主任没有弱的,每个班主任都有自己的特色,一个好的班主任就有一个好的班风。班主任管理的本质,就是激发和释放每位学生的内驱力和潜能,华育的班主任之所以得到学生的尊重,得到社会和家长的好评,就是以学生为中心,以学生为出发点和落脚点,真正做到面向学生、尊重学生、理解学生、培养学生。每天早晨班主任是学校的一道亮丽风景线,争分夺秒,急急匆匆拿着食堂的早餐离开,直奔教室。

虽然 32 位班主任年龄不同,经历不同,性格不同,有的柔中有刚,有的温文尔雅,有的风趣幽默,有的不苟言笑,有的精力充沛,有的含蓄随和,但共同点是执行力强,独立自信,内心强大,有号召力,追求完美。让我感到欣喜的是:

(1)年轻的班主任在成长。翁老师凭着自己的学术气息、有趣及精心陪伴来影响学生,整个班级蓬勃向上、氛围好,同学之间友善。赵老师做事规划性强,从预初到初三每节晨会都有主题,她用语言、文字的力量感染学生,特别是疫情期间的文章非常鼓舞孩子。江老师能干肯干,开了初三年级新教师又带数学班又担任班主任的先河。

(2)有经验的班主任在成熟。王老师能以华育教师的大爱包容犯错误的学生,很不容易。陈老师是两个孩子的妈妈,虽然家庭负担很重,但她能做到两不误。

(3)资深的班主任在引领。蔡老师、汤老师处处以身作则,己所不欲,勿施于人,处理问题从容不迫,经验丰富,又严又爱。金老师、曹老师、王老师平时教学任务重,一旦学校有困难,立刻顶上,能平衡好教学、班主任和家庭的角色。

(4)骨干班主任在挑重担。学生越好,对教师要求越高,理科综合班的五位班主任实力超群;数学班四位班主任更是越战越强。骨干班主任执着坚定,他们每一位都很出色。他们为学生做榜样,和蔼可亲,不屈不挠,性格坚毅,在处理学生问题的同时能找到平衡点,圆融变通,常常有惊人之举,令人佩服。

二、任课教师学术强

强校一定有强师。在华育有一批高水平的竞赛教练,数学、物理、信息技术、化学……他们自身实力过硬,实际上搞竞赛的教师是很辛苦的,既需要掌握大量的知识和题目,还得给学生讲解清楚,这对竞赛教练提出了极高的要求。在他们身上有很多优秀人才的品质:(1)内心特别淡定,不慌不忙;(2)有自己独立的想法,不人云亦云;(3)低调行事,默默努力。新来的罗老师也很厉害,有坚持运动的习惯,能管理好时间,每天早晨很早到校,竞赛和教学双肩挑,很快融入数学组。在华育有一群默默奉献的老教师,卢老师、乐老师、黄老师用自己的实际行动诠释了教书育人的师者风范,成就了华育的高品质和高质量,他们把每天的教学做到极致,几十年如一日。在华育有一批充满活力的年轻教师,极富使命感,以李老师为代表,他把自己的教学工作看成事业,他的人品和学术能力影响了一批学生。在华育,一人有困难,大家都会主动帮忙,政治组教师兼职多:大家克服困难,无怨无悔,确保教学质量;英文组蔡老师教务忙,还承担两个班的教学任务,大家团结一致,共渡难关,这是校园和谐的一个标志。

三、心理咨询强

黄老师和朱老师工作辛苦,化解了多起危机。黄老师是资深的心理咨询师,在他帮助下,朱老师进步很快,咨询工作量翻倍增加。华育有黄老师在第一线坚持做好心理咨询,是校长的幸运,也是学生的幸运。为什么现在的学生越来越容易出现心理问题?学习压力是导火线,现在的学生打不得,骂不得,情感很脆弱,生活内容单一,没有合理的宣泄渠道,特别是青春期的学生,生活就是家、学校两点一线;有些学习压力大,每天作业做到晚上十一二点,稍微放松,就会被父母责备和唠叨,坏情绪积压在心底,久而久之容易出事。

如果家庭环境不好,亲子关系紧张,很容易出现心理问题,所以华育责任重大,守住学生的心理健康是我们学校的底线,学生没有健康,就没有未来。我希望华育每一位教职工都是学生心理健康的守护员,关注学生胜过关注成绩,营造好的学习氛围,营造学生之间的友善,针对不同学生的学习能力布置作业,用手上的表扬条鼓励学业弱的学生,对努力的学生,要多发现他们身上的点滴进步。

四、管理团队强

管理团队包括教研组长、年级主任。他们都是独当一面,一直奔波在第一线,能管理好一个年级,也能管理好一所学校。团队成员越来越认识到,做正确的事,比正确地做事更重要,每个成员都有自己的强项,都有处理某些事的天分。我并不优秀,但看到身边优秀的人我会兴奋,会欣赏,我喜欢优秀的员工,更愿意帮助员工成为更好的人。一个好的校长,首先应把学生的利益、教师的利益放在首位,一旦与学校利益发生冲突面临两难选择时,仍然要平衡好三者之间的关系。在学生、教师和学校中,绝不能把校长的利益放在第一位。

华育的团队强在三个方面:(1)不缺位,大家都会主动做好自己分内的事,(2)能补位,遇到突发情况,都能随时顶上去;(3)荣誉面前肯让位,把机会留给优秀员工,为团队造血。特别是党员干部,更是学校的一面旗,发挥了先锋模范作用。

初三年级主任沈老师每天精神饱满地投入工作,整个初三年级教师团队积极性很高,本周的退场仪式激发了学生的荣誉感,接下来的介绍交流会,和最后的中考誓师大会都是旨在激发学生为自己争光、为校争光。相信在初三全体师生的努力下,中考一定能圆满收官。

初二年级经过两年半努力,原来平行班 2A、2B、2C,现在 3A、2B、1C,超过半数的学生达到预期水平。张老师虽然是新的年级主任,但她做事用心,考虑周全,在她的带领下,14 岁生日活动隆重而有仪式感,家长的积极性调动了起来。

相信初二明年会再创佳绩。初一年级、预初年级主任,学生越来越好,教师越管越得法,田老师、曹老师管理有方,调动了年级组教师的积极性。

五、职工服务强

华育有一支召之即来、来之能战、战之必胜的职工队伍,每个人都能做好自己的本职工作、保洁工作、服务工作。为了配合招生,我周三提出任务,只有两天时间的准备,总务处按时到位,为招生工作顺利进行作出了贡献。学生活动多,有学生大型活动的地方就有职工服务,大家群策群力,互帮互助,特别是吴老师,经常饭都顾不上吃。我校职工队伍是学校各项工作的保障,与杜老师起的带头作用分不开,杜老师每天早晨第一个到校,风雨无阻地在校门口指挥交通,有杜老师在,安全就在。

最后讲一下学校的政治学习和上级布置的各科考评。我年轻时就比较务实。我不喜欢盲目跟风,不喜欢搞形式主义,但是必要的形式也是需要的,考虑到大家教育教学任务重,"双减"后,课外服务增加,政治学习受到影响,所以时间上作了调整,化整为零,非必要下午4点30分不开大会。为学生提供的报告也是教师政治学习的报告,有些报告都是专家作的,内容很好,建议有需求的教师挤出时间参加,开学以来,已经提供了四场大报告,都可作为政治学习的内容。关于上级布置的每年对教师的年终考评,尽量简单化操作,首先满足当年评职称的需求。我更看重学校内部的评优,即最佳教师和最受学生欢迎的教师。

今天简单的总结会,我第一次忍不住表扬了很多班主任和任课教师,但我知道难免挂一漏万,说得不全,遗漏很多,可能会顾此失彼……请大家记住,我是欣赏你们的,也是爱你们的。

(选自 2023 年 4 月 21 日发布的《华育中学教职工大会发言》一文。)

李英副校长在上海中学南校门

13.

教师走在追求高质量发展的路上

我们对学校教育有着自己的见解。华育之所以强,学生之所以强,是因为教师强,无论是班主任,还是带教老师都是上海的"顶流",我作为华育的校长为他们感到骄傲。

近期,多种因素导致许多教师生病。然而,教师们展现了极高的责任感和职业精神,虽然身体不适,但是依然坚持工作,不愿给年级和教研组添麻烦。这种奉献精神既让我感动,也让我心疼。

值得一提的是,牛老师表面看上去弱不禁风,实际上内心很强大,受到学生和家长的尊敬。语文组长朱老师,总是在关键时刻接手新班级,中途换班主任,往往伴随着诸多问题和挑战。然而,通过她的不懈努力和辛勤付出,最终都能交出令人满意的答卷。此外,还有好几位年轻教师也给我留下了深刻的印象。例如,初三年级张老师,虽然是第一次担任班主任,但表现得非常稳健;同样在初三年级的邢老师带领的平行班也取得了骄人的成绩;预初(8)班的田老师,虽然只有短短三年的工作经历,却勇敢地承担了(8)班班主任这一繁重的职务,与学生共同成长和进步;江老师敢于挑战自己,不仅担任两个不同班的教学任务,还要担任班主任工作。

在语文组课题结题活动中,评委们对我们的成果给予了高度评价,并宣布我们的课题为"优秀课题"。同时,数学竞赛组在与熊斌教授的座谈中也获得了满满的好评。熊教授对华育的学生和教师都给予极高的评价,称赞我们的学生优秀,而教师更是出类拔萃。2024年1月15日清华大学薛教授专访华育,对竞赛团队学生和教师评价很高,并传达了习近平总书记对"攀登计划"非常重视的信息,期待华育在这方面作出成绩,起影响和带动作用。在此,我想着重强调以下三个方面:

一、经历空前挑战,跌宕起伏的历程,最终实现完美收官

从选拔生源到摇号生源的结构变化及公办学校的创新布局,这些都给我们带来了巨大的压力,我们凭借全体师生的共同努力,在激烈的竞争中脱颖而出。面对挑战,我们并未退缩,而是积极寻找发展机遇并用实力和智慧去应对各种困难。

我在基础教育领域中已深耕了40多年,见证和参与了上海中学的一路崛起,见证了唐校长带着上海中学走向辉煌。退休后我来到华育中学担任校长,参与了华育数学和物理的突飞猛进,为上海中学和上海提供了大量优秀的苗子,也见证了冯校长把上海中学数学推到了巅峰。如今,虽然华育面临一些困境,一方面社会上要求学校提倡教育公平;另一方面国家重视拔尖创新人才的早期发现和培养。华育过去追求高品质教育,精英化教学,看重学生的学习成绩、数理化基础及综合素养,现在招生上没有政策优势,我们是继续"内卷"还是准备"躺平"呢? 我一度有过焦虑,但我现在依然坚信只要我们坚持自己的发展方向,一定能走出一条属于自己的路。

在过去的岁月里,我一直将工作视为生命的全部,精力充沛、不知疲倦。过去到了晚上,盼着早点天亮,因为天亮了可以去上班! 工作几乎是我生命的全部,看着那些和我年龄差不多的老人在锻炼身体、跳广场舞,我会觉得他们太无聊了,在浪费生命,实际上是我的认知出了一些偏差。在唐校长的指点下,我开始重新调整自己的心态,并思考,华育的未来在哪里? 机遇在哪里? 转折点在哪里? 我坚信华育十年前开启的创新人才早期培养的做法,是符合国家培养下一代的方向的,虽然遇到了一些限制和挑战,但幸运的是徐汇区教育局

有好局长、市教委有好领导,我们一定要用自己的成绩赢得社会的信任和尊重。在这个过程中,我们既要注重拔尖创新人才的早期发现和培养,又要关注教育公平和均衡化问题,这是我们未来发展的关键所在。

今年我们取得了5A复审通过的好成绩,中考也实现了完美收官,继续保持领先地位。在数学竞赛方面,我们也取得了骄人的成绩,继续维持高位,上海有11个学生进入国家集训队,华育毕业生有7人,其中3人是从我校刚毕业的新高一学生,特别是2023年东南赛高一和高二团体分别获得了第一名,20年来唯有华育同时获得两个团体第一的优秀成绩。同时我们的物理竞赛成绩也创下了历史新高,有7人获得了一等奖,2人进入冬令营;科技英语团体也保持了第一名的好成绩;徐汇区还支持我们开设两个实验班,并与交大、上海中学和徐汇区签订了四方合作协议。这些成绩的取得来之不易,它们凝聚了全体师生的心血和汗水,也重新书写了属于我们华育的辉煌篇章。

二、培养早期拔尖创新人才的使命与担当

记得十年前,当唐校长从上海中学校长职位上退下来后,他与我们共同确立了几个关键观点,这些观点正在成为全校教师的共识。

1. 培养拔尖创新人才并不仅仅是高等院校的职责

当时社会上普遍认为,基础教育在拔尖创新人才的培养上没有责任和能力。然而,唐校长坚决反对这一观点。他指出,人类的逻辑思维、语言能力、想象力和创造力等都有其关键的发展阶段,其中最重要的阶段出现在12岁至18岁。错过了这一关键阶段,可能会阻碍学生的最佳发展,甚至可能导致英才的埋没。

2. 培养拔尖创新人才与推进教育公平不矛盾

教育公平并不意味着提供相同的教育,而是提供适合每个学生

的教育。华育有责任确保优秀学生能获得更优质的教育资源，为他们创造脱颖而出的条件。这既是对学生个体差异的基本尊重，也是对学有所长并学有余力学生的最大公平。

3. 培养拔尖创新人才并不等同于开展精英教育

虽然精英教育确实能培养凤毛麟角的人才，但学校不能只关注少数"尖子生"，更应全面培养学生的问题意识、思辨能力、探索习惯和科学素养。拓展课程应成为大多数学生的必修课，而不仅是精英教育的专门课程。

三、坚持不懈地追求教育高质量发展

教育高质量发展的基础在于学校的内涵式发展，而不是只关注硬件设施和基础条件，这种发展应当是精细的、常态化的、有特色的。

1. 华育追求教育高质量发展应体现在持续化、全面化、全体化及和谐化的发展质量上

质量并不局限于分数和成绩，这些只是质量的载体和应有之义，而非质量的全部。华育教育不仅要关注当下，还要放眼长远；不仅要对学生眼下的学习负责，还要为学生未来的幸福人生奠定基础；不仅要注重知识的传授与掌握，还要充分关注知识的迁移与运用；不仅要将办学的视野放在为考试做准备上，还要将教育的重心放在学生的成长与成人上。

2. 华育追求的教育高质量发展应体现在学生的个性化发展上

每个学生都有独特的天赋、性格和爱好。教育的高质量发展并不是忽视个体差异的齐步走，也不是机械的"一刀切"，而是要尽最大努力为每个学生提供个性化成长空间，实现个性化发展。为此，华育应坚持因材施教原则，尊重并珍惜每个学生的差异，顺应每个学生的天性，发现并唤醒他们的潜能，激发他们的求知欲。我们应当给每个学生提供自主成长的发动机，让他们在通向成功的道路上从容行走，

成为更好的自己。同时,我们要避免简单粗暴的教育方式,防止拔苗助长的情况发生。

3.华育追求的教育高质量发展应体现在教师的专业化发展上

对初中教育来说,站在讲台上的教师直接决定了教育的品质和学生成长的高度。从某种意义上说,教室的温度和班级的教育问题都与教师的素质和工作状态密切相关。教育的高质量发展关键在于教师,发力点在教师,最终的希望也在教师。没有教师的专业化发展,就没有教育的高质量发展。建立一支高质量的教师专业团队是华育教育高质量发展的动力之源。我们必须重视教师的专业成长和发展,为他们提供更多的培训和学习机会,激发他们的工作热情和创新精神。

(选自 2024 年 1 月 22 日《2023 学年第二学期华育教职工大会总结发言》一文。)

第四辑

优秀学生发展观赏

学校承担教书育人的使命,优质教育必须以优秀的学生培养为追求动力。优质国际教育培养的优秀学生承担着推进人类命运共同体的使命;我国优质基础教育的使命是引领学生获得全面而有个性的发展,让学生的学习内动力激活,学习兴趣得到激发,优势潜能得到开发。

　　培养优秀学生,需要让他们认识到自身所肩负的责任与使命,勇毅前行,鼓励他们获得成功,并且引导他们认识到优秀也是从心态开始的,优秀体现在对学校的荣誉感中,让优秀成为一种习惯,努力锻炼学生确定目标的能力、竞争能力、与人交往的能力及锻炼自身的心理坚韧度与意志品质。

　　我在担任上海中学国际部主管及民办初中校长时,在每年的开学典礼、毕业典礼寄语中都注重引导学生获得良好发展,讲得最多的是他们在成长过程中需要夯实的道德素养与社会责任意识,希望他们在成长的道路上懂得比知识更重要的东西。

1.

鼓励学生获得成功

新学期,我们要引导学生不断提升。人生的意义和价值当然也是要看结果的,但过程也许更有意义,只要追求过、用心过,即使在学习、过程中没有获奖,也会无悔,因为你们有追求的喜悦,相信你们只要坚持就一定会如愿以偿。

作为上中国际部学生,应当有国际部学生的文明素养,内化国际部的特色:一是个性与共性的和谐统一。既要强调学生的个性,用一定的时间、空间发展自己的特长,又要让学生全面发展,提高全体学生共同参加活动的质量。二是宽松与规范协调一致。国际部既要为学生创造宽松的学习环境,又要让学生有纪律的约束,鼓励学生获得成功,又要帮助学生克服不足。三是知识与能力并重发展。国际部既要注重培养学生能力、创新意识,又不能忽视学生的基础知识,要使两者并重发展。新学期将增加经济、生物、艺术、家政等选修课程,根据不同年级、不同阶段学生的认知水平和不同的心理发展规律,培养学生学习兴趣和个性爱好。

上中国际部的学生来自世界各地,已有 30 多个国家和地区的学生来校学习,他们有着不同的文化背景。利用国际部自身较好的条件,与不同文化背景下的学生交往合作,建立起相互沟通和理解的桥梁,学习不同民族文化的长处,尊重民族文化的差异,适应多元化的教育环境,对国际部学生来说是非常重要的。除了要具备国际意识、国际化观念外,还要做到以下四点。

第一,积极参与课题探究,珍惜成功机遇。新学期将引导学有余力的学生做课题探究,培养学生的问题意识、创新精神。通过做课题,使自己进入浩瀚的知识海洋,学会独立思考,学会观察,学会动手操作,学会在感兴趣的领域中搜集资料,寻求解答方案,满足求知欲、好奇心。鼓励有兴趣的学生抓住机遇,积极申请课题探究:先由学生提出课题申请,任课教师审核批准;然后任课教师与学生商议确定课题研究方向,进行阶段性探究指导;对优秀课题,可请专家认定,给予证书或认定选修成绩。在一个时期中每个学生只能选一个课题,若是综合类课题,可以由跨学科教师共同审核指导。

第二,锻炼意志品质,增强生存能力。新学期将开设新的活动项目,如野外生存露营等,让学生体验没有大人的帮助,与大自然共存的艰辛,自己生火烧饭,捡拾柴草,培养勇于克服困难的毅力。学生要积极参加社会活动和学校组织的各项活动,多接触实际、多接触社会。

第三,增强社会责任感和服务意识。学生的成长离不开四个因素:个人努力、家庭的关怀、学校教育和社会环境。责任感体现在对自己负责、对家庭负责、对学校负责和对社会负责。对自己负责,要遵守课堂纪律,共同营造良好的课堂气氛;对家庭负责,尊重理解家庭成员和父母,对得起父母为自己付出的艰辛;对学校负责,要时刻想到我是上中国际部的一员,我是学校的主人,自己的言行也代表学校,要为学校争得荣誉,为学校创造优良环境作出自己的贡献;对社会负责,就是要遵守社会公德,树立人人为我、我为人人的服务意识。

第四,掌握科学的学习方法。学习效果的好坏,体现一个人的学习能力,希望同学们能养成讲究科学方法的学习习惯。其一是课前预习的方法,要求学生独立地阅读新课的内容,初步理解教材,画出自己不懂的地方。其二是课堂听讲的方法,要专心听讲、积极思考、当堂掌握,要有充分的睡眠和休息时间,并准备好学习用品。其三是课后复习的方法,有针对性阅读参考。其四是完成作业的方法,独立完成作业,不抄作业。其五是阶段总结的方法。一个单元学完后或阶段考试前,要订出计划和进度,对已学的知识进行系统复习总结,达到温故而知新的飞跃。掌握科学的学习方法是可以终身受益的。

同学们,今天的学习是为了明天的成功,而成功之路是靠我们一步一个脚印走出来的,你们是跨世纪的一代,21 世纪是一个高新技术迅猛发展的世纪,也是知识经济和信息社会,谁掌握了知识,谁拥有了知识,谁就能立足于社会。上中国际部将为同学们创造成功的环境,但成功的希望在于同学们的努力。同学们加油,21 世纪是属于你们的!

(选自《1998 学年第二学期上海中学国际部开学典礼发言》一文。)

1996 年 10 月,李英副校长(左 1)参加国际文凭组织亚太地区学校年会

2.

让优秀成为习惯

上中国际部从 1993 年创办时的 18 名学生，到 2000 年拥有 350 名学生，国际部得到了可持续发展，我们一直注重引导学生将优秀视为一种习惯。国际部注重在宽松的环境中培养学生的竞争能力，让他们具有扎实的基础知识、健康的身心素养、高尚的道德情操、创新的思维能力。想力争优秀，就需要具备获取知识、运用知识和创新知识的能力。那么，如何成为上中国际部最优秀的学生？

一、优秀从心态开始

英国作家狄更斯说，一个健全的心态，比一百种智慧更有力量。你们无法选择生活中遇到的每件事，无法选择父母、教师乃至生存的环境，但完全可以选择积极的心态。选择了一种积极的心态，就会出现许多自己意想不到的变化。

一个学生只有抗拒诱惑，才能有更多的机会达到目标。学习是一个系统工程，影响学习成绩的因素是多方面的，尤其是当前学生受到的诱惑前所未有。电话、手机、网络、电视等，这些科技"天使"铺天盖地而来，为学生呈现了一个五彩缤纷的世界。如果我们的学生不能学会抵御诱惑，就会深陷其中而不能自拔。现在的学生，就是生活在这样一个充满诱惑的世界里，而学习又是讲究宁静致远、心如止水的环境，这个矛盾如何解决？

要通过规范与规则来引导学生具有良好的心态。堵是堵不住的,就看怎样疏导,如要求在教学楼内学生不能使用手机,要求学生上课不能开手机等。遵守规则与规范是现代文明社会的重要标准,也是保持自身的优秀与良好心态的重要准绳。

二、优秀是一种习惯

学生需要养成多种好习惯,最后才能形成综合优势。学习是一个系统工程,涉及学生的心理状态、学生的意志品质、专注程度、执着程度等。当这些因素成为思维定式和行为定式时,就称为习惯。

决定一个人学习成绩的因素有三方面:一是天分或者说智商;二是学习条件;三是习惯。习惯是一种比较确定的思想和行为方式。先说学习习惯,每天保持一定的学习时间,也就是要舍得花时间才能养成学习习惯,大多数人不是天才,不可能不学就会,要取得好成绩,数理化是通过做题做出来的,英文是通过背单词背出来的,语文是通过多读多写后写出来的。

再说行为习惯。养成好的行为习惯实际是在按照现代人标准培养自己,一个人的习惯好不好,素质高不高,往往反映在小事上。从小事做起,注意细节。遇到困难时要持之以恒,不能松动,事情没做好,不找任何借口原谅自己,利用一切机会多为大家服务。好的行为习惯能锻炼自己的责任意识。

三、优秀反映出高效率

学生怎样提高学习效率?关键要找到适合自己的学习技巧。国际部有一个学生,原来成绩一般,但后来找到了好的学习方法,学习成绩有了很大的提高,后进入美国著名大学。其好的方法是:上课记好笔记，预习当天科目，复习难记内容，反复进行练习，加深记忆；增强学习的主动性，遇到学习问题，主动与教师、同学讨论，想方设法提高自己的学习动力；调节自己的状态和心情，提高做事情的效率，包括玩和睡觉，即使浪费一些时间，也要多思考与尝试新的学习方法；在学习过程中他主张把各种知识点分类整理，做成图表，便于厘清各种知识点之间的纵横关系，拓展思维。

　　什么样的学习方法才是最有效率的？我认为只有适合自己的方法才是最有效的方法。就是说，你可以了解别人的学习方法，但不能照搬。别人的方法只能用来借鉴和参考，不能盲目克隆和复制，因为每个人的情况不同，对学科的掌握程度也不同，所以方法也不同，重要的是确定自己的学习方法。方法正确，效率就会提高。

四、优秀体现在对学校的荣誉感

　　要唤起学生对学校的荣誉感。如果学生意识不到荣誉对学校的重要性，意识不到荣誉对自己、对学习、对学校意味着什么，那么他是不可能为学校争取荣誉、创造荣誉的。如果一个学生没有荣誉感，即使学校有许多规章制度和要求，他还是不会遵守的，也不可能成为优秀学生，因为他对许多的高要求不理解，觉得没有必要，学起来感到厌烦。

　　选择上中国际部，就应追求一种认同感和荣誉感，并且以开放的心态接纳学校的各项规章制度。上中国际部制度健全，为学生的学习创造了良好的学习环境。

　　新学期，我们要让优秀成为习惯，努力向上向美，加强同学之间的相互沟通、合作，在这个被誉为"小联合国"的环境里提升自己，培养自己与来自不同文化背景的同伴合作共处的素质和能力，为自己将来成为国际型人才打下坚实的基础。

　　（选自 2000 年 2 月 14 日《1999 学年度第二学期国际部开学典礼讲话》一文。）

李英副校长在 2013 年 5 月 2 日为上海中学"五四表彰"获奖学生颁发奖杯

3.

锻炼自己的四种能力

同学们,我常常想,一个人将来要对社会作出贡献,要成为国际型人才,除了学习知识外,更重要的是在学校里锻炼自己的四种能力。

一、锻炼自己确定目标的能力

你为自己定的目标越高(通过努力可以实现的),你最后的收获就越大。以学习成绩为例,你给自己定的目标是要达到中等成绩,那么你就只会按照中等成绩的标准付出自己的努力和劳动。假如你为自己定的目标是优秀成绩,你就会按照优秀的标准去努力,即使你达不到优秀,你也一定能达到优良的成绩。

其实学习也是这个原理,要达到一个较高的目标并不难,只要做到两点,就会心想事成。

第一,每天要比别人多做一点事。比如,别人一天学习 8 小时,你一天学习 9 小时,这样一年累积下来你就比别人多学了 365 个小时,也就是你比别人多学习了近 2 个月的时间。定下目标后就要脚踏实地去做,而且要比别人多做一点。

第二,把最终目标分解成若干个小目标后再去实现。不能一下子达成高目标,你只有一步步向前走,才能实现高目标。因为每一个小目标的实现,都是为你实现下一个更高目标做准备的。比如,你要去名牌大学读书,就要先把各门课程学好,SAT 成绩达到较高水平,并积极参加社团活动,获得良好的推荐信,就有了去名牌大学的资格,可以实现自己的梦想。

二、锻炼自己的竞争能力

人在社会中,一定要通过竞争才能达到一个更高的层次。在日常生活中,竞争是无形的。我曾在埃及金字塔下遐想,整个社会竞争体系是金字塔式结构。你可以说:"我不竞争,我轻轻松松,不是挺好吗?"当然,你可以这么做,但是你通向金字塔顶部的唯一道路是通过自己的努力,到达顶端后,你就会在险峰见到无限风光。

许多生物学家做过这样的实验:同样生物放在两种不同的环境中,一种是非常舒适的环境;另一种是要通过努力才能取得食物的环境。最后的结果是在安逸环境下的生物不是早死就是病死,而在恶劣环境下的生物却过得非常快乐而且长寿。人也是这样的,凡是在竞争环境中成长起来的人,都是比较坚强、有活力,并能取得成功的。在缺乏竞争环境中成长起来的人,通常没有活力,成功也不会垂青他们。每个学生应勇敢地面对竞争,接受来自各方面的挑战,不断地增强自己的竞争能力。

三、锻炼自己与人交往的能力

上中国际部集聚了来自许多国家和地区的学生,不同的文化背景为学生走向世界、提高交往能力创造了得天独厚的条件。对每一个学生来说,具有与人交往的能力都是非常重要的。

举一个例子,狼在许多人的理解中都是与贬义联系在一起的,认为凶狠、贪婪、狡诈等,然而狼身上有许多好的特点:其一,狼是群居动物,很少单独出来掠取食物,所以老虎看到狼群也会退避三舍,这就是群体的力量。其二,即使剩下最后一匹狼,它也会勇往直前地去掠取食物,也就是狼具有很强的生存能力。其三,狼能排除无能之狼。当狼群中出现强者时,它会取代头狼的位置,这样就会保持狼群的整体强大。人也是一样的,要想有所作为,首先要有很强的适应性,能在不同环境下与人交往生存。其次要有团队精神,协作能力。最后能战胜自己,不断排除自身的弱点。如果一个人能做到上述三点,将来一定会有所作为。

同学们,提高自己的交往能力途径有很多,但至少要提高自己两种能力:一种是善于表达的能力。也就是说善于表达自己的观点和思想,并且设法说服别人。另一种是需要具备谅解的能力。你要学会谅解他人、谅解同学,但不要谅解自己的缺点和不足。当你发现自己的缺点后,一定要马上把它改正。有了谅解能力,你就会有一个广阔的心胸,你的眼光就会非常长远。当你的眼光很长远时,你眼前的烦恼和痛苦就不会影响你对未来目标的追求。

四、锻炼自己的心理和生理承受能力

什么是心理承受能力?举一个简单的例子:面粉中放水后揉一揉,捏一捏,面粉很容易散开,但继续揉,揉了很多遍后,它再也不会散开了,你把它拉长它不会散架,只会变成拉面,这是因为它有了韧性。同样人的心理承受能力要经过不断锤炼,最后才能成熟,孤独、压力、失败等都是对人的心理的考验,如果你锻炼出来了,你就能承受。所以做人必须要有一个信念,即便失败时也要想到,世界上的一切美好事物都是为你存在的。

除了心理承受能力外,还有生理承受能力。什么是生理承受能力?比如,在业余时间,别人每天坚持学习两小时,而你能每天坚持学习三小时;别人做一件事做一周就烦了,而你做一个月也不会厌烦;别人不能专心去做的事你能专心认真地去做,这就是生理承受能力。做任何一件事,你花的时间越多,投入的精力和体力越多,你的收获就会越大，你成功的概率就越大。

　　没有付出就没有回报，一分耕耘一分收获。希望你们持续锻造这四种能力，学习以恒、做事以敬、待人以诚，通过持续努力修炼造就自己人生的巅峰。

　　（选自《2002 学年第一学期上中国际部学生开学典礼讲话》一文。）

2006 年，李英副校长（右 2）见证上海中学与法国圣路易学校合作签约

4.

在这里起飞

在北京奥运"同一个世界 同一个梦想"的激励下，我们迎来了新学期，共同见证上中国际部建校 15 周年取得的光辉业绩：2008 届毕业生 IB 和 AP 的成绩全球排名均进入前 10 名，今年 IB 全科、单科共有 26 门学科 234 人次参加考试，通过率为 100％，72％获得 6 分以上，数学学科成绩非常亮丽，高水平数学平均分为 6.9 分（满分 7 分），全科平均分为 38.44 分（满分 45 分），远高于世界平均水平。毕业生受到各国高校的青睐，今年 73 名被美国大学录取的学生中，有 70％的学生进入美国排名前 50 位的大学。

上中国际部从 15 年前的 18 名学生发展到现在的 2200 多名学生，先后成为上海最早的国际文凭学校，AP、托福、PSAT 的考点，成为剑桥大学在上海的遴选点和联合国教科文组织联系学校。12 年级韩国学生申同学制作的上中国际部 15 周年校庆纪念服很有意义，衣服上的地球、灯泡、音符、皇冠、飞机等都各有寓意，创作者对"飞机"的解释是"四海一家"。我觉得，它们更代表上中国际部学子身上的五种优秀品质，那就是国际视野、学业发展、才艺显现、梦想实现、志向远大，让学生在这里起飞。

一、在这里，锻造广阔的国际视野

上中国际部学生来自 60 多个国家与地区，它足够大，可以包容不同背景、不同文化和不同观念的人。在这里，每一个人都被大家认可,每一个人都可以和大家和睦共处。你们不仅要与自己有相同文化背景或说相同语言的同学交朋友,更要与来自不同国家与地区的同学交朋友,不能只局限于与相同背景的同学聚在一起,否则会阻碍个人的发展和学校环境的和谐。我们这里有来自不同文化背景的优秀学生群体,同学之间相互交流可以学到很多东西。希望同学们能把握国际化环境,交往的圈子要大,要拥有包容心与开阔的视野。

二、在这里,学业能得到充分发展

你们不仅有优秀的、以教书育人为己任的中外师资,更有国际化课程体系,能满足来自不同国家与地区、不同层次学生的差异化的学习需求,使你们的学业在已有的基础上得到更大提升。在接下来的日子里,你们会有欢声雀跃的时候,也可能有力不从心的时候,但学校会尽最大努力使你们全身心地投入上中国际部的学习,完成掌握与创造新知识的使命。

三、在这里,才艺得到充分的展现

上中国际部有许多丰富的、供学生展示个人才艺的舞台,无论是在绿草如茵的足球场上,还是在心旷神怡的音乐、美术中心;无论是在宽阔的网球场上,还是在现代化的体育馆里;无论是校内的运动会,还是校外的各类比赛,都有你们展示自己才艺的广阔天地。

四、在这里,成就或成功能获得广泛认可

上中国际部教育与国际接轨,你们在这里学习、实践取得的成绩能被世界上各国大学所接受;与此同时,学校创设了多种多样的舞台来帮助你们成功、取得成就。在关爱的环境中,你们会觉得每一项成

功和成就都与你们自己的努力、教师的教诲、学校的推动密不可分。你们还可以参加在全国各地举行的各类竞赛与展示活动,如许多学生在参加青少年科技创新大赛中获高等第奖,在模拟联合国活动中获好评,在各类体育、艺术比赛中崭获佳绩。

五、在这里,树立远大志向

有远大志向的上中国际部学子,既要学会倾听,特别要学会倾听教师的良言和家长的叮咛,也要有自己的个性与独立意识,不能产生依赖心理。有远大志向的上中国际部学子,要注重整体素养的提升,要有良好的行为、处事能力,要守纪,按规定着装是起码的素养。有远大志向的上中国际部学子,还要敢于挑战,给自己施加压力。9～10 年级学生应培养英文阅读和写作能力。我们学校有一些成绩很好的 12 年级学生未能叩开常春藤名校的大门,部分原因是 SAT 考试总分不高,主要是在英文阅读与写作方面失分。好学生应有危机与竞争意识,从各方面提高自己的素养,争取在获得国内外顶级名校的青睐上占优势。

作为上中国际部学子,你们一定要在国际视野、学业、才艺、成就和远大志向上不断磨砺自己、锻炼自己、激励自己、升华自己,才会迎来更加美好的明天。

(选自 2008 年 9 月 1 日《上中国际部 2008 学年第一学期开学典礼发言》一文。)

5.

懂参与·知敬畏·学会爱

今年,对上中国际部来说是具有里程碑意义的一年,上中国际部迎来了成立 20 周年。

回忆往昔,上中国际部不仅奏响了一个国内领先的高端国际学校的"最强音",而且创造了一个享誉世界的优质国际教育品牌,从无教材、无固定教学年级、无经验的三无状态,发展成拥有 12 个年级、3000 名在读学生的超大规模学校,能提供类美国课程、27 门 IB 课程、17 门 AP 课程和中国留学生课程等多样化、多层次的课程,供不同需求的学生选择。每年我们都吸引几十所国外名校前来招生,让人感到"不可思议"。

20 年来,我们固本培元,始终以学生终身发展为本。上中国际部成立伊始,就提出"博采人类先进教育之精华,吸取世界各国教育之精髓,传授当代科学技术之成就,培养 21 世纪之英才"为办学宗旨,力求把学生培养成能适应时代潮流、具备竞争实力和高度责任感的高层次国际型人才。我们不仅要培养成功的人,我们更在培养快乐的人。其中蕴含"前瞻卓越"。

20 年来,我们与时俱进,始终贯彻创新的理念。上中国际部始终对准国际一流,将"国际标准"与"中国特色"完美融合,中西合璧,形成了自身的核心竞争力与影响力,赢得了国际认可与世界声望。上中国际部成为每一位学子走向世界名校的"教育名片",其中蕴含"超凡脱俗"。

20 年来,我们开拓进取,创造了一个又一个奇迹。IB 成绩、AP

成绩名列世界前列。上中国际部不仅定义了中国一流国际学校的办学标准，同时开启了从上中国际部走向世界一流国际学校的大门。众所周知，英国是 IB 成绩最好的国家，与英国顶级名校相比，2009 年我校 IB 成绩与其并列第二，2010 年并列第一，2011 年和 2012 年（IB 全科平均分超过 41 分）都是第一。上中国际部以前瞻的眼光奏响了"强教高地"与领先的地位，这其中蕴含我们全校师生"勇攀高峰"的精神。

同学们，你们有着光辉的前程。2013 届报考美国大学的毕业生中，80％都进入美国排名前 50 的大学。我作为国际部主管，20 年中每年毕业典礼都会致辞，在你们即将步入大学生活时，我想给你们谈一下对人生的看法。

我的看法是，在没有走出象牙塔之前，你们都被称为学生，学生的主业是学习。没有扎实的学业基础，就算飞得再高，也有可能掉下来。当今社会，纷繁复杂，只有孜孜不倦、勤奋踏实学习，才能时刻保持清醒头脑，另辟蹊径，独树一帜。

学业固然重要，但做人方为重中之重，应以修身为本。何为修身？

第一，你们要培养和增强自身的独立意识，对生活路径进行理性选择。独立，意味着你们不能随波逐流，人云亦云。真正的"大学精神"是敢于并善于提出问题，独立思考，独立解决，长此以往你们才能创造出人类在科学领域和精神层面的"三无境界"——无巅峰、无国界、无权威。

第二，你们要提升自己的责任意识，敢于承担责任，包括风险。在中国，从法律意义上来说，你们的年龄已经达到"具有完全民事行为能力"的程度。做任何事情都需要为自己的言行举止负责。

第三，学会随时调整信念与心态。非智力因素对个人成功也有巨大影响，偶尔的挫折和失意在所难免。但是，你们要始终坚信，今天你们所受的痛苦，都将化作你们成长道路上的明灯，照亮你们未来的路！心态主宰命运，细节决定成败。

在未来的成长道路上，我希望你们能记住九个字："懂参与，知敬畏，学会爱。"

"懂参与"是指积极参与社会公共事务，努力投身于各种公益活动。你们是国际部学生，来自不同的国家与地区，承载着各国与各地区的友谊与文化交流的主体。如果你们能将地球当作自己的家，积极参与大家庭中的共性问题，如环境问题、历史问题、种族问题，那么我们的世界会变得更加美好。

"知敬畏"，常怀一颗敬畏之心，尊重自然、尊重他人、尊重生命。许多人热爱旅行，愿意用"阅历"来形容人生质量。大凡经历长途旅行的人，总会变得谦虚祥和，因为他知道自己眼界之局限、世界之广袤、人生之艰难，关键是他了解自己如此渺小，不过是沧海一粟。因此，同学们在成长的道路上要收起张扬、收起浮夸、收起自负，懂得敬畏他人、自然、生命与自己。

"学会爱"指的是"博爱"。要学会去爱父母、爱朋友、爱生活、爱一切可爱之物。中国有句古话："老吾老以及人之老，幼吾幼以及人之幼。"其核心意思是要我们学会奉献，努力去传递爱，拓宽爱的广度与深度，增加它的辐射面。

同学们，你们在上中国际部这个充满青春活力的沃土上成长，她必将为你们开启走向成功的希望之门、走向世界的成长之门、走向未来的幸福之门。

（选自 2013 年 6 月《2013 届高三毕业典礼上的讲话》一文。）

6.

为每一个学生插上想象力的翅膀

2013 年,在上海基础教育发展过程中,发生了一件让世界瞩目的事,也是我们华育每一个师生共同关注和参与的事,就是上海 15 岁年龄段的中学生,在 OECD 经合组织的 2012 年 PISA 测试中,继 2009 年以来,再一次获得数学、阅读和科学三个学科成绩的第一。这充分说明上海的教学质量高,学生的基础知识厚实。平心而论,这个成绩来之不易,但认真分析一下,成绩领先的背后也暴露出很多问题,如部分学生对学校教育的"归属感"不够强,对学校传授知识教育上的"幸福感"不够高,对数学能获得较高等第和成绩的"自信心"不够足。针对三个不够的问题,我在新学期伊始,想与同学们探讨和表达我对学校在育人方面的思考以及对每一个华育学生的基本素养的要求。

初中阶段是人格形成的重要阶段,因此初中阶段的教育不仅意味着传授知识,更重要的是还承担着对"人"的教育的重要职责。所以,从学校层面来讲,社会对华育中学的要求已经不止中考成绩、竞赛等方面的领先,还要关注育人的方方面面。华育要实现引领,就需要在原有基础上不断开阔视野,为学生个性发展搭建更为宽广的平台。

为了形成共识,凝聚智慧,我认为,今后几年里学校的工作重心要落实四个方面的核心观念:其一,学生是学校发展的主人和主体,学校要满足学生的合理需求;其二,教师是学校发展的源泉与动力,学校要给教师创设发展平台;其三,校园文化是学校发展的秤杆与标志,学校要依法规范办学;其四,管理团队是学校发展的带头人,要为师生做好保障服务。这四个方面核心观念的落实,需要依靠全体师生与职工共同为之付出长时间的努力才能达到。

众所周知,大学主要是进行学术性研究,高中是专业发展方向引导,初中主要培育学生的探索精神,开阔学生视野,打开思路。华育每一位学生自身发展定位一定要清晰,以兴趣激发为主。最近几年,华育不少学生参加了 DI 创新思维国际比赛,屡获国际、国内大奖。不少学生为激发兴趣、开发潜能找到了精彩的发展之路。除此之外,华育的学生还可以通过参加上海市青少年科技创新大赛这一平台,让自己涉及相应领域的知识。由于该项比赛涉及地球与空间科学、工程学、环境科学、计算机科学、物理、化学、数学、微生物学、医学与健康、动物学、植物学、生物化学、社会科学 13 大领域,学生可以边学习边尝试一些自身感兴趣的课题探究,接触现代科技发展的知识,明确自身学习与社会生活、未来发展的联系,从而提升自己的创新素养。

对学生来说,现代社会对人才提出了新的要求,学生仅仅关注学习成绩是不够的,学生的领导能力、沟通交往能力、艺术修养、道德品质等素养都是很重要的,下面我就"为每一个学生的学习插上想象力的翅膀"谈四点看法,围绕 12 个字展开:想象力、归属感、幸福感、自信心。

一、每一个学生要有知识迁移、综合素养的想象力

在 PISA 测试对中学生知识结构的要求和标准中,最重要的关键词是想象力,而想象力的核心要素是要求中学生在教师传授教育中,要有知识迁移、思维整合及分析判断和综合运用的能力,这个要求是很高的。在学习过程中,只有始终保持对知识学习和学科教育的想象力,才能激发学生的求知兴趣,才能激励学生的探究乐趣,才

能激发学生的钻研情趣,才能激活学生的创新志趣。只要我们每一个学生都有对学习的兴趣、乐趣、情趣和志趣,就一定会成为一个以人文素养为基础,以知识迁移为核心的综合能力强的人。这样,在未来走上社会后,一定会成为一个能报效祖国和人民,有志向、有志趣的有用之才和栋梁之才。

二、每一个学生要有共享教学、价值认同的归属感

实际上,教学存在一个以知识为本还是以学生发展为本的问题。以知识为本,就是让学生掌握教材中规定的所有知识,至于学生如何发展,其个性、特长、兴趣和感受都不在考虑范围内。以学生为本就不同了,有以下三个明显的特征:

1. 以学生为本,即教材中的知识只是一个载体,在掌握知识的过程中,还要让学生学会学习,学会主动选取知识,学会主动掌握知识,不断提升思维水平。

2. 以学生为本,就是要强调每一个学生的个性潜能。不同的学生对不同知识的敏感程度、领悟程度都是不同的,这就需要让学生逐步去认知自己的潜能所在,在自己的优势潜能领域中得到比别人更好的发展。

3. 以学生为本,就是要让每一个学生摸索达到最好效果的学习方法,不同的学生学习习惯有差异,学习方法也是多元的,但需要强调的是,有的习惯方法是有效有益的,有的习惯方法是低效的,甚至是不可取的,会阻碍学习。所以,在学习过程中,每个学生要找到适合自己的最佳学习方法与途径。一句话,把关注重点从单一的知识掌握,发展为对自己知识需要的关注以及对自己掌握知识过程与水平的关注。

教学要做到以学生为本,我们的学生就是重要主体,没有学生的主动参与,学校的任何教学改革都是空谈,所以共享教学,就意味着

学生与教师的紧密配合,意味着进一步发挥学生的主体作用。在发展过程中,发挥每一个学生积极能动作用,其价值就在于学生个性的发展,学生思维水平的提升,学生学习方法的改进,学生思想品德的完善,学生价值观念的升华,这就是我所谈的共享教学、价值认同的归属感。

我相信,只要我们的学生对华育未来的教学有着共同的价值认同,就会激发每一个学生对学校归属感的认同。今后走上工作岗位、走上社会或走向世界,也一定会怀着一颗大爱的心,感恩老师、感恩母校、感恩父母、感恩社会和感恩祖国,担当起未来建设祖国的重任,这就是我们华育对每一个学生有归属感的最好回馈。

三、每一个学生要有合作学习、共同进步的幸福感

幸福感也要靠同学们营造,现在社会各界对教育的集中反映是学生过重的课业负担,90％的学生感到压力大,学校管理中对教育质量的评价是用考试成绩或学生排名作为唯一标准。我认为,对学生成长来说,合适的"压力"是需要的,关键是你应有对付"压力"的心态与策略。在国外的一些好学校中,学生的学业负担并不比我们轻。古语云:"宝剑锋从磨砺出,梅花香自苦寒来。"只有经历了成长的历练,才会蜕变成美丽的蝴蝶。在蜕变过程中,不仅要自己感到痛快(付出并且收获快乐),而且要学会与同学合作、分享进步,变成真正的学习"同伴",而不是"暗中较劲"或"过度竞争"。华育在下一步整体性综合改革方面,将建立起学校对班级、对教师、对学生及对家长的反馈,不以考试成绩作为唯一评价标准的制度和机制,从学校文化建设和氛围上形成同学之间彼此合作、相互尊重,彼此理解、共同进步的校园文化和良好氛围,进一步提升学生的愉悦感与学习过程中同伴互助和合作快乐。

四、每一个学生要有独立思考、大胆质疑的自信心

上海学生参加 PISA 测试的结果显示,课堂教学中,学生是以被动学习为主要特征,由此造成了自信心不强的特征。华育中学课堂教学改革,要积极倡导学生独立思考、大胆质疑的课堂教学文化,并努力让其成为华育的校园文化,最终养成我们每一个学生"独立思考、思想自由;人格健全,科学思辨"的品质。由此,我们要在课堂教学中,借鉴这样一种教育理念,即"教育最大的成功在于,对每一个学生都没有标准答案"。我认为,这就是倡导学生在学习过程中有想象力。华育的教师在课堂教学中,有让学生难倒自己的胸怀和气度。我也希望,华育的学生在学习过程中,要有难倒教师的智慧和勇气:(1)让华育的学生在论辩学习和辩论文化中大胆质疑,科学求证;逆向思辨,科学求知。(2)让华育的学生为学校的改革发展献计献策,成为学校真正的主人。(3)让华育的学生努力成为人文和科学素养优、综合能力强、家长认同高、社会评价好的优秀学生。

最后,我用柏拉图在《理想国》中倡导教育真谛的三句话与在座的教师和学生共勉:"教育是把一个人从低处引向高处,教育是把一个人从黑暗引向光明,教育是把一个人从虚假引向真实。"我希望,我们的同学通过在华育初中 4 年的学习和生活,为自己的学习插上"想象力"的翅膀,为自己的知识能力"奠基",为自己的人文科学素养"砌砖",为自己未来的成功、成才和成人而奋发努力! 我作为校长,由衷地希望华育每一位有志学生,在校能保持良好、积极的心态,幸福地学习,最终能达到自己应达到的高度,累并快乐着!

（选自《2013 学年第二学期上海市民办华育中学开学典礼讲话》一文。）

7.

赢在 20 年后

今天我讲话的主题是：赢在 20 年后。在座的各位同学，四年前，你们带着憧憬和梦想迈入华育中学，开启了充实快乐的华育生活。你们带着喜悦和收获即将从这里毕业。作为教师、作为校长，我由衷地为你们四年里的蜕变、成熟而感到高兴、欣慰。你们用自己的勤奋和努力，不断地刷新自己的成长纪录，也刷新学校的光荣史册。

这些年，华育在唐盛昌理事长的领导下，不断地奋进、攀登高峰。2018 届的毕业生是优秀的，在你们的努力拼搏下，学校各类竞赛成绩达到新的高度：数学连续 7 年每年有学生获全国数学高中联赛一等奖，其中在座的有五人获一等奖、三人获二等奖，名列上海市高中团体总分第三，这是华育历史上数学竞赛取得的最好成绩；2017 年"大同杯"初中物理竞赛团体总分上海市第一；信息奥林匹克竞赛上海市高中排名第四，连续六年每年有我校学生获得一等奖，并且在座的有一名学生入选上海市信息竞赛代表队；科技创意创新成绩显著，连续三年获得高中组排名第三，今年排名第二；2017 年荣获第 12 届 DI 创新思维竞赛上海市和全国总决赛第一名，全球第二名，即时挑战第一名；2018 年荣获第 39 届 OM 世界头脑奥林匹克创新大赛上海市和中国区决赛第一名，OM 全球赛第七名；连续多年上海市"大同杯"物理竞赛获奖人数保持上海市第一；2018 年上海市"天原杯"化学竞赛团体总分第一，近七年中六年获得化学团体总分第一；科普英语竞赛连续 10 年获得上海市团体总分第一名，最佳辩手、一等奖获得者数量为上海市第一，这几年获奖人数占所有获奖人数的三分之一以上；语文作文、现代文、古诗文三大竞赛成绩位居上海市领先位置，获奖人数全市遥遥领先，体现了华育学生的全面发展和综合实力。

这些成绩的取得，你们可以自豪地说："与同龄人相比，我已经赢在了成长的起跑线上。"作为校长，我为你们感到自豪。但是，在今天的毕业典礼上，我想对你们说："你们现在赢在起跑线上，并不意味着就能赢在 20 年后，我更希望你们能赢在 20 年后。唐盛昌理事长在上中任校长时，对优秀学生关注的不止是当下优异的竞赛成绩，更关注优秀学生 20 年后，能否对社会作出最大的贡献。20 年后，将是你们成家后立业的高峰期，也是你们事业能否做出突破与创新的黄金期。20 年后，将是你们显现创新才华的最佳时期，也是检验你们现在的"赢"是否是真正的"赢"。

20 年后，你们正处在 35 岁。自然科学研究者的最佳年龄为 35 岁左右，而社会科学研究者的最佳年龄为 45 岁左右，这段时间最容易出成果，最能实现创新成果的价值。被誉为"中国航天之父""火箭之王""中国导弹之父"的钱学森在 35 岁时，已经是麻省理工学院终身教授，在 45 岁时毅然选择回国效力，为的是让祖国同胞过上有尊严的幸福生活。杨振宁、李政道两位科学家在 1957 年获得诺贝尔奖时，杨振宁是 35 岁，李政道是 31 岁。

赢在 20 年后，取决于你们在未来的成长路上继续做着怎样的努力，以怎样的人生追求、学习姿态、价值取向、社会历练去面对瞬息万变的未来。譬如，对同学与朋友的仁爱、对老师与长辈的尊敬、对挫折的坚忍、对战胜困难的勇气、对为人处世的友善、对环境与社会的责任……这一切，你敢说：已经做得足够好了吗？华育的学子，要想成为未来国家的栋梁、社会的英才，始终要思考如何赢在 20 年后，千万不能为眼前的成绩沾沾自喜、过久停留，更不能因当前的荣誉而骄傲自满，更不能故步自封。

学校为了你们能赢在 20 年后，努力践行着教育家唐盛昌校长

"以学生发展为本"的办学理念,追求卓越育人,追求菁英教育,充分利用社会和家长的资源,为你们提供一流的成长环境。我们的教师在这四年里,为你们能赢在 20 年后,在落实学校"文理基础厚实、数学教育见长、科技特色凸显、体艺修养奠基"的育人目标中,孜孜求索、默默奉献、辛苦付出。在这四年里,你们与教师的情感与心理交流,将会成为你们赢在 20 年后的宝贵财富,成为你们在未来成长路上不可磨灭的记忆。

你们马上就要离开学校,走向新的学习殿堂。让我们在这里,再一次深情地回望,感恩最可爱的辛勤的园丁:我们初三年级组教师,不仅专业,而且敬业,始终把学生利益看得高于一切。一批中青年教师,把精力都放在学生身上,却用很少的时间来陪伴自己的孩子和亲人。此时此刻,我还想说的是你们的父母,为了你们能全身心地投入学习,他们一直是你们的坚强后盾:他们起早贪黑地陪读,让你们能好好学习;他们冒着严寒酷暑陪伴,让你们能健康成长;他们有时还默默地忍受着你们在心情不顺、考试不利、饮食不爽时,对他们发的脾气,只希望你们能战胜困难。在你们成长的十五年里,正是他们的全情投入、倾心付出,给了你们最好的发展平台,才使你们成为同龄人中的佼佼者。

在今天这个特殊的日子里,我提议:向你们亲爱的父母深深地鞠躬,以表达你们的感激之情。

亲爱的同学们,你们就要走出华育的校门,即将跨入心仪的高中大门。作为教师、作为校长,我想让你们知道如何赢在 20 年后,赢在 20 年后的三个关键点。

一、你们对高中、大学学习的选择及对社会所作的贡献,决定你们是否赢在 20 年后

未来你们价值的实现,是通过你们在高中、大学的学习及对社会

所作的贡献决定的,是由你们未来在所从事的职业中展现的才干来评判的,而不是由你们现在的"分数"和竞赛成绩决定的。只有赢在20年后,跑好人生的"马拉松",你们才能在未来的社会发展中持续发光。现在你们在初中取得的成绩或光环,只能看成走向未来发展路上的一朵小鲜花,走向未来发展路上的一个新起点,走向未来发展路上的一扇幸福门。享受了小鲜花的香味,明晰了新起点的方向,品尝了幸福门的喜悦,还需要继续前行,探寻走向未来发展的新航标。

二、你们对未来科技与社会发展方向的把握,决定你们是否赢在20年后

我们正在走入智能时代,未来社会发展既需要掌握人工智能技术为我们所用,更需要练就人工智能不能替代的本领与智慧,如高尚的道德情操、良好的合作沟通能力及创新精神。赢在20年后不是看你们在考试中获得第几名,也不是看你们进入多么有名的高中、大学,而是看你们在未来社会发展中是否能引领方向与推动变革,在进入社会后能否成为时代的弄潮儿。赢在20年后,就需要我们学会与智能机器人共处,让智能机器人为我所用。练就人工智能不能替代的本领与智慧,如自身的人文修养及基于社会发展需求的创新意识与创造能力等,将成为我们赢在20年后的重中之重。

三、你们对华育办学目标的坚持,决定你们是否赢在20年后

赢在20年后才能赢得未来,是华育中学落实立德树人教育根本任务的前瞻眼光与办学精神的体现。华育传承上中"储人才,备国家之用"的办学宗旨,立足于为国家培养中高端人才打下坚实的基础,希望你们在20年、30年、40年后,能成为国家发展所需要的各行业

的精英人才。你们在未来发展的过程中,一定要经受得住千锤百炼,敢于在遭遇挫折、坎坷中依旧矢志不渝,勇于担当社会责任。你们只有树立赢在 20 年后的勇气与信心,才能在未来成为国家、社会的中流砥柱。你们未来的学习环境,将是基于脑科学的全脑学习,基于大数据的精准学习,基于人格化的创新学习,基于新技术的高阶学习。赢在 20 年后才能赢得未来,将是你们迎接未来社会挑战的主动学习的姿态与发展自信的体现。

亲爱的同学们,今天你们即将要离开华育再出发了。在华育的四年中,母校为你们奠定了走向未来的发展基础,使你们站在一个很高的起点,请你们记住这也是你们发展中的起点。还要始终记住,你们在高中阶段,甚至大学阶段取得的成绩,只是你们发展中的另一个起点,千万不能忘记,要持续地朝着自己的目标,去坚持不懈地学习与追求。只有把自己发展的眼光放在 20 年、30 年、40 年后去努力、去拼搏,你们才能真正赢在 20 年后。

亲爱的同学们,我们的国家正在朝着 21 世纪中叶实现中华民族伟大复兴的宏伟目标迈进。到了这个重要的历史时刻,在座的学子将是这一伟大宏伟目标的直接参与者与见证者。到那时,你们可以自豪地对母校说、对老师说、对家长说,我没有辜负母校的期望,没有辜负老师的期望,也没有辜负家长的期望,我们赢在未来,赢在 20 年后。

(选自《2018 届华育中学学生毕业典礼讲话》一文。)

8.

懂得比知识更重要的东西

今天,我们相聚在礼堂里,表示 2018 年暑假已结束,同时拉开了 2018 学年开始的序幕。相信今年的暑假,同学们一定过得非常充实而愉快:预初学子完成了充满智慧的大礼包,参加了紧张而有意义的军训夏令营,交出了满意的答卷,感受到华育大家庭的蓬勃向上;初一学子不断挑战自我,挤出时间,积极参加社会实践活动,感受到志愿者服务的快乐;初二学子内动力强,通过国内外的社会考察和社会服务活动,开阔了视野,体验了肩负的责任;初三学子为梦想拼搏,利用暑假充实自己,懂得华育学子肩负的使命感。

这个暑假,不能忘却的还有两件事:一件是 2018 年世界杯足球赛,年轻的法国队捧起了"大力神杯",克罗地亚队获得亚军:给我们的启发是无论你过去多么强大或弱小,最为重要的是看当下,赛场拼的是整体实力与团队精神。另一件事是华育毕业生用自己的实力再现了"傲立群雄"的风采,延续了 11 年的传奇:自 2008 年上海市统一中考以来,华育中考成绩始终保持全市第一,今年全校中考平均分为 601.8 分,再创历史新高,初三毕业生 100% 进入上海市示范性高中。北大、清华破格提前与我校 4 位学生(叶同学、五同学、王同学、黄同学)签约,承诺他们只要高考成绩达到一本分数线就可录取,这不仅是他们的荣誉,也是华育中学的荣誉。但还是让我们用热烈的掌声祝福他们,同时也激励自己。

学校各类竞赛成绩达到新的高度:我校 2017 年"大同杯"初中物理竞赛团体总分名列上海市第一;连续 7 年有我校学生获全国数学

高中联赛一等奖,今年我校名列上海市高中团体总分第三,这是华育历史上数学竞赛取得的最好的成绩;信息奥林匹克竞赛我校在上海市高中组中排名第四,连续六年有我校学生获得一等奖,有学生入选上海市信息竞赛代表队;科技创意创新成绩显著,我校连续三年获得高中组排名第三,今年排名第二;2017 年我校分别荣获第 12 届 DI 创新思维竞赛上海市和全国总决赛第一名,2018 全球赛 DI 第二名,即时挑战第一名;2018 年我们分别荣获第 39 届 OM 世界头脑奥林匹克创新大赛上海市和中国区决赛第一名,OM 全球赛第七名;连续多年上海市"大同杯"物理竞赛获奖人数保持上海市第一;2018 年上海市"天原杯"化学竞赛团体总分第一,近七年中六年获得化学团体总分第一;科普英语竞赛连续 10 年获得上海市团体总分第一名,最佳辩手、一等奖获得者数量为上海市第一,这几年获奖人数占整个获奖人数的三分之一以上;语文作文、现代文、古诗文三大竞赛成绩位居上海市领先位置,获奖人数全市遥遥领先。这些成绩不仅显现了华育学子的综合实力,而且展现了华育"数学教育见长,文理基础厚实,科技教育凸显,艺体素养奠基"的育人特色和学生发展后劲,彰显了学校领先品牌与学生的全面发展。

同学们,成绩只代表过去,初中的成绩已成过往,重要的是,你们今后对社会作出的成绩和贡献。今年开学,我想与大家分享一些比知识更重要的东西,那就是华育学子,必须具备国际视野、家国情怀。华育中学从 1999 年创办,就定位于为国家培育优秀人才奠定早期基础,培养的人才是高层次的,有国际竞争力的,能与世界同类人才比肩。华育中学不仅关注学生在校的四年,更关注学生初中阶段夯实的基础有可持续发展性,能在高中、大学仍然保持优秀,在走进社会、走向世界后是否能作出自己的贡献,华育希望每一位学生都有这种使命感,无论是站在怎样的人生发展舞台上,既要放得开,有国际视野,又要守得住,有家国情怀。

在 2018 年 4 月至 8 月,有两件大事牵动了每一个中国人的神经。第一件事是中兴事件,第二件事是中美贸易战。这两件大事,能帮我们进一步认清我国科技发展的瓶颈及我国走向崛起的国际环境。中兴事件让更多中国人正视了中美科技实力之间的差距,我国诸多科技发展的核心技术不掌握在自己手里。中兴通讯的主营业务有基站、光通信及手机,而芯片在这三大领域中均存在自给率不足的问题。

7月6日,美国对中国输入美国的350亿美元产品加征25%关税;7月11日,美国又对中国输入美国的2000亿美元产品加征10%关税。尽管我国商务部及时回应,对美国输入中国的产品加征相应数额的关税,然而中美贸易战开始后,除了老百姓购买的商品价格提升外,受重伤的还有一批高科技企业。

其实,这两件事的本质是相同的,就是美国旨在抑制或延缓中国崛起的速度。我们应深刻地认识到,我国实现中华民族伟大复兴,仍有很多发展瓶颈。卡住我们脖子的亟待攻克的核心技术,需要拔尖创新人才的不断涌现,需要我们年轻一代奋斗,并作出长期艰苦而卓著的努力;同时也警示我们必须聚集基础研究。

今天我们的教育,将决定科技、产业、国家的未来。基础研究的根本在于基础教育,基础教育是人才成长的起点,中小学是一个人品格、思维、习惯形成的决定时期,青少年基础素质培养的根本在于教师。让教师成为最伟大的职业,成为优秀青年的向往,用最优秀的人去培养更优秀的人。华育中学作为上海基础教育的"排头兵",不仅集结了一批最优秀的教师,也集聚了沪上最优秀的初中生。学校的使命就是要引领我们的学子努力夯实基础,争取在我国基础研究、核心技术等方面有所作为。为此,我们的学子需要懂得比知识更重要的东西,首要是国际视野和家国情怀,就是要有为中华民族伟大复兴而读书的价值追求。

在全球竞争日趋激烈、世界合作日趋紧密的今天,中国的发展需要更多具有国际视野的高素质人才。面对当今复杂多变的国际国内形势,华育学生要培养自己的世界眼光,不但要了解中国,也要了解世界,把自己的心胸打开,立志成才报国,承担历史的重任,为祖国的昌盛和繁荣尽力,为推动世界文明尽责。

今年是我到华育任校长的第六年,对华育学生的学业优秀,我有充分的自信。我需要与各位学子分享的是,华育学生不仅学业优秀,而且要仰望天空,脚踏实地;要善良正直、乐观坚强;要服务社会,奉献自己,报效祖国。同学之间友好合作,互相欣赏,努力练好内功,把自己内心做强大,不仅做到有爱心,有担当,会思考,守纪律,而且做到懂敬畏,知感恩,讲理想和有追求。华育人都知道,在华育没有轻轻松松的进步和成功,每个学生的进步和成功都是奋斗换来的。华育为每一位学生而骄傲,华育激励所有的学生,要善于运用学校创设的各类平台,通过刻骨铭心的努力,取得能为自己奠定一生发展的基础。

无论是学科竞赛成绩,还是中考成绩,华育中学都处于全市领先地位。但是,我们在衡量学生成长的标准上,绝不将此放在第一位,应看重各位学子在学习过程中的责任心、使命感、互帮互助的情怀及克服困难的毅力、品质,更看重各位学子是否养成了"能让自己活得快乐幸福"的思维方式,也包括相信自己、接受失败、看到自己的不完美,能在挫折中成长,找到新的突破口,找到自己在学校中的定位和使命,并牢牢记住:只有自己快乐幸福,才能让别人快乐幸福。华育中学提供了诸多让学生快乐幸福的发展平台,你们要善于运用平台,从学校创设的基础型课程校本纲要与发展型课程图谱中,发现自己的兴趣和潜能。学校每学年为学生提供 100 多门发展课程,100 多个大讲座,18 位特聘教授的指导,15 个创新实验室的探究,50 个科技、体育、艺术社团活动等,所有这些都会让你们带着使命、带着兴趣去探究、去翱翔,或许你们中有更多的人,会带着梦想在这些平台的激励下,从事祖国需要的基础研究和核心技术的开拓。我希望各位学子在新学期处理好三个关系。

1. 处理好长远目标和阶段目标的关系

希望你们对未来有长远的目标并为之不懈努力,在国际视野与家国情怀的塑造中,及早地根据自身发展的志、趣、能,确立自己长远目标及阶段目标,专心致志,一路向前。你们有理由相信:选择华育就是选择优秀、选择奋斗、选择未来。你们应该知道:在优秀群体中,没有弱者,每位学子都是强者,要相信自己,相信华育,要不忘初心,向着自己既定阶段目标和长远目标前行,坚忍不拔,志存高远。不要因遇到一些困难和挫折就想放弃自己的阶段目标,更不要因一时成功和进步就沾沾自喜,忘记自己的长远目标。真正做到胜不骄,败不馁。

2. 处理好文科与理科的关系,不能重理轻文

未来的人工智能时代与科技发展,更加重视人文教育,厚实的人文底蕴将促进你们在创新精神培育与创新能力成长中,更多地思考创新与社会的需求结合,与人的发展结合,与国家的进步结合,与世界的共生结合。我们华育的学子大多数是理科方面的"学霸",也有文科方面的"学神"。你们需要在人文积淀上做一辈子的修炼,在自己的人生发展历程中,要多阅读,多积淀,厚积薄发,领悟人生的意义与价值,为国家、社会作出自己的贡献。

3. 处理好本色和特色的关系

在坚持发展自己本色的同时不断塑造自身的特色,有些学子为了赢在"起跑线"上,盲目地课外补习,已经透支了自己对学习的激情、好奇心、想象力、专注力、内在秩序感等,生命成长中最宝贵的内力正在消耗、匮乏。许多时候为了成绩,忘记了自己应有的学生本色:纯真活泼、诚信勇敢和坦荡,忘记了自己潜能所指的方向与特色。我想给各位学子说的是,在未来的道路上,你们一定要坚守做人的本色,任何时候都要有自己的底线,同时要突出自己的特色,因为每个人都是独一无二的。

亲爱的同学们,老师们,新学期已经向我们招手,让我们展开双

臂,尽情地拥抱,让新学期成为我们拓宽国际视野与夯实家国情怀的铺路石和播种机,种下希望,种下幸福,收获最好的自己,为成为国家栋梁之才打好基础。

(选自《2018 学年第一学期开学典礼讲话》一文。)

9.

弘扬正能·正视智能·激活潜能

今天,从你们走进校园起,就有幸见证了一个不平凡。因为你们将成为上海市民办华育中学建校 20 周年的见证者与参与者。华育中学于 1999 年创办于罗秀路 99 号,2010 年迁至龙吟路 99 号。"99"年开办,两个校址的门牌号都是"99",这种"九九归一"的巧合预示着她的发展注定在上海这座社会主义现代化国际大都市及上海作为全国教育综合改革先行实验区中留下"久久"不可磨灭的一笔。

华育中学在 20 年中,交了一张张不同凡响的成绩单:自 2008 年上海市统一中考以来,华育中学中考成绩始终保持全市第一;这 20 年,华育中学无论是毕业生进入高一层次学校的质量和数量,还是在校生在各类竞赛中争金夺银的层次和等第,都是同行业中不可撼动的佼佼者。2019 年中考,尽管难度有所加大,但华育平均分依旧达到 597 分的高分,续写传奇;在校生在各类竞赛中取得的成绩,依旧在同类学校中遥遥领先。刚刚过去的 2018 学年,华育数学继续保持强劲的势头,由于客观原因,华育只能陪考,且参加人数有限,但我校仍然获得高中组排名第四的好成绩;信息奥赛由原来的高中组第四名升至第二名,获得历史上最好的成绩;华育继续保持物理获奖人数最多;化学重新夺回上海市第一;科技创新和创意两项相加,获奖人数再次获全市初高中组第二;科普英文连续 10 年第一,中文三大竞赛名列前茅。

华育毕业生有 6 位学生 8 次入选国家队,并获得 7 枚国际数学奥林匹克竞赛金牌(其中四个满分,两个全球第一),今年黄嘉俊同学在英国举办的第 60 届 IMO 中夺得金牌,为中国国家队再次赢得世界第一贡献了自己的力量。华育中学的 20 年,从不满足于学生的中考与竞赛成绩领先,而是一直在思考如何探索一条适合初中资优学生特点的创新人才早期培育新路。当代教育家、华育中学理事长唐盛昌先生用"12 个字"进行了概括:"弘扬正能、正视智能、激活潜能。"这 12 个字的新路探索,融国家发展要求、时代与科技发展的需求、学生发展的追求于一体。

一、"弘扬正能"是从华育中学承担国家立德树人的使命出发

华育中学摆脱了一般意义上民办学校"重智轻德"的怪圈,坚守立德树人的红线,抬高学生素养发展的"平均值",不设学生发展"最高值",促进学生志存高远,致力于为培育有社会主义核心价值观与实现中华民族伟大复兴梦的高素质社会主义建设者与接班人奠基,夯实创新人才在初中阶段的基础,显现了高端优质学校的育人担当。华育中学拉长教育的影响长度,关注学生离校后 20 年,增厚学生的后劲力度;瞄准初中 4 年,提升学生基础的全面厚度。

二、"正视智能"是从华育中学关注未来科技与人工智能时代的发展需要思考

学校坚守融通中外原则,正视国家亟须科技人才的需求,从中美贸易战蕴含的高端技术领域需要突破的国情出发,把握国际教育发展趋势与上海国际大都市初中教育育人特色。首设科技班强化科技教育特色,构建融合信息技术、智能技术的 15 个现代化创新实验室,系统推进 STEM 课程与跨学科教育,立足学生的核心素养培育,推进学科领域与非学科领域课程走向统整,促进学校课程系统走向现

代化、智能化,抢占人工智能时代教育制高点,显现高端优质学校的发展追求。

三、"激活潜能"是从华育中学立足于以学生发展为本的视角定位

进入华育的每一个学生的资质相对优异,具有良好的天赋潜质、多样的个性潜能、无限的发展潜力。学校希望你们能成为各行业的创新人才,为国家的发展、社会的进步、科技的革新作出自己的贡献。为此,学校努力创设多样化发展平台,包括数学分层教学智慧、50 多个社团、每学期开设 100 多门讲座课、外聘来自人工智能和通信等领域的 20 多位教授来校指导等,在促进你们全面发展的同时,不设个性、潜能发展上限,为学生成为创新人才奠定初中阶段的基础,显现优质学校的存在价值。

弘扬"办学正能",正视"时代智能",激活"学生潜能",这是华育整整 20 年办学的品格概括、育人的品质概貌、形象的品位概览,也是华育整整 20 年教育旅程的竞走路标,更是华育整整 20 年初中教育的重大建树、重要揭示、重点启示。正能、智能、潜能,从某种意义上说,体现了华育中学高位办学的风范、高端育人的风格、高尚致远的风劲,是华育中学在把握国家战略、上海使命的过程中探索的一流优质初中教育的成功方向、成就方略和成事方寸。

华育创办的 20 年,已经为在座的学子铺设了一条如何走向创新人才的发展路径。如何充分利用学校创设的潜能发展的平台、开阔视野的平台、人文底蕴的平台、思想境界的平台来升华自己?你们要善于把握未来创新人才早期培育的素养基础,把握未来学习发展的趋势,在优秀的学生、优秀的教师、优秀的家长支撑下,发展独一无二的自己,锻造最优秀的自己。与此同时,你们又要充分认识到自己是华育优秀学生团队的一员,做最普通的自己,互相激发潜能、脱颖而

出,燃烧青春的激情,用自己的努力与智慧,做好自身发展的人生规划。

今年不仅是华育建校 20 周年,也是我从事教育事业 40 周年。在上海中学工作 34 年,在华育工作 6 年,我接触了诸多优秀的、有天赋的毕业生,不难发现优秀的学子有着共同的特质:他们有好奇心、有自己的兴趣与优势潜能,很早就确立了人生目标与发展方向,并能为之持之以恒地奋斗。结合我的经历及我所看到的优秀学子的成长过程,我得出一个基本结论,就是树立好发展目标、做好生涯规划。

我想问在座的同学,你们有没有想过自己在华育四年的人生目标与发展规划? 你们有没有思考过长大后想成为一个什么样的人? 长大后,去哪个领域发展? 现在需要做哪些准备? 为了实现目标,如何管理好自己的时间? 我认为,没有规划的人生只能叫拼图,有规划的人生才有可能实现蓝图。为此,在今天的开学典礼上,我给大家提三点希望:

一是培养仁爱心。未来的创新人才,一定要胸怀大志,有仁爱之心,懂得为国家、为社会作贡献。仁爱之心就是希望同学们仁爱自己、仁爱同学、仁爱父母、仁爱老师、仁爱社会、仁爱自然,用仁爱心温暖他人,用仁爱心温暖社会,用仁爱心生长智慧。著名作家罗曼·罗兰在《贝多芬传》中写道:"除了善良,我不承认世上还有其他高人一等的标准。"善良与爱,是人性中最蓬勃向上的种子,薪火相传,生生不息。要成为未来创新人才,就需要立足于祖国、社会及自我发展的方向,志存高远,并努力培养自己的仁爱之心。

二是锻造韧性。未来的创新人才,要敢于面对失败,无论你今天考多高的分数,如果不能面对失败,不能在失败中吸取教训,重新振作起来,就不是人才。在科学探寻中,需要锻造持久性、忍耐力和坚韧。华育学生一定要敢于战胜在学习过程中遇到的困难与挫折,不怕暂时的落后,不怕失败,积极调整自己,树立自信。战胜困难、走出挫折,是一种可贵的能力。这种能力,需要经过磨炼后才能获得,这对以后自己在感兴趣的领域中作出创新是非常重要的。希望华育每位学子都要长久保持对学习的热情和追求。

三是增强使命感。未来的创新人才，要培养自己的使命感，永不满足现状。没有使命感的人，不可能有责任感和荣誉感，不可能成为优秀学生。学校要求你们刻苦读书，不是要你们死记硬背，也不是要你们盲目攀比成绩，互相竞争，而是希望你们通过拼搏，变得更有知识、更有理性、更有责任感、更有使命感及更有能力面对和解决未知世界的难题，而不是被迫去谋生。学校还希望你们未来在科技、人文等领域中有所建树，少年强则国家强。

同学们，老师们，《中国教育现代化 2035》与《上海教育现代化2035》已颁布，华育中学为培育创新人才奠基，必将持续走在改革路上：学校会越来越关注对你们的核心素养、关键能力的培育；越来越关注你们基于问题或项目的学习，也会越来越注重开放办学及引导学生在课堂外进行服务学习与个性化学习，用新的技术和手段来推进教育教学改革，为未来生涯发展做准备。

最后，我衷心希望你们利用好学校创设的各类平台来发展自己、超越自己，在华育度过快乐、紧张而有意义的四年，不虚度年华，不忘记华育的初心，记住培养仁爱心，锻造坚韧，增强使命感，为成为国家栋梁之才和创新人才打好基础。

（选自《2019 学年第一学期开学典礼讲话》一文。）

10.

追梦"长跑"中的坚守与超越

2020 年春节,显得格外不同。由于疫情,举国上下齐心、众志成城……在 2020 年年初的两个多月里,我们对"2020"的问候更多的是"做好防护""非必要不出门""出门戴口罩""停课不停学"。

今年寒假,相信同学们过得比往年更不一般。疫情给我们上了一堂"传染病防控"课。让我们学会注意个人、家庭及校园卫生,感受到白衣天使的无私奉献与为拯救他人而勇往直前精神……体悟了科学理性防控,理解了不造谣、不传谣、不信谣的价值所在,在增强对生命敬畏感的同时收获了自身的成长与责任担当。

任何艰难险阻,都不能阻止我们华育人前进的步伐、追梦的情怀。2020 年是农历"鼠"年,我们不能变得"胆小如鼠""投鼠忌器",更不能"鼠目寸光"。华育学生要认清自己未来发展的路,进行长远的规划并付诸艰苦努力的行动,实现追梦"长跑"中的坚守与超越。我们必须铭记"鼠"是中国十二生肖中的"第一"生肖,要有争第一、当第一,并活出属于自己"唯一"的精彩的信念。今天开学典礼的讲话主题是:追梦"长跑"中的坚守与超越。

2020 年,我们跨入了一个新的时代。站在新时代的十字路口,我们砥砺前行,找准前行的方向。同学们,人生是一个"长跑"的过程,要想在人生"长跑"中有所作为,就需要懂得在初中阶段应坚守什么,应如何实现自我"超越"。今天的坚守,是为了明天的超越。

在 2019 年庆祝中华人民共和国成立七十周年的献礼电影《我与我的祖国》中有一个片段,相信看过的同学一定印象深刻,对我们这辈人来说,那更是感人肺腑的。即1962年原子弹爆炸实验成功的片段。其中参加原子弹爆炸实验的老一辈科技工作者,用了三年在艰苦环境下开展了无数次实验。由于实验工作特殊而机密,他们隐姓埋名,三年里,不能与家人联系,无私奉献。为了增加实验成功的概率,有一位工作人员冒着核辐射的生命危险,关掉实验中的一个核提炼装置,用排除法去掉一个可能不成功的实验项目。为了新中国,他们甘愿奉献自己的青春,他们这一代人是我们心目中的无名英雄。

国家的发展需要各行各业的英雄,我希望在座的各位无愧于初中阶段资优生的称号,在国家未来的发展中,把自己锻造成有国际视野、有竞争实力的人才,为中国人民谋幸福、为中华民族谋复兴。现在,我国正处于从站起来到强起来、富起来阶段,到21世纪中叶,实现中华民族伟大复兴中国梦。为了实现这个梦想,需要我们一代又一代人的努力,接力棒将传送到你们这一代身上。因此,你们必须练好本领,树立为实现中国梦而努力学习的远大理想,追逐自己的梦想,踏歌而行,持续追逐在"长跑"路上,不断地坚守和超越。

如何实现追梦"长跑"过程中的坚守与超越?华育有不少校友已经为我们树立了榜样,今天我只列举目前在高中就读的三位学生。大家熟悉的2018届毕业生黄家骏同学,他获得2019年数学国际奥林匹克金牌,他刚进华育时是普通班学生,由于他对数学的执着,他花了大量时间用于攻克数学难题。一年后进入数学班,他如鱼得水,但他不满足于取得的成绩,不断挑战,超越自己。2018届毕业生韩永琰进物理国家队,他在华育时就显示物理天赋,成为2020年第51届国际物理奥林匹克竞赛五个成员之一。2017届毕业生赵海萌获得丘成桐计算机金奖和全国明天小小科学家两个大奖,他从预初就萌生了对科学的兴趣,读了很多物理方面的科普书,他初中时的梦想是物理科技交叉领域。三位学生很可能都走上学术研究之路,他们做人低调,做事高调,很专注,很善于思考,能将个人的兴趣与社会需求结合起来,遇到学习困难,遇到挫折不气馁。我对他们取得的成绩并不意外。

　　从上述三个例子可以看出，初中阶段的坚守与超越对未来追梦"长跑"很重要。在初中阶段夯实良好的知识基础是重要的，但这点绝不是唯一的，奠定良好的进取心、坚韧性、抗挫意志等核心素养十分必要。对在座的学子来说，要懂得"追梦"是一个坚持朝着自己树立的正确发展目标、与国家和社会发展需要同向的长期坚持、不断实现自我超越的过程。为促进同学在追梦"长跑"路上坚守与超越，我想给各位提几点希望。

一、树立长远理想与近期目标，并且努力去践行

　　作为初中生，要关心国家发展的时势，了解国家与社会发展的需求，将自己发展的理想与国家、社会发展的需求结合起来，并且朝着这个理想去规划自己的阶段目标，努力去践行。在这个过程中要学会向身边同学学习，多向他们请教，加强团结与协作。要懂得一个人可以走得更快，但一群人才能走得更远。一个人干不过一个团队，一个团队干不过一个系统，一个系统干不过一个趋势，要将自己融入班集体中、融入学校氛围中，顺势而为，引领潮流。

二、允许学生暂时不够优秀，但不允许学生没有涵养

　　华育中学可以容忍学子暂时不够优秀，不够突出，但绝不容忍没有涵养，没有品格。因为有涵养的学生即使现在不优秀，从长远发展来看，将会变得越来越优秀。我知道有不少初中生在家里，父母监管严格一点，就会对父母、爷爷奶奶等长辈大吼大叫；有的学生考试成绩不理想，就会发脾气，怪父母没有提供帮助，而不从自己身上找原因；有的学生将父母对自己提供的生活上各种需求，认为是理所当然的，稍不满意就大呼小叫，认为自己成绩好就行了，家务事与己无关。

我们华育的学子自己对照一下，是否有这样行为？如果有，记得回家后给父母和家人说声"对不起"，对给你提供过帮助的人说声"谢谢"。我希望华育的学生要有涵养，对家人有礼貌，关爱同学，尊敬老师，加强自律。有涵养的人，才能走得更远，飞得更高，成长得更好自律的人，才能有所作为，做事有理性。

三、学习过程中坚守诚信立命，要走正道的突破

守正才能创新，诚信才能立命。在成长的道路上，要牢记"诚信"为本。无论是学校的大考、小考还是校外的各种测试，心里不应有不诚信的想法，更不能有不诚信的行为。在平时的教育中，一直强调"诚信"为本，我们的校园文化中也一直强调"诚勉"。希望我们的学子在以后的追梦路上，要诚信立命，坚持创新，一直走正道来证明自己。

四、在追梦路上敢于战胜挫折，跌倒了就爬起来

在学习道路上要越挫越勇，担得起兴趣探究路上的锻炼，赢得起点滴收获中的历练，守得住千难万险的修炼，持续磨砺自己的意志品质。大多数人不成功的原因是"低估自己的潜力，高估自己的毅力"。在未来的发展路上，同学们要敢于担当和面对不确定性，并且勇于为自己的行为负责，遵纪守法与守规矩是底线。初中生毕竟是青少年，可以犯错，但学校不能包庇，有错就改，不能一错再错，跌倒了要勇敢地爬起来。

同学们，老师们，我们既要学习好，也要按照有关规定做好防护，守好防线。我们要向广大医务工作者学习，他们是新时代中国特色社会主义伟大事业征程中的英雄群体、英雄人物；我们也要向身边的、为我们的身心健康成长持续做出努力的教师、家长及各行业的志

愿者学习，是他们共同铸就了我们良好的成长环境。

在座的每一位学子在"鼠"年里要有争先的勇气，在华育中学"教育保底但不封顶"的理念引领下，树立自己良好的发展追求与阶段发展规划，走出自己的精彩，将自己不断发展成为国家、社会及家庭的英雄。

请在座各位在配合学校、家长做好防范的同时，保持积极向上的、良好的心态，在学习上争当先锋，树立远大理想，在今后的学习与工作中做好表率，在追梦"长跑"中做领跑人，成为老师、家长及自己心目中的"英雄"。

（选自《2020 年 2 月 2019 学年第二学期开学典礼讲话》一文。）

11.

给学生成长的"十条建议"

2022 年的春天如期而至,精彩纷呈的北京冬奥会正在进行中,备受瞩目的中国运动员不负所望,将自己的水平发挥到极致,取得了傲人的成绩。今天我们在这里迎来了华育中学新学期的开学典礼。一年之计在于春,我们要在 2022 年春季开学伊始,规划好、安排好自己的学习和生活。在华育这所催人奋进的学校里迎难而上,逆风飞扬,成就自我,超越自我。

20 多年来,华育已成为一所聚集优秀学生的学校。她不仅是在校学生热爱的学校,更是学生毕业后仍然能给予精神力量的学校,不断鼓舞华育学子奋勇前进。你们在华育完成了从普通到优秀、从优秀到卓越的转变,亲身感受到"学霸"不是天生的,而是经过刻苦磨炼而成的。虽然校园生活难免有遗憾、不足和缺失,但是你们始终无悔、无愧和无碍,因为你们在华育为自己的将来、为早日成为创新人才打下了坚实的基础。我作为校长,由衷地为你们感到高兴。

20 多年来,华育吸引和凝聚了一批优秀教师。他们对教育有情怀,对学生有爱心,不计时间,甘愿奉献;他们用心培养学生,用爱陪伴学生,用优秀培育学生,深受学生爱戴;他们有深厚的专业基础,有很强的学术背景,满足不同层次学生发展的需求。教师平均年龄为 35 周岁,75% 的教师为 985 和 211 高校的毕业生。在华育,体现了优秀教师培养更优秀的学生,严师培养高徒,高徒成就名师。作为校长,由衷地为我们的教师感到自豪。

经过 20 多年的洗礼,华育形成了自己的办学特色,特别是在早期优秀人才的培养方面积累了经验。在教育家唐盛昌先生的领导下,学校坚持以学生发展为中心,以教师发展为根基的先进理念,坚持高效务实的管理,形成了领导关心教师、教师热爱学生、学生尊敬教师、教师支持学校的良性发展局面。值得一提的是,师生在华育已经形成了共识:教师选择华育就是选择为创新人才早期培养作奉献,学生选择华育就是选择坚持不懈努力奋斗,选择优秀,选择为国家早日成才。

20多年来,华育师生出色地抒写了属于自己的精彩。在过去的一学期中,新加入华育的教师完成了从大学生、研究生到教师的华丽转身,中青年教师不断提升自我,逐渐成为学校的骨干力量,经验丰富的高级教师持续在学校的教育教学中发挥引领和带头作用,极大地提升了学校的教育教学水平;华育学生同样出彩,多名华育毕业生在高中阶段的数学、物理、化学等学科竞赛中摘金夺银,其中2019届8班张贻然和2020届8班石家宇、刘胤辰同学在第37届CMO竞赛中,以上海市前几名的优异成绩进入数学国家集训队;2022届初三全体学生努力拼搏,在一模中取得了全区第一且大幅领先第二名的优异成绩,初二、初一、预初的学生努力拼搏,不断展示自己的风采。

华育的未来是星辰大海,师生一起奋斗的历程注定漫长而精彩。作为校长,我希望你们努力做到以下十个方面:

一、不仅要有个人的长远目标和近期目标,更要有行动力

长远目标是立足于10～20年的长远发展而设定的目标,可以不断激励自己努力努力再努力,激励自己永不放弃,在小有所成时,不骄傲自满,不停滞不前,在遭遇挫折失败时,继续奋斗。近期目标是关注1～4年的近期追求。近期目标达成了,会让自己有学习与发展的成就感,会让自己更加自信和愉悦,更能丈量清楚自己离长远目标的距离。如果一个人没有长远目标与近期目标,在未来的发展过程

中会逐渐沉沦,从而丢失前进的方向。人无远虑,必有近忧。当然光有目标还不行,还要有行动力。如果目标是1,行动力则是1后面的0,行动力的强弱直接决定目标的价值。

二、不仅要珍惜自己的时间和生命,更要善待自己

浪费时间就是浪费生命。时间如流水,一去不复返。在华育不珍惜时间的人,万事皆空,而珍惜时间的人,才会硕果累累。生命是最可贵的,生命的可贵在于焕发出灿烂的光辉。唯有善待自己,活出自己的特色,保持好自己骨子里的那份善良和向上的心态,从容面对顺境和逆境,才是对生命最好的诠释。一个懂得善待自己的人,才是一个真正懂得如何爱别人的人。

三、不仅要知道自己的短板和长处,更要发挥特长

我们每个人都是独一无二的,华育的学生不要被“木桶”原理所束缚,不要因自己的短板而限制自己长处的发展,不要把自己的主要精力放在弥补短板上。无数事实证明,一个人未来事业的成功,是由长处决定的,你的长处决定了你的选择,决定了你的高度。所以你们需要将自己擅长的方面发展到极致,扬长避短。

四、不仅要培养自己的兴趣和特长,更要发现自己的潜能

兴趣能激发人的好奇心,给自己的发展增添动力,决定对事物的热情。特长能让人找到乐趣,让人生充实而有意义。潜能是人内在的天赋,蕴藏无穷,价值无比,决定你的高度,每一个学子的优势潜能均有所不同。你们要善于借助学校提供的多样、丰富的选择与发展平台,通过自己的多方面兴趣培育与体验找到自己的兴趣,培养自己

的特长，发现和挖掘自己的潜能，真正形成自己的核心竞争力。

五、要明确自己的责任和使命，要服务社会、报效国家

责任不是我们愿不愿意和要不要去承担，而是与生俱来注定的使命，我们无法选择，更没有权利放弃。肩负责任，履行使命，是人生存在的意义。作为华育学生，应尽早认清自己所肩负的家庭责任、学校责任、社会责任，主动做好自己的分内事，并且勇于承担责任，只有这样，才能被时代赋予更多的使命，将来为家庭、为社会、为国家、为人类作出更多的贡献。

六、不仅要有自律和他律，更要有内驱力

学习是一个漫长的过程，需要高度的自律和必要时的他律。一个高度自律的人，不需要依靠别人的督促和监督，他本身便拥有强大的内驱力。当一直保持自律，并且具有强大的内驱力时，一定会影响和改变你的命运，也一定会让你表现得异常突出和优秀。这样做就在某些方面需要做出抉择时，或你身处迷茫时，必要的他律能帮你少走弯路。华育就有这样一批自带光芒的学子，他们高度自律，同时还能在必要时，把身边的优秀同学当作一面镜子，时刻提醒自己向优秀学习，使自己一直处于优秀的队列中，这是华育学子的幸运，也是华育的荣幸。

七、不仅要有坚韧和痴迷，更要有境界

从综合素养角度来讲，学科痴迷与坚韧是非常重要的，志向、责任感与思想境界也同样是非常重要的，它直接影响一个人未来的发展与创新高度。华育学生应尽可能避免只重视潜质，而忽视其他因

素的培养。初中是打基础阶段,不仅要培养自己的坚韧性,还要提升自己的境界。一个只考虑自己的利益得失,而不考虑社会和国家的人,是很难做出惊天动地的大成就的。相反,有限的人生只有放置于无限的国家富强民族复兴的征途中才能万世长存。那些有益于人民有益于国家的人,江山不会忘记,人民不会忘记,国家不会忘记。

八、不仅要学会倾诉和倾听,更要学会用正能量感染他人

每位学生都要学会倾诉与倾听,倾诉是很好的途径,是缓解压抑情绪的重要手段。倾听是帮助对方解脱,通过你的安慰,消除对方的负面情绪。每个人在成长过程中总会有烦恼,有憋在心里不痛快的事。学会了倾诉和倾听,一定会利己又利人,心情舒畅,轻装上阵。善于发挥自己的正能量去感染和影响他人,他人也会馈赠你正能量,在这样的环境中,你会积极进取,傲然挺拔。古语云:"投我以桃,报之以李!"就是这个道理。

九、不仅要处理好尽力和成绩,更要追求极致

任何成绩的取得都不是一蹴而就的,有些学生稍微用点力但得不到好成绩,马上就怨天尤人,自暴自弃,这是错误估量了成绩背后的付出与代价。只有持之以恒,竭力付出,才有可能获得好成绩。每个学子应清楚,很多事,尽力就好,至于成绩,无法强求,也不必强求,相信自己的付出,相信华育的栽培。当然,这并不意味着,我们可以降低自我要求,我们要把自己能做的事做完,做好,做到极致。只有这样,即便没有取得好成绩,也能很坦然地说:"我尽力了,没有遗憾。"

十、不仅要感知幸福和善良，更要奉献

幸福是一种内心感受。不断寻找幸福的过程，正是人生最好的状态。我们要好好珍惜当下的拥有，不要给自己留下太多的遗憾。其实在我们身边，就能感知幸福，我们不能浑然不觉，不能老是盯着不可能满足的东西。只要拥有感知幸福和善良的能力，就会愿意给予而不是索取，我们会更懂得约束自己的行为，以利他人，帮助他人。其实真正的幸福是奉献而不是索取，真正的善良是成就他人，同时实现自我的人生价值。

今天与大家聊的十个方面，既是给同学们成长路上的一些指引，也是给老师们引导学生处理好成绩与成才的一些思考，无论是在华育的学生生活中，还是在未来的成长生涯中，人生之路不会一帆风顺，就像大海不可能一直风平浪静，总有艰难险阻等着你们去面对。

（选自《2021 学年第二学期开学典礼讲话》一文。）

12.

青春须早为

又迎来开学季，经历网课后再次相聚华育校园，我对这样的相聚更多了几分珍惜。今天我特别高兴，安静了几个月的校园，因为你们的到来，重现了往日生机勃勃的活力。青春须早为，万事须己运，新学期需要我们早做谋划，躬行不辍，扬帆逐梦！

刚过去的暑假，华育的毕业生和在校生捷报频传：2019届张贻然同学获得63届国际数学奥林匹克竞赛金牌（满分）；2020届李项同学获得全国中学生生物学奥林匹克竞赛金牌，进入国家集训队，这是华育历史上新的突破；2023届鲁赟丰同学获得国际初中生信息竞赛A组（高难度组）2枚金牌，2枚银牌，使中国队总成绩位居所有参赛队之首；2021届郭羽冲获得全国中学生信息学奥林匹克竞赛金牌，名列全国第四名，进入国家集训队；2020届张迅和2023届金怀恩分别获得全国青少年信息学奥林匹克竞赛银牌；8月华育25名学生参加东南地区数学奥林匹克竞赛，获得高一组团体总分第六、高二组团体总分第一（冠军），共获金牌14枚、银牌6枚，这是近几年的最好成绩；比赛后2024届邓乐言同学还获得北京大学第八届中学生数学科技夏令营未名奖（全国一等奖中第一名）的好成绩，让我们把掌声献给他们。

2022年华育2019届、2020届、2021届共有20名学生凭借学科竞赛的优异成绩，被保送北大强基英才计划和清华强基领军计划深造培养。特别值得一提的是，2022届华育的中考成绩继续保持上海市第一，进入四校的人数第一。听到这些傲人的成绩，作为校长，心中无比自豪！他们都是优秀的华育人，他们用燃烧的激情书写着自己的辉煌，也谱写着学校的光荣史册。

我们固然应该为优秀的人祝贺，但是我更欣赏在优秀路上不断追求的人。2022学年，我们将面对新形势，迎接新挑战。对国家发展而言，我们走上了全面建设社会主义现代化国家的新征程，将迎来党的二十大召开。对学校来说，我们走向了义务教育阶段的"纯民办学校"、全面摇号入学占主导的学校发展新道路。对在座的每一位学子来说，要认识到国家义务教育课程方案和各科课程标准正式实施是对每一位学生核心素养提升的时代召唤。你们要做的是相信华育，相信自己能在华育这所名校里找到最适合自己的成长道路，做优秀的华育人。在立德上坚持高标准，培养自己的契约精神；在学业上追求高标准，培养自己的拼搏精神；在心态上研究高标准，培养自己的乐观精神。下面对华育学子提三点要求。

一、争做优秀的华育人，弘扬契约精神

我们已经走向了全面治理的新时代，现代治理最大的特征是契约与责任。联合国教科文组织面向全球发布了《共同重新构想我们的未来：一种新的教育社会契约》报告，探讨和展望面向未来乃至2050年的教育，其中把教育视为一种社会契约、一种社会成员间为了共享的利益而合作达成的默示协议。

契约精神从本质上说是在对规则的重视和敬畏的基础上，衍生出共同遵守契约的责任意识。尊重规则、敬畏规则，是自古以来君子礼仪中的德之根本，也是一个人的立身之本。"欲成才先成人"，华育一直把立德树人放在第一位，华育不仅看重你们学业成绩的优异，更看重学生的内涵发展，持续追求，更看重学生在高中、大学乃至走入社会后的影响力。刚入学时的紧张军训，就是要让你们从一开始就锤炼自己的规则意识；每天坚持三操，就是要让你们能有团队精神和

集体荣誉感;让参加志愿者服务,就是要让你们懂得服务他人、担当责任;开设大量的讲座和开展丰富多彩的活动,就是促进你们打开格局、关注社会、融入社会,培养未来担当的使命感。

教育家唐盛昌先生说,华育是上海的华育。华育的学生受到上海高中各名校的青睐,更需要你们对契约精神充满敬畏,更需要你们言必行、行必果,言而有信。做优秀的华育人,就要从身边小事做起,一旦承诺就应尽全力做到。培养自己的契约精神和社会责任,不仅当下要步步坦荡,更要在长远的发展中赢得未来。只有这样,你们的个人品格才能升华,才能演绎出精彩的人生。

二、争做优秀的华育人,树立拼搏精神

华育是一所催人奋进的学校,选择华育就是选择奋斗,选择拼搏,选择优秀。在你们成为华育一员的那天起,你们已经与那些满足现状、缺乏目标的同龄人不同了,你们在通往优秀的道路上表现出的敢于追求、敢于拼搏的气度正是这个时代所召唤的精神力量,也正是一个优秀的华育人所需要具备的勇气。我在华育工作了 10 年,目睹了许多优秀学生的成长,他们并不是与生俱来就带有光环的。雕塑自己的过程,伴随着艰辛和付出。相比于光环,他们更加享受不断自我打磨的过程。我认为经历过磨炼的人,人生才有真正的价值,因为只有受过磨炼,才真正明白优秀的意义。

你们在追求梦想的路上,要敢于与自己较劲,规划好自己人生发展的道路。世界上没有人能战胜你,除非你甘愿投降认输。海明威说过:"比别人优秀的人并不是真正优秀,真正优秀的人是比过去的自己更优秀。"如今,大多数同学已经站在比同类学子更高的舞台与台阶上,但未来的你们是否能比别人更优秀,是否比自己的过去更优秀,那就要看你们经过华育四年的磨炼,是否能持续保持勇往直前的内驱力,每一天都比过去更优秀。

面对已经取得的成绩，你们还要有不断超越的能力和勇气，将它看成走向未来发展之路上的一朵小花、走向未来发展之路上的一段新起点、走向未来发展之路上的一扇幸福门。享受了小花的香味，明晰了新起点的方向，品尝了幸福门的喜悦，还需要继续前行，继续拼搏，探寻走向未来发展的新航标，才能在初中阶段打下坚实的基础，不断攀新高；才能在高中、大学及成长发展过程中持续发光。

三、争做优秀的华育人，保持乐观精神

乐观，是情绪上的一种高标准的良性状态，首先建立在客观积极的自我评价的基础上。做优秀的华育人，要保持乐观精神，要接纳自己的本色，要在华育的平台上寻求自己发展的特色。学校根据你们的特点开设了数学班、理科综合班和各种兴趣班，打造丰富的第二课堂和各种特长班，有研究型、竞赛型、活动型和工程型等多种类型，满足你们不同个性、潜能的发展需求，促进你们的志向、兴趣、潜能得到很好发展。学校给每一位学子的成长提供了多元发展的可能性，给你们提供了广阔的空间，相信你们，一定能在这里找到最适合的发展道路。

保持乐观精神，还要善于从身边人那里汲取正向的能量，拥有感受幸福的能力。你们在成长的路上并不孤单，你们有心心相印、相互激励的优秀同学陪伴，能使你们张扬青春的活力，激发身上无限的潜能！你们有敬业爱生、学识渊博的老师引领，他们无私奉献，用自己的才华和孜孜不倦的细致耐心，陪伴你们成长！你们能超越同龄人，还因为你们背后有家长的无私付出，他们教子有方、不求回报，用博大的胸怀包容你们，用无微不至的关爱守护着你们！这些身边的能量都在滋养着你们青春年少的心灵，帮助你们成为乐观优秀的华育人。

同学们，你们面前的道路是金光灿灿的，少年强，则中国强。你们要明白学校所有的努力，教师所有的付出，都是希望你们早日成为国家各行业所需要的优秀人才。愿你们在华育尽快成长起来，承担

社会的重任,走向光明的未来。

（选自《在华育中学 2022 学年第一学期开学典礼讲话》一文。）

2010 年李英副校长到法国参加中国上海教育展

13.

选择优秀就是选择责任担当

今天是你们人生中特别重要的日子，你们将与华育告别，与老师和同学告别，与自己的初中时代告别。我代表华育中学的全体师生，向你们致以最热烈的祝贺。祝贺你们在校四年不忘初心，互相鼓励，砥砺奋进，尽管经历网课的挑战，却依然用自己火热的青春和拼搏的斗志，为四年如歌如诗的华育生活画上了圆满的句号，最终用你们的优秀与行动证明了自己，并捍卫了华育持续的荣耀。

你们这一届学生，是我担任华育校长的第 10 届毕业生。我感到欣慰的是，十年磨一剑，砺得梅花香，华育持续攀登新的高峰，华育学子持续走向优秀。记得我在今年开学典礼上给大家演讲的主题是"选择华育就是选择优秀"，优秀这条路绝非坦途，路虽远，行则将至；事虽难，做则必成。今天，在你们的毕业典礼上，我想延续开学典礼的主题："选择优秀就是选择责任担当。"

诚然，你们在信息学竞赛、东南数学竞赛、自主招生及各类重要的考查中，用傲人的成绩和全面的成长，证明了自己已经成为优秀的华育毕业生，我由衷地为你们感到骄傲！但我希望你们铭记：选择优秀不能只停留在初中阶段，也不能止步于高中阶段、大学阶段，更不能止步于工作阶段，它将伴随我们人生的全过程。人生每个发展阶段选择优秀，你就会变得更优秀、更强大，并且承担更大的责任与使命。同学们应时刻记住以下几点。

一、选择优秀是国家赋予你们的责任使命

尽管我国国内生产总值已经达到了全球第二，但现实的国情是人口基数大、面临的国际形势复杂、诸多关键科技受到层层封锁。实现国家民族伟大复兴，需要一大批拔尖人才、战略人才与各行业的高水平人才来突破制约我国发展的科技难题，这是你们当代青年应承担的责任与使命。习近平总书记说："青年一代有理想、有担当，国家就有前途，民族就有希望，实现我们发展的目标就有源源不断的强大力量。"我们始终期待，华育毕业的学子在未来成为优秀人才的道路上成为社会上最富活力、最有创造力的群体，走在国家需要的科技、工程等领域创新创造的前列，承担建设科技强国的使命，用自己挺拔的脊梁去撑起国家的希望。

二、选择优秀是华育给予你们的责任期许

华育优秀的教师团队、优良的教育条件、优质的教育服务、优等的教育设施，致力于为培育有家国情怀与国际视野、有中国根与民族魂、有理想有本领的拔尖创新人才奠基；致力于给每位学子提供德智体美劳全面而有个性发展的机会与平台，不设发展上限，为所有学子成才筑牢"四梁八柱"。你们必将在未来发展大道上稳健笃行，也相信你们有能力、有底气成就每一个发展阶段的优秀，承担自己应尽的责任与使命，来回报老师、回报华育的期许。在此，我提议，让我们向讲台上教书育人、讲台下为人师表的老师，投去敬佩的、深情的、感恩的目光，并报以最热烈的掌声。

三、选择优秀是回馈父母最珍贵的礼物

四年里,你们的父母用无私的爱来陪伴教导你们成为优秀。在我心目中,华育的家长是值得尊敬的,他们是当之无愧的最好家长!他们无论是事业忙碌还是全职守护,总是在孩子需要的第一时间进行陪伴和支持,总是把孩子的事放在自己心上,含辛茹苦、任劳任怨、疼爱支持、宽容理解。他们一边在言语中隐藏克制对你们的期望,希望你们能快乐健康成长,然而一边又早已将高眼光和高境界在言传身教中刻进了你们的骨子里。优秀的父母成就优秀的孩子,选择优秀也是你们回馈父母最珍贵的礼物。此时此刻,你们的父母也坐在毕业典礼的现场,让我们把最热烈的掌声送给他们,请他们放心!

四、选择优秀也是每位学子实现自身价值的必由之路

你们是幸福的一代,你们的幸福在于能按照自己的志愿去开发自己的潜能、实现自身的价值。可以不再像你们的祖辈父辈那样为了家庭的温饱而去操劳,为了满足物质生活而被迫去学习、工作。你们可以在自身喜爱的领域中找到与社会、国家发展需要的匹配点,在追求志趣能合一的发展道路上实现自身的价值,而选择优秀则是每位学子实现自身价值的必由之路。风好正是扬帆时,奋楫逐浪向未来,担当起成为优秀人才的责任是华育学子必然的选择。

同学们,你们将从华育展翅高飞,飞向自己更高的理想。我相信,你们已经做好了迎接挑战和承担责任的准备。因为你们不仅是华育中学的毕业生,更是未来社会的优秀公民。为此,我想在今天的告别演说中,与你们分享四个关键字:坚韧、同行。

首先,要学会拥有"坚韧",永做生活的强者。未来的发展之路很长,肯定会遇到各种挫折,你们一定要学会坚韧,坚韧是解决困难的

金钥匙,是成功者的必备品格。我希望从华育走出的每一个学生,都是天之骄子,要立鸿鹄志,做奋斗者,做生活的强者。不仅能品尝成功的甘甜,也能忍受失败的煎熬。遇到困难挫折时,永不退缩,永不服输,永不放弃。带着华育人坚韧不拔的精神、锲而不舍的态度,创造更为灿烂的精彩人生。

其次,要学会与优秀者同行,遇见更好的自己。其实,成功的人生是由每个选择的结果构成的,优秀不是一种天赋,而是由一个个选择组成的。我希望华育的学子,能找到不同类型、不同潜质的优秀伙伴,并肩前行,就像在华育与优秀的伙伴一起学习和奋斗。事实证明,每次创新突破,既需要个人的努力,更需要与优秀的团队合作,与优秀者同行,不仅能锻炼自己的思维能力和创新精神,还能在社会实践中体验到责任和担当的重要性。

最后,我想对即将走向人生新征程的 2023 届毕业生说,选择优秀就是选择责任担当。无论你进入怎样的高中和大学,无论你今后走向怎样的工作岗位,无论你是顺境还是逆境,你们都要一直保持优秀品质,为自己的人生和国家的发展作出更大贡献。华育中学永远是你们的家!谢谢大家!

(选自《在 2023 届学生毕业典礼讲话》一文。)

第五辑

现代教育治理观照

学校教育治理，需要根据时代发展要求、学校发展需求、师生发展追求持续作出管理的突破，营造学校良好的人、财、物运行的高效能机制，让学校在发展过程中持续迸发活力。

从 1979 年起，我在学校管理岗位上工作了 40 多年，一直致力于营造科学管理与人文管理统一的学校发展格局，努力推进法、理、情相融合的现代学校制度，注重学校教育活动的设计，创设适合学生核心素养提升与创新素养培育的良好发展空间。

我在学校教育治理过程中，注重把握时代发展的脉搏，以学校课程建设激活学校发展动力源，以高水平办学推进学校教育现代化的发展方向选择，以学校教育规划引领学校可持续发展。

走进中国特色社会主义新时代，我努力把握教育、科技、人才三位一体的教育强国建设对创新人才早期培育的迫切要求，积极开展面向全体、全方位、多层次创新人才早期培育实验研究，期望为上海基础教育优质、特色发展积累实践智慧。

1.

活力来自改革

自 1990 年初,上海中学就拉开了奖金分配制度改革的帷幕,对学校原有的一系列不适应形势的考核、奖惩、定员定编等制度进行大胆改革,由表及里,从个别到一般,改革力度逐年增大,学校各项改革进入一个良性循环轨道,教职工思想观念与教育教学行为得到激励,学校办学活力被激发,创设了学校发展健康向上、积极创优的良好风气。

一、奖金分配制度与人事制度改革概况

奖金分配制度与人事制度改革涉及每个人的切身利益,上海中学从 1990 年开始推出了第一个改革方案——奖金分配制度改革方案,从 1994 年开始推出了第二个改革方案——人事制度改革方案。

1. 奖金分配制度改革

从 1990 年至 1993 年,我们用三年时间边制订边执行,最终推出一套完整的奖金分配制度,将每个人的工作岗位、职称、职位、课时等划分为等级档次,拉开奖金分配差距,通常最高者与最低者收入相差 3～6 倍,打破"大锅饭"格局,实行多劳多得、质量结合的薪酬制度,为当前推进的绩效工资奠定了坚实的基础,也为我校的教育教学改革与质量提升注入了强大活力。

2. 人事制度改革

1994 年起,我校率先在上海普教系统试行教师养退制度,即对

一些离退休年龄还有 3 年,但在教学上力不从心者劝其退养。1995年,对个别不适应教学岗位的中青年教师劝其另谋出路,调离学校;1996 年,学校首次辞退一名长期以来出工不出力的 57 岁职工。此事在上海教育界轰动一时,上海市司法部门专门为此召开研讨会,讨论的结论是我校的这一举措合理合法。1997 年,根据上海市教委有关政策,上海中学撤销初中部,我们实行多头分散的做法,18 名初中教师离校,从而有秩序地完成了一次人事精简过程。

1999 年后,上中的人事制度改革进入攻坚战,同时迎来了聘用合同制的大好时机:学校精简校级领导班子,合并中层领导班子,对中层一级进行改组,对成绩不突出的中层干部调整至普通岗位,并在全校范围内实行中层轮岗制,即每年选择两名符合条件的优秀青年教师轮岗;对职工班组重新组合,对个别不爱岗敬业的职工,不再签订合同,将职工的编制用于安排教师,改革后的班组职工呈现精干、能干的特点。

二、聘用劳动合同制的尝试探究

1. 制订各班组考评条例

上海中学在上海普教系统较早实行聘用合同制。实行聘用合同制,看起来只是签字,但涉及对每种岗位、每个工种的工作量核定与考评标准的制订等,事关每个人的行为标准、行为方式。合同是形式,而更好工作,得到公正、合理、科学的评定,才是其价值和意义。综合各班组的岗位考评条例,有以下四个特点。

第一,自下而上,充分讨论。与以往不同的是,这次考评条例的制订不是由领导布置的,而是由职工根据工作岗位需求自己拟订的。学校将他们认定的工作必要性与工作行为纳入一个科学考评的范围,群策群力,具有良好的群众基础。

第二,可行性强。岗位考评条例具有很强的可操作性,便于各班组在日常工作中据此进行自我考评、自我加压、自我提升,根据考评标准进行对照、评定。

第三,标准不同,特色鲜明。过去班组的考评标准往往大同小异,有的甚至不符合各班组的岗位特点,如教务与校电视台的岗位差异很大,评价标准就应有不同。现在的岗位条例,每个人的工作有明确的标准,互不雷同,形成了鲜明的岗位特色。

第四,公开考核,相互监督。各班组的考评标准制订后,其考核方法也发生变化,不再局限于领导单方面考核,而是公开考核,即班组与班组之间既有被考核的义务,也有考核他人的权利,充分调动职工积极性。

2. 开展星级服务工作

对职工的岗位服务进行星级评定,从 2 星开始,逐渐根据工作时间与工作要求,申请评定 3 星、4 星、5 星服务职工,每一个不同的星级服务给予不同的年度奖励(按 10 个月发放)。一般星级考核,工作质量占 40 分,工作时间占 30 分,工作任务完成占 30 分,满分 100 分。刚开始有些职工对星级服务要求不太适应,经过调整、疏导、宣传,现在星级服务成为职工主动工作、主动服务、主动奉献的重要引擎。

聘用劳动合同制的考核,同样在教师中严格执行,学校还形成了针对教师的教学满意率评比的条例,提升教师教学的主动性与创造性。上海中学的人事分配制度极大地激发了学校办学活力,使教职工的思想观念持续更新,工作效能持续提升,教育教学质量也在同类学校中持续领先。

(选自《活力来自改革——上海中学十年来分配与人事制度改革》一文,刊于《上海教育》2000 年第 6 期。)

2.

学校人事后勤管理改革探索

学校人事后勤管理改革,是学校高质量发展的重要保障,上海中学针对 20 世纪 90 年代遇到的难题,抓住机遇,推进人事、后勤管理的资源优化配置,深化人事、后勤管理改革,推进了学校教育优质、管理高效的发展。

一、学校人事后勤管理改革的背景

1. 社会背景

上海中学人事后勤改革始于 20 世纪 90 年代初,遇到的难题大致可归纳为六个方面:缺少配套改革措施;其他行政事业单位的改革还没有开始;解聘职工的法律依据有待完善;社会保障体系不配套;教育人才市场不健全;旧的编制标准不适应改革的需要。

2. 校内背景

信息化的发展,对职工提出了新挑战,对职工素质的要求大幅度提高,要能融入信息化环境,熟悉电脑网络。不仅会操作使用,还要学会简单的故障排除技术,不仅要了解电脑的市场行情,还要懂得电脑采购的性价比。

在上海中学国际化教育环境下,要求职工具有国际意识,能与外籍师生进行沟通交流。当时由于历史原因,整个学校职工队伍先天不足,文化素质、业务素质普遍偏低,正式职工队伍中出现了四多四少的现象:一是管理人员、闲置人员多,实际动手操作的人员与第一线工人少;

二是"交班"的人多,"接班"的人少,职工队伍老化,青年职工少;三是学历偏低的人多,高素质的人才少;四是徒弟多,师傅少。

二、人事后勤管理改革中应树立的三个意识

1. 树立竞争意识,克服墨守成规的思想

人事改革的生命力在于竞争,竞争是优胜劣汰、以勤克懒、先进战胜落后的过程。长期以来,有些职工已经习惯安于现状、不思进取、缺乏不进则退的危机感。为了营造竞争的氛围,应建立岗位竞争机制,打破死工资、铁饭碗、铁交椅,这是增强职工活力、加快后勤人事改革的关键。

2. 树立服务意识,克服以自我为中心的思想

学校职工能否为师生提供良好服务,是衡量学校服务质量的根本标准。满意的服务不仅指服务态度的好坏,还包括服务技能与服务水平、服务环境与服务条件在内的多项指标体系。应当通过为师生服务、为教学服务来检查自己的服务质量,从而做到优质服务、满意服务、主动服务、超前服务,在服务中求生存,在服务中建信誉。

3. 树立创新意识,克服简单承包的思想

虽然简单承包曾在后勤改革初期起过重要作用,但由于各自为政等原因成为束缚学校教育发展的"瓶颈"。只有打破旧体制,建立新体制,才能使后勤焕发生机与活力。

三、人事后勤管理改革中的资源优化配置

1. 人力资源优化配置

人事后勤管理改革能否达到预期的目的,除体制外,关键是人。管理改革的成功,关键在于建立一支高素质、高技能的职工队伍。我校人力资源的优化配置分三个阶段:第一阶段(1990 年至 1993 年)。

主要解决食堂人员的配置问题。对一所寄宿制学校来说，教学质量是大事，吃饭也是大事。如果吃饭问题解决不好，就会影响学校的教学质量，影响学生在校的学习情绪。学校重组食堂工作人员，调换食堂班子，通过竞聘录用吸收了一些炊事员、厨师等技术人员，使食堂面貌焕然一新，达到了师生满意、家长满意、社会满意的目的。第二阶段（1994 年至 1998 年）：精简校级领导班子与优化配置中层管理人员，对职工队伍进行调整，辞退消极怠工的职工，做到管理高效、人事相宜。第三阶段（1998 年以后）对学校职工实行竞聘上岗，十几个班组重新减员组合，计算机操作不熟练的职工不能留在办公室工作；不分编制，不讲身份，统一竞聘上岗；没有技术或专业资格证书的，培训后再上岗；竞聘后无岗位、无学历的，又不服从统一安排的则离校。

2. 资金优化配置

从 1999 年起，学校的资金来源已经从单一的财政拨款演变为自筹资金占主导地位，自筹资金占总收入的 85%。面对资金来源的多元化，在资金优化配置方面采取以下措施：

（1）进一步加强财务规范化管理。将校企财务、食堂财务、行政财务等纳入统一管理的轨道，既有效节约了人力，提高了各部门财务工作的透明度，又加强了财务人员之间的相互制约，增强领导对财务工作的有效监督。

（2）加强和完善内部控制制度。管财与管物分离，改变了财务科隶属总务处的传统做法，将财务科人员从总务处分离出来，划归校务办公室管理，真正做到用钱不管钱，管钱不用钱，实现财权与物权的相互制约。

（3）财务上实行大权集中，小权分散，校长掌握学校财务运行的动态。

（4）合理安排资金的用途，管好钱，用好钱。这几年学校先后完成校园网升级、图书馆装修改建、体育场馆及游泳池建造、学生食堂装修、多媒体教室安装、为教师配备手提电脑、将校园道路铺设彩色路面;新建 13 个实验室,包括机器人实验室、电脑模拟驾驶系统实验室、现代生物实验室、分子生物基础实验室、纳米材料基础实验室、数字电路技术基础实验室、电机变频实验室、智能楼宇实验室、自动化控制实验室、电脑音乐与美术实验室等,这些实验室可以跻身世界一流的中学实验室行列;另外组织了校本课程的编写。

（5）加强审计制度,主动接受监督。学校资金流量大,学校每年都安排接受社会审计,如国际部、校办企业、公司、行政财务、食堂财务等,不仅开公办学校接受社会审计的先河,而且保证了学校各项经济活动的合法合规。

3. 固定资产优化配置

学校现有固定资产约 7281 万元,在固定资产管理上做到"四个坚持":坚持以账管物、登记造册;坚持以规章管物,建立制度;坚持以人管物,明确职责;坚持按需配置,滚动更新。

4. 校园环境的优化

现在的上中校园,始建于 1934 年,至 20 世纪末建筑物老化,居民、学生居住交错等问题明显,有人说"上中像破落地主"。进入 21 世纪以来,我们全力从生态环境、功能环境和教学环境三个方面全方位推进优化工作。

（1）造就良好的生态环境。上中校园绿化面积达 81100 平方米,绿化覆盖率达 42%,生均绿化面积为 40.5 平方米。但是,树木的品种较差较少,绿树与草地、落叶林与常绿林、灌木林与乔木林比例不协调。为此,学校逐渐改善了树木的品种,对 12000 平方米的绿化区进行了调整布局。为使校园内四季都有鲜花,2004 年又新建了暖房,自培各类花卉,全校绿化水平有了新的提高,校园大气质量明显净化。由于生态环境质量的提高,每年春夏季节,上中校园绿树成荫,鸟语花香,来栖息的各种鸟类多达万余只。

（2）不断完善功能环境。校区功能的清晰与完善程度,是判定学校功能环境的主要指标。我们拆除了 2000 多平方米位于校园内的旧住宅,并集中新建了 4600 多平方米的新教工住宅,完成了校园内住宅区与校区的分隔,解决了影响上中校园环境数十年的难题,并对校内各楼馆进行改建和装修,对个别楼馆进行功能改造。

(3) 大力优化教育环境。由于上中校园有深厚的文化积淀,一些标志性建筑必须保存,因此在对校园环境进行改造的过程中,我们始终坚持"校舍外貌风格依旧,内部装修焕然一新"的原则。先后对龙门楼、中兴楼、先棉堂、大礼堂、图书馆、逸夫楼、体育馆、学生宿舍、学校大门等进行了改建装修。2002 年,又对全校近 20000 平方米的道路进行改造,清理 5000 多米架空电线,去除了布满校园上空的黑色污染。室内室外、天上地下立体并进,教育环境显著改善。

四、运用激励机制推动人事、后勤管理改革

1. 运用物质激励进行分配制度改革

第一阶段(1990 年至 1996 年),推出以量为基础的奖金分配方案。1990 年以前,学校人事受计划经济体制的影响,规章制度、奖金分配、思想教育都不能有效地调动职工积极性,缺乏生机与活力。为了改变这种状况,我们在奖金分配上引入竞争机制,打破平均主义,实行多劳多得,合理拉开差距,奖金分配方案经全校教职工无记名投票,71%赞成通过。在推出的奖金分配方案中教师以工作岗位、职称、职位、课时等划分等级档次,职工以工作强度、工作数量、工作技能、工作环境等划分等级档次。由于奖金分配与工作的量、质挂钩,职工自然就关心自己的工作态度,热心于自己的工作。

第二阶段(1996 年至 1998 年),推出质与量结合的福利分配方案。福利分配高低不仅反映劳动量和质的不同,还显示人的内在潜力,同时也是对人的素质的重要评价。学校的分配不仅包括奖金分配,还包括按质量分房及组织职工去国内、国外培训考察等。

第三阶段(1998 年后),推出以质为主的奖励分配方案。物质激

励的改革聚焦于提高劳动的质在分配中的比重,对职工在原有按量核奖的基础上,增加了劳动准备对质量的影响这一因素,同时将工作的质区分为劳动过程中的质与劳动业绩两块,1999年分别设置了职工星级服务奖和教师园丁业绩奖。经过四年多的探索实践,按质分配的奖金额在总数中已超过50%,月奖金差距可达3至5倍,全过程透明运行。改革使职工积极性高涨,职工中学文化、学业务、考职称、读书提高学历的行动蔚然成风。

2. 运用精神激励开展星级服务活动

(1)精神激励是对人的精神需要的满足。开展星级服务活动是精神激励的载体,是提高职工素质、调动积极性行之有效的方法。通过星级服务评比且与日常工作奖励挂钩,学校整体服务质量明显提高。(2)开展星级服务带来的深刻变化。包括职工的思想观念大改变,主动找差距、找原因,敢于承担责任、改进工作,不仅注重过程,而且更注重结果;职工服务意识不断增强,做到主动服务,责任感不断增强,以校为家,自觉性不断增强,基本做到检查不检查一个样,把工作看成服务;职工的管理水平不断提升,工作效率大为提升。

通过改革,上中校园已经形成了人尽其职、催人奋进的氛围,人人都有自己的工作目标与追求,持续推进学校教育高质、管理高效发展。

(选自《上海中学人事后勤管理改革的探索》一文,刊于顾荣福主编的《学习与探索》一书,华东理工大学出版社2004年11月。)

3.

现代学校制度建设应推进法理情融合

一、现代学校制度建设应思考两个维度

"现代"一词充分体现教育的阶段性,要求教育的发展与时代的发展、社会的发展、人的发展紧密结合起来,既把握教育的内在规律性,又思考教育发展在特定阶段的创造性。这是当前建设现代学校制度的纵向思考维度。简单地说,就是现代学校的发展要把握教育内在的规律,从不同历史时期的纵向视角来思考转型期社会发展需要对人的发展的影响,形成一系列规范。

由于社会大生产与社会主义市场经济的发展,现代学校的发展出现了许多与社会的发展、人的发展不和谐的因素,如较多考虑教育的经济利益,按市场规律办教育等。因此许多学者提出可以借鉴现代企业制度的方式,来建立现代学校制度,以适应转型期社会发展的需要。这种通过与现代企业制度发展的横向比较,借鉴现代企业制度建设的成功经验来促进现代学校的发展的思考,就是现代学校制度建设的横向思考维度。

我认为在思考现代学校制度建设时,一定要将纵向维度与横向维度紧密地结合起来。两者恰当地结合,既可以避免用企业发展规律来指导教育发展的偏向,又可以为教育的发展注入新的元素与动力源泉。只关注一个维度的现代学校制度建设,可能导致学校发展

产生失误。当前,有一个现象我们必须引起注意,那就是太多的学校运用企业规律来办教育,将"产业性"与"市场性"看成是现代学校制度建设的导向,而对教育的"育人性"与"公益性"认识不足。

将现代学校制度的横向与纵向维度结合起来思考,我们可以找到现代学校制度的一些基本特征。这些特征应包括将关注培养人放在最重要的位置:建立学校与所有者之间、经营者与劳动者之间、学校与政府之间、学校与家长之间、学校与学生之间、学校与其他单位之间的一系列制度和规则。学校可以在一定程度上面向市场与社会需求办学,集聚优势教育资源与向外辐射优质教育资源。

在建设现代学校制度的过程中,要认识政府责任的有限性与学校作为相应利益主体的关联性、学校具有一定的发展自主权等。值得说明的是,我在列举这些特征时,用了"一定的""有限"等词语,就是强调现代学校制度的建设应与现代企业制度建设相区别,应根据人的发展与教育发展的需求,融合时代的特征来把握好"度",找到学校发展自身的核心竞争力与服务品牌。

把握住这些基本特征时,我们就可以找到现代学校制度建设的一些突破口。如"以人的发展为本"推进教育教学改革与教师专业发展;运用一定的经营观念来处理教育问题;学校办出自身的个性与形成自身的核心竞争力;主动地适应教育市场改革;采用多元办学模式来适应多样化的教育需求;让法人治理结构得到有效落实;建立良好的学校内部管理的运行、激励、监控、调节、评价机制等。

上海中学从 20 世纪末开始,就积极探索适应社会转型期的办学模式与教育教学方式,在现代学校制度的建设方面积累了一些经验,如学校形成了自主创办国际部(招收国外和境外人员子女)与本部(招收上海生源的中学生)在同一校园、双部互动运行的管理方式;加强与国际文凭组织、联合国教科文组织的联系;推进劳动准备、劳动过程、劳动结果相结合的激励、优化、高效管理机制。上中国际部的创办是我校推进现代学校制度建设的一个窗口,国际部财务独立核算、自负盈亏，通过契约与本部结算，学校本部与国际部的权责关系明确。

二、法理情融合的自主管理推进现代学校制度建设

我这样理解法理情：法即法律、法规、制度、规范；理即合理，符合常理、公理；情即人情、人之常情。在学校管理过程中，要秉持法理情融合的原则，法是第一位的，先把学校的规章、制度、规矩讲清楚；再结合理，看是否在理、合理；最后再看是否合情，符合人之常情。上海中学的办学成功就在于坚持法理情融合的内在管理机制，有以下四点体会。

1. 更新观念

我们注重建立一系列完善的学生、教师管理的规章制度，形成一套合情合理的行为规范和价值导向，用广泛认同的契约规范师生管理。以外籍教师管理为例，我校外籍教师由中国人自主管理，他们来上中工作，学校会详细告知他们必须遵守的规则，协议书中有详尽的条款，规范他们的行为。当他们适应了上中的工作和生活规范后，就能充分认同上中国际部是一所讲规则、讲诚信、讲情谊的学校，对学校就有了信任感、归属感和敬畏感。

2. 完善机制

学校一旦有了制度规范，就应最大限度地发挥学校规章的警示、惩罚、教育、激励功能。学校多次组织修改和补充学校成体系的规章制度，以制度建设来促进学校管理机制的完善，如建立学生守则、学籍管理制度、社团活动管理条例、学业诚实规范细则、学分绩点计算方法、教师手册、外籍教师聘用制度等。学生在这里享受优质教育，得到健康成长，更需要守纪守法，才能有理有情地得到适合自己的最好发展。

3. 理性管理与人本化管理相结合

理性管理即减少管理者的自由裁量权，将人为因素降到最低，将管理做到有章可循、有理可依，这在一定程度上提高了效率。人本化管理即以人为本的管理模式，学校毕竟是由有感情的个体组成的，是培养人、教育人的场所。这就要求管理者以师生之间的感情作为纽带，营造相互理解、团结合作的工作和学习环境，以此达到高效、高质的目标。上海中学国际部有 3000 人的办学规模，"五学段（1～4 年级、5～6 年级、7～8 年级、9～10 年级、11～12 年级学段）四条（课程协调、教学协调、人力资源协调、生活协调）"的矩阵管理，通过科学的规范理性管理与人本管理结合，做到及时沟通、上下协作、遇事不推卸责任，相互理解合作，才能达到高效管理。

4. 持续评估反思

坚持国际标准与中国特色的法理情融合的自主管理，需要不断研究与反思，评估各项规章制度的新时期效能，持续补充完善。对国际教育来说，一定要有忧患意识，要研究国际教育的动态，知己知彼，善于发现问题，并勇于解决问题。每学期的工作计划要基于问题、解决问题，找到实实在在的措施。

经过多年的探索，上中将国际教育与国内教育结合在一起进行法理情融合的自主管理，既增强了学校的自我造血功能，又形成了自身既考虑教育规律性又考虑社会需求的时代性，形成了自身的现代学校教育制度建设品牌，成为东西方文化交流的窗口。

（选自《现代学校制度建设应思考的两个维度》与《法理情融合的自主管理助推学校走强》两篇文章，前者刊于《徐汇教育》2004 年 12 月刊；后者刊于《上海教育·环球教育时讯》2013 年第 7B 期。内容有所删改。）

4.

学校教育活动：目标设计·内容呈示·实施策略

学校作为育人的重要场所与主要阵地之一，应关注活泼、乐观、健康、向上、和谐的学校环境的营造，组织良好的学校教育活动是构建学习环境的重要举措。学校教育活动对培育学生的主体性，发展学生的个性与潜能，拓展学生的学习空间，缓解学习压力与激发学习兴趣，全面提升学生的综合素养，落实现代教育"以学生发展为本"的理念，发挥着举足轻重的作用。提升学校教育活动开展的质量，让其成为促进学生全面发展的载体，是学校教育者必须认真思考的课题。

一、学校教育活动的目标设计

学校教育活动是除学科课堂教学外所开展的各类教育活动，涵盖道德教育、行为规范教育、安全教育、兴趣发展教育、学习习惯教育等方面的活动，具体如参观、访问、游戏、竞赛、生存训练、社区挂职、志愿者活动、升学指导等。学校教育活动要有预见性与前瞻性，关注目标设计，发挥目标导引价值。

1. 关注社会环境与教育环境的变化

学校教育活动的目标设计，应充分考虑社会环境与教育环境的变化，关注社会的需求与教育的长效性。当今社会环境与教育环境正在发生深刻变化，学校教育活动设计要把握影响学生的重点问题进行思考。如经济全球化的环境，重点解决民族自信心的问题；市场经济的社会环境,重点解决价值取向问题;数字化的生活环境,重点解决分析判断能力问题等。

2.关注学校办学理念、培养目标的落实

学校教育活动的目标设计,要关注学校办学宗旨、教育目标的落实,让学校教育活动成为学校教育教学实施个性化发展的重要组成部分,成为学生可持续发展的重要载体。

3.关注学生个性、兴趣与潜能的激活

充分考虑学生的身心发展规律,精心设计有利于学生个性发展、兴趣与潜能激活的各种活动,并对这些活动进行有效的规范、科学的组织、正确的引导。学校教育活动要为学生个性发展提供广阔的空间,为学生的兴趣激发搭建多元的舞台,为学生的潜能开发创设丰富的源泉。

4.关注校园文化的创设与品牌的建构

校园文化是以校园为空间,以学生、教师为参与主体,以课外文化活动为载体,以文化的多学科、多领域综合交叉、广泛交流及特有的活动方式为基本形态,具有时代特点的一种群体文化。学校教育活动应成为学校特色文化创设的有机组成部分,并最终成为学校品牌构建的重要元素。

二、学校教育活动的内容呈示

当学校教育活动的目标确立后,接下来要思考的是学校教育活动应通过怎样的方式呈现出来。总的原则是要分清层次、加强沟通、明晰任务、拓展渠道。

1.学校教育活动的分学段、分年级编排

学校教育活动要根据不同学段、年级学生的差异性,有序编排活动内容,注重彰显学段与年级的特色。如小学段应以学生"快乐成长、愉悦学习"为主线,以感恩教育、养成教育、行为习惯教育、安全教育为抓手开展多样的教育活动,营造热情文明的学段氛围。初中段应以"友谊合作、学会学习"为主线,以青春期教育、兴趣发展教育、团队合作教育、道德修养教育为抓手开展多样的教育活动,营造和谐进取的学段氛围。高中段可以"明确目标、善于学习"为主线,以升学指导教育、多元文化教育、社会责任教育、行为规范教育为抓手开展多样的教育活动,营造主动进取的学段氛围。各年级教育活动应抓住学生的特点进行有针对性的内容编排。如针对七年级学生生理发生巨大变化的关键期,注重开展青春期教育电影观摩、小品文欣赏活动、"我长大了"等青春期教育活动,解决学生成长过程中的心理烦恼,帮助学生顺利度过青春躁动期。

2. 学校教育活动的要求、标准明确

学校教育活动在呈现内容时,一定要将活动的要求与标准事先制订好,便于组织者与实施者操作执行。如四年级可针对儿童行为的随意性、情景性和不稳定性,开展养成教育活动,要求学生做到"三爱",即爱学习、爱独立思考、爱读健康的好书;"四带",即把文明礼仪带进校园、把微笑带给同学、把孝敬带给长辈、把谦让带进班级;"五无",即教室内无饮料食物、地板上无纸屑、桌椅无刻画、出言无脏话、窗明几净无死角。

3. 学校教育活动的思路、路径分析

各学段、各年级的教育活动所采取的具体举措应是教育活动思路贯彻的具体化、特色化。如9年级教育活动应强化学生主动学习的品质,明确学生在成长过程中的价值取向,意识到自身对学校、家庭、社会的责任,形成良好的成长意识,思路与路径设计可以学生成长的意识教育、责任教育为主线,通过年级特色教育工程,班级凝聚力工程,家庭、学校、社会多维并进教育工程,文明修养工程,成长责任体验工程等推进,形成学生良好的行为习惯与成长责任意识,促进学生主动学习品质与良好道德素养的提升。

4. 学校教育活动主题、日程清晰

当学校教育活动的目标、要求、思路、路径明确后,接下来就应确定每学期每月班级、年级开展活动主题及相应内容安排。如七年级在 10 月份开展国际文化教育主题时,可以通过学生民族文化展示、壁报比赛宣传、学生壁报巡展、学生作品评比等班级心理与行为活动,青春期教育电影观摩、年级长绳比赛等班级服务活动,三对三比赛、篮球师生大赛、五子棋比赛等年级活动,推进教育活动目的的达成。这样就能减少学校教育活动的随意性,增强学校教育活动的主动性。学校教育者可以进行相关活动的安排与组织实施,并根据时事酌情进行适当调整。

三、学校教育活动的实施策略

学校教育活动的实践,直接关系到活动目标设计、内容呈示的有效性,直接关系到学生素养的内化与外显,因此为保证学校教育活动实施的有效性与高质量,需要讲究一定的策略。

1. 注重认知、实践、体验的有机统一

在以往的教育活动中,更多的是让学生在实践中摸索,在活动中体验,缺乏必要的认知引领,易导致一些学生在活动后,并没有体验到教育活动应有的价值。过多地强调零散、单一的活动体验而忽视了理性、系统的升华,过多地强调实践的个性化理解而忽视实践的社会化引领,缺乏对高层次认识的提炼,这样学生的素养发展仍然很难提升到新的水平。因此,有效的学校教育活动,要关注认知、实践、体验的有机统一,在教育活动开展前给予必要的认知引导,在活动实践体验后注重让学生反思活动的意义和价值、不足和值得改进的地方。学生在活动中获得的新认识又会在新的实践与内化体验过程中,不断更新、验证、交融、反复、内化、外显。只有如此,一项教育活动的开展才能真正内化为学生的素养。

2. 注重学生的自主性与主体性的发挥

学校教育活动的主体是学生,这是由活动本身的属性所决定的。在学校教育活动中,要对学生的主体地位给予充分尊重。学生是生活在环境中的个体,当内在的发展与外在的环境不适应时,就会激励他们去进行一种高层次的认知。在活动中发挥学生的自主性与主体性,学生是未成熟的个体,对他们要讲清楚活动需要共同遵守的规则与对他人应承担的责任,个人权利的觉醒与学会负责是一致的。

3. 注重教育者的创造性与人文关爱

在学校教育活动的设计与组织实施中,不仅要发挥教育者个体(主要是由班主任、年级组长等群体来实施)的积极性、主动性与创造性,而且要发挥教育者的集体智慧,加强相互之间的沟通与交流,尽可能地将所设计的教育活动的价值发挥出来,毕竟教育活动不同于其他类型活动的可重复性,其不可重复性及其对学生产生的影响,不允许学校教育活动实施导致不可挽回的偏差。学校教育者在活动的实施中,要充分发挥对学生的人文关爱,鼓励学生去面对活动中的挫折、失败,正确面对活动可能带来的竞争与荣誉,让学生在活动中深切感受到教育者的关爱,避免因教育者的忽视而导致学生在活动中产生无助的心理。

4. 注重应急预案的制订与风险控制

学校教育活动的开展可能会导致学生意外伤害事故的发生,但不能因可能导致意外伤害而不开展教育活动。学校教育活动应有序开展,但应注意风险控制与应急预案的制订,注重责任归属的划分,对可能出现的意外事故进行规避与程序处置的合理规范。每一个人的行为都可以找到相应的信念支持与人际归因,如果某个事件由可控归因导致,那么事件中的人必须承担相应的责任;如果某个事件是由不可控因素导致的,那么事件中的人可以不承担相应的责任。据此,应明确在教育活动中学校、教师、学生、家长乃至社会的责任。活动风险的控制与每一次教育活动前的精心准备、认真检查使用场所与设备的安全性、加强对学生的教育与指导分不开。

　　最后应指出的是,学校教育活动的实施策略远非以上这些,还有学校教育活动的无形渗透与内化,对教育者的指导与培训,教育活动的开展与社会、生活的联系等。学校教育活动开展的针对性与实效性也因校情、学生的实际、环境的变化而有差异。但是,可以肯定的是学校教育活动的有序开展,将为学生全面而有个性发展开辟新天地。

　　(选自《学校教育活动:目标设计·内容呈示·实施策略》一文,刊于《上海师范大学学报(基础教育版)》2007年第4期。)

李英副校长(前排右2)接待来访的哈佛大学代表团

5.

选择适合学生发展的学校应注重把握的五个匹配

作为学校的管理者,经常需要给家长讲解怎样选择一所适合孩子发展的学校。当前,许多家长在为孩子选择学校时有一些误区,如有些家长认为只要能进"名校"就行,但事先并没有考虑这所学校是否适合自己孩子的潜质、个性与未来可持续发展,其办学追求是否与孩子的发展期望一致。选择适合孩子发展的学校,不仅要关注学校教育的内涵提升与外延拓展,更要关注孩子的个性、潜能的开发与兴趣的培养,让孩子在合适的平台上得到更好的发展。鉴于此,我认为选择适合学生发展的学校应注重把握五个方面。

一、注重对学生的正确认识与学校办学理念相匹配

每一个家庭首先应对孩子有一个正确的认识,在此基础上才能找到适合的学校;看一所学校是否适合自己的孩子,首先应看这所学校的办学理念是否适合孩子的发展。我们先剖析几种对学生的认识,然后再分析如何区分适合学生发展的办学理念。

1. 先看学业观

每个家长都关注孩子的学业,不仅关注过程,而且注重结果。作为学校,最重要的使命之一就是要为学生创造学习的机会。不是每个学生都能成为爱因斯坦或莫扎特,但是每个学生都有自己的特长。无论是学校还是家长都应致力于开发每个学生的智能,最大限度地发挥每个学生的天赋和创造力,让他们在一个好学校的环境中成长。

现在不少家长对孩子的学业产生困惑：既怕对孩子抓得不紧而使其输在起跑线上，又怕对孩子抓得太紧而给孩子压力太大。真正的起跑线应关注：(1)学生的兴趣；(2)学生的习惯；(3)学生与同学的交往沟通能力；(4)学生的学业基础。不同的家长对孩子的期待是不同的，做技术工作的家长可能认为智商比情商重要，做管理工作的家长认为情商更重要，经商的或许认为头脑活络最重要。当然，也有家长认为让孩子快乐最重要、增强体质最重要、学会做人最重要……对学生来说，学会学习很重要，学会面对责任同样重要。

2.次看教育观

现在有种现象，即学生出国留学低龄化，这从侧面反映了一些家长对国外教育的关注。然而，社会上对美国的基础教育褒贬不一，有人认为美国的基础教育非常人性化，很宽松，值得推崇；也有人认为美国的基础教育不如中国，一塌糊涂，学生不要读书等。我的观点是美国的基础教育既不是一塌糊涂，也不是完美无缺。中美教育各有优势各有弊端。一个是批评太多，另一个是表扬太多；美国式教育有时过于松懈，因注重对学生创造性培养而忽视为学生打基础，而中国基础教育的特点恰好弥补了美国教育的不足。如果能优势互补，将扎实的基础与创新能力相结合，不失为一种较完美的教育方式，所以更理想的应是两者的融合。

3.再看方法观

当前以"虎"妈、"狼"爸、"鹰"爸为代表的棍棒教育很受关注。"虎"妈：耶鲁大学华裔教授，她出版了一本名为《虎妈战歌》的教育类图书，介绍了她如何用中国式教育方法管教两个女儿，要求每科成绩必须拿 A、不准看电视等。"狼"爸："三天一顿打，孩子进北大"，香港商人萧百佑用藤条把 3 个孩子送进北大，被媒体称为"狼"爸。"鹰"爸：一名来自南京跟随父母到美国旅行的 4 岁男童，在其父亲的要求下在－13℃的暴雪环境中裸跑。"虎"妈、"狼"爸只是中国家庭教育中的一些并不具有代表性的个案，既不需要捧杀，也不需要棒杀；既不需要推崇,也不需要批判。每个家长都有自己的性格脾气和自己的教育方式,适合自己的,适合孩子的就是最好的家庭教育。无论是"虎"妈还是"狼"爸都只是家庭教育"百花齐放,百家争鸣"模式中的一种模式。他们只是用了一些特殊的手段让自己的孩子到达了所谓的成功彼岸,实际上能使孩子获得发展和成功的方法和手段有很多。

由此,我们可以引入这样的问题:怎样的学校办学理念才适合自己的孩子成长?我在上海中学从事教育工作已有 30 年,其中从事国际教育 20 多年。其间,有一个问题时时萦绕在我脑海中,即教育的真谛是什么?在我看来,教育的真谛大致可用三句话来概括:(1)帮助每个人成为他自己;(2)帮助他实现自己人生价值;(3)把每个人的独特性发挥到极致。从这样一种对教育内涵的理解出发,合适的学校办学理念应注重以下几方面:(1)不要让学生定位太高。学生定位太高,往往会让自己处于"失败者"位置,反而丧失信心。(2)不要让学生定位太低。学生定位太低,会错过学习的最佳期。(3)合适的定位来自学校对学生正确的估计,正确的估计来自对学生细心的观察,细心的观察来自教师懂得学生的心理。(4)随着学校对学生的潜质、能力、兴趣特长的逐步认识,把办学目标定位在学生经过努力能达到的位置,也就是专家所说的最近发展区。

二、注重学生可持续发展与学校办学品位相匹配

选择适合孩子的学校,一定要关注孩子的可持续发展,而关注孩子的可持续发展,就要注重学校办学品位的知名度。这个知名度不在于学校有多大社会名声,而在于学校的办学品位在学生可持续发展方面树立的口碑。在我看来,具有知名度的办学品位与学生的可持续发展联系起来,就意味着以潜力来看待学生的成长,而非把分数当作第一标准。最终帮助一批学生实现他们的人生价值,使一批中等生成为优秀生,使优秀生成为优异生。事实上,这是不容易的。如

果能做到这一点,就意味着其办学品位的提升与知名度的增强。总体来说,有利于学生可持续发展的学校办学品位提升,应处理好下列三个关系。

1. 正确处理好学生眼前发展与长期发展的关系

现在很多学校只考虑学生的眼前发展,过分关注学生的考试分数,而张江集团学校用长期发展的眼光指导学生的当前发展,我们认为"受教四年,奠基终身"。初中阶段是学生成长的重要时期,为了他们今后的长期发展,必须让他们学会做人、学会学习、学会做事、学会合作,养成良好的学习习惯与道德行为规范,具体做法以文明班、先进班评比为抓手,规范学生在校的行为,从进校着装、早操集队、课堂纪律、课间行为、午饭秩序、校园包干、公物爱护、校车安全、晚自修纪律、宿舍管理等方面全方位全天候覆盖,师生共同参与检查、评比。在促进学生知识与技能、过程与方法、态度情感与价值观三维目标的和谐达成方面进行改革创新,让学生逐步树立远大志向。我们的体会是,只有从学生的长远发展来考虑我们眼前的工作,才能使我们的教育看得更高、走得更远,让学校成为学生幸福人生的真正基点。

2. 正确处理好学生全面素养与个性特长的关系

学校应既注重学生的全面发展,又关注学生个性特长的培育,尤其在保护学生的好奇、兴趣方面力求走出一条新路。我们认为初中学生不能偏科,不能重文轻理或重理轻文,也不能单纯地把语文、数学、外语理解为主科,科学、音体美等理解为副科,进而重视主科,不重视副科。作为对初中学生的教育,任何知识都缺一不可。学校站在学科精神层面教育学生:语文、英语学科在培养语言能力的同时,加强学生的沟通和理解能力;数学学科培养逻辑思维;理化学科培养科学方法、科学态度和科学精神;史地学科培养人文修养、思辨能力;音体美学科陶冶人的情操;信息技术是通向知识经济时代的钥匙。学校注重抓好每一门学科的发展,通过一系列活动来促进学生全面素养的提升。与此同时,学校丰富多彩的选修课与社团活动,为学生的个性发展提供了空间。

3. 正确处理好学生成绩提升与素养提升的关系

鉴于中国的国情,学生依旧要面临升学考试的压力,在此背景下,学校还得将升学教育作为一项任务落实,尽可能确保学生进入重点高中深造。其实,素养提升与学生成绩提升并不矛盾,学生的素养除了包括学识素养外,还包括人格素养、心理素养、创新素养、体能素养等。上海中学唐盛昌校长曾说过一句话,可以用来形容学生学习成绩提升与素养提升的关系,他说:"学生的学习成绩提升是防守,素养提升是主动进攻,在学生成长道路上既要注意防守,更要重视进攻。"这句话对解释两者的关系相当到位。张江集团学校要抓好升学,但不会只限于升学,更会注重学生素养的提升,只有学生获得真正意义上的、有利于他们今后可持续发展的知识,才获得了他们今后一生受用的优质教育。当现实利益如考试、竞赛与学生可持续发展产生矛盾时,学校会毫不犹豫地选择后者。

三、注重学生全面而有个性发展与学校教学内容相匹配

促进学生全面而有个性发展,就要看这所学校教学内容的深广度。广度既要看全面知识点的教授,又要看能否提供更多的领域让学生选择,从而激活学生主动学习的兴趣。深度就是看学校提供的课程与教学,能否满足某一或某些方面具有个性学生的成长,使他们的个性得到更深层次的开发。为促进学生全面而有个性发展,深化教学的深广度,学校教育教学要注重四个坚持。

1. 坚持集体备课

首先,在学校的课程建设方面,有一套完整的教学纲要。教师通过备课和讨论熟悉纲要,熟悉教材,熟悉学生,根据学生实际制订进度表,拓宽深度与难度,这样即使新教师也能做到"纲要在手,心中不慌"。其次,还规定新教师先听完老教师的课再自己上课,为新教师

搭建迅速成长的平台。由于坚持集体备课，课堂教学的有效性大大提高。一般的学校把大量的教学时间用于讲课本内容，而我们学校把大量的教学时间用于讲超出课本的内容；一般学校两节课的内容，我们通常一节课就能完成。这样既训练了学生的思维能力，也有利于学生个性的发展。

2. 坚持背靠背命题

学校不断提升自己的教学质量，在教学内容、进度、课堂练习及测验或考试方面均与华育保持同步，教学质量与其接近。由于坚持背靠背命题，坚持教学质量监控，教师、学生都不敢松懈。

3. 坚持一丝不苟训练学生

教师对学生的考试、测验，包括平时的作业批改都十分严格，不仅要求解题的过程要规范，而且解题的结果也要正确。如果过程规范，但结果算错，就算全错。另外，教师对学生每次测验和考试后的试卷进行质量分析，错题整理，让学生知道自己究竟错在哪里，是计算错误、概念理解错误、书写错误还是审题不清导致的错误，总之要找出失分的原因，有针对性地进行改进。

4. 坚持开展课内外活动

除了常规的课程教学，学校还为学生开设 40 多门选修课，成立各种兴趣小组和社团，学生可以根据自己的兴趣自主选择和参加。我们通过开展有特色的竞赛型、特长型、拓展型的选修课程和活动，满足不同层次、不同兴趣学生的要求，不仅使学生视野开阔，而且学得生动活泼，为学生持续发展打下坚实的基础。

四、注重学生潜能开发与学校教师队伍发展相匹配

选择适合学生发展的学校，要与学生的潜能开发联系起来，充分考量学校的教师队伍建设，注重学校教师队伍发展的纵横度。教师发展的横度主要看教师的集体力量与相互团结协作，毕竟育人是集

体的事。教师发展的纵度主要看教师个体发展的速度、高度与附加值,能否成为有个性的教师。对学生全面而有个性的发展及兴趣、潜能的开发来说,教师队伍发展的纵横度既是前提保证,又是巨大的推动力量。对学校来说,应努力建设一支想干事、能干事、干成事的教师队伍,造就一支师德高尚、业务精湛、结构合理、素质精良的教师队伍。为了实现这一目标,可着眼于以下几点:

1. 花大力气抓好教师培训

在培训中,第一传递信息,使教师了解学校的教育目标,以及特色方面的情况;第二改变态度,每个教师到张江集团学校之前,都有自己的价值观、行为准则,但我们要让教师接受张江集团学校的文化和价值观;第三更新知识,通过培训让教师知道,教师的知识结构是多元而不是单一的,到了学校任教不能停止个人成长;第四发展能力,主要体现在教师的教案设计能力、课堂教学能力及与学生的沟通能力等。

2. 提供有效的课堂实践的机会,发挥熔炉作用

只要有条件、有机会,我们都会让学校教师分批到其他优质学校进行半年至一年的课堂实践。我们充分利用学校的优质资源,促进教师的四个结合,即自主发展与学校计划培养结合、专业技能提高与专业精神结合、提升学历层次与提升教学能力结合及关注个体发展与关注群体发展结合。

3. 加强专家型、学者型教师培养

鼓励教师向专家型、学者型方向发展,使学校成为学习型、研究型学校。通过建立导师制,形成重教尊老的良好氛围。对新教师全面实施一三五工程,即一年内基本功过关、三年胜任、五年成为骨干教师的培养工程。学校十分看重教师入校后的第一个三年,因为这是教师专业精神、专业伦理的萌芽期,也是教师将职业当成"理想追求"还是"谋生手段"的分水岭。经过新教师培养工程,不少新教师把职业当成事业,成为学校骨干。

4. 构建全面的教师评价体系，着重健全学生测评教师的制度

每学期结束，学生根据教师备课、课堂教学、作业批改、课外答题等6个指标对教师进行打分，并且及时把结果向教师反馈。通过这一途径，教师更加注重练好"内功"，更加注重自身素质的提高。学生认为教师是自己的良师益友。从良师角度讲，学生认为教师不仅教他们学科知识，而且教他们如何考试，还能激发他们的学习兴趣和积极性。在学校里到处看到教师热爱自己所教的学科，并以此感染和带动学生，营造活跃积极的课堂氛围。学生觉得这种关系和课堂氛围能鼓励他们专心听课，积极讨论问题。从益友角度讲，师生关系融洽，经常能听到教师夸学生，而学生也在测评中给教师打满分、打高分。

五、注重学生成长与学校管理的质效度相匹配

选择适合学生发展的学校，一定要关注将学生培养成为高层次学生，这就涉及对学校管理的质效度衡量。质效度是指学校在创设有利于学生成为高层次学生的管理环境中，既要注意质量，也要注意效度，使两者融合。这样的学校才值得信赖，值得追求。学校管理应关爱每一个学生，相信每一个学生，鼓励每一个学生，发展每一个学生。

1. 用文化传承培养学生责任感，提高学生的层次

高层次学生的精神是什么呢？就是使命感与责任感，鼓励学生在传承中发展。优良传统不仅属于过去，也属于现在和未来；传统是学校的文化血脉和动力源泉，是学校生长的魂和根。传承是教育力量，是无形的财富，无法用金钱衡量，无法复制和模仿。水滴石穿，历史凝练，才有我们不断发展的今天。

2. 用全面发展培养学生的综合素质，提高学生的层次

通过课堂教学精讲精练，培养学生对知识的兴趣；通过丰富多样

的课余活动,培养学生各方面的才华;通过活跃的学生社团活动,锻炼学生干部;通过规范的文明班评比,培养学生守纪和文明行为,包括用餐完毕后,将餐盘放回原处等细节性问题。

3. 用严格管理培养学生自主能力,提高学生的层次

学校各项活动是宽松的,但各项纪律是严格的。例如,早锻炼、晨会、上课不允许学生迟到早退,住校生中途不能进宿舍,参加大会不允许私下讲话等。严格的管理使张江集团学校的学生养成了良好的习惯,学生不仅会安排时间学习,而且生活上也会照料自己,且住校生的平均成绩高于走读学生。严格的管理其实是一种养成教育,俗话说:"没有规矩,不成方圆。"严格的管理不等于束缚,懒散也不等于自由发展。

4. 用多元评价培养学生全面素养,提高学生的层次

学校多角度鼓励学生在不同方面进步,真正做到在关注学生全面素养发展的同时,促进每一个学生优势智能的开发。有质效观的学校管理注重培养学生的兴趣,鼓励学生的个性发展,有了兴趣就会有主动学习的动力。我们欢迎学习成绩好的学生,好的成绩是我们需要的,但我们更加看重成绩背后的东西,即学习习惯;我们欢迎各科均衡发展,爱好广泛的学生,因为爱好广泛的学生视野开阔、思维活跃、有后劲。

总而言之,选择适合学生发展的学校,关键在对学生个性和发展有正确认识的基础上对学校发展愿景进行分析,关注学校的办学理念、办学品位、教学内容、师资建设及管理水平等方面,将学生的个人特征与学校的办学特征进行匹配,力求为学生创造最优的学习和发展环境。

(选自《浅析选择适合孩子发展的学校应注重把握的五个匹配》一文,收入顾明远、王晨光主编的《典范——人民最满意学校创建纪实》一书,红旗出版社 2012 年 10 月。)

6.

以课程引领突破激活学校发展动力源

学校课程是学校发展的核心竞争力，是学生成长不可或缺的载体，先进的理念要靠课程支撑。华育集聚了一批资质相对优异、天赋良好的学生，学校的学科课程已经难以满足这些学生发展的需要，学生通过超越初中学科课程的学习将成为未来课程的一种可能趋势。学校将在课程教学方面的改革需要进一步厘清思路，形成系统和体系。我们的计划是分两步走：第一步，2017 年框架形成。华育要在2009 年完成的华育课程标准基础上，从当前新中考、高考及人才培养的要求出发进行重新架构，在 2017 年形成框架。第二步，2020 年后真正形成华育自己的课程体系。这学期的计划，我们将从共识、共建、共进等三方面推进学科课程与非学科活动整合的学校课程建设。

一、发展共识：认清学校发展挑战与核心素养的基本要求

1. 推进学校课程改革是迎接学校发展挑战的必然。课程改革是一种需要

华育的学生要走向卓越，学校课程改革是基础。学校应当清晰地认识到科技进步十分迅速，如拍照过去用胶卷相机，现在用手机及数码产品，新媒体代替纸媒体，电商颠覆了实体经济，打车软件的出现使传统的出租车行业受到颠覆，教育机构、资本＋高科技的形式成为新的形态，对教育冲击很大，措手不及，难以应对，家长加码，所有这些都远超预期。此外，信息技术的发展，使我们快速走进智能社

会,阿尔法狗(Alpha Go)可以模拟人的思维。学校课程应跟上时代发展的需要,无论是从内容上还是从结构上,都需要进行改革。

华育的学校课程,要从学生走向 2030、2040 的角度来思考今天的教育内容改革。未来的学校教育,以单一学科为基础的教育将受到巨大挑战与冲击,今后必将走向跨学科、超学科乃至多学科发展的时代。从人的素养发展角度看,单一学科的教学无法培养学生必备的核心素养,从培养学生的认知能力、协调能力、团队合作、抗挫折能力角度讲,都需要整合学科课程与非学科活动的育人能量。从创新精神角度讲,大力推进学校课程建设是对个体条条框框的突破,不限于基本技能、技术。学科课程只是学校课程的一部分,不是主渠道。为此,以传统的学科知识为教学格局,必然面临重大的改变和挑战。

华育的学校课程,必须不断走向现代,整合现代科技的内容。我国的理化生教育内容,大多以经典内容为主,而欧美等国际主流教育,则更强调与科技、生活紧密相关的现代内容。2016 年我国北京、上海等四省市学生参加的 PISA 测试排名第十,其中科学素养测试反映出我国学生的问题是对现代科技内容掌握不够。学校课程改革,要促进学生开展基于现代科技的学习、基于探索与证据的教育,养成学生的批判性思维。

学校课程改革是学校发展的巨大财富,是学校个性、特色彰显的制胜法宝。各教研组要努力带领教师围绕学科课程与非学科活动标准,完成课程大纲。把教师的财富集聚起来,变成学校共同的"财富",变成学生全面而有个性成长的"财富",进而变成引领上海市初中学校课程改革的品牌与"财富",推进学校基于课程建设的转型发展。

2. 推进学校课程改革是夯实学生核心素养的必需

进入 21 世纪以来,为提升人才适应未来的竞争能力,许多国家与国际组织把培养学生的"核心素养"作为育人的重要环节加以引领,围绕学生核心素养进行课程建设,成为世界各国教育发展的一种必须。

　　欧盟于 2005 年正式发布《终身学习核心素养：欧洲参考框架》，提出了母语沟通能力、外语沟通能力、数学和科技基本素养、数字（信息）素养、学会学习、社会与公民素养、创新与创业精神、文化意识与表达等八项核心素养，主要从互动地使用工具、在社会异质群体中互动、自主行动三个方面进行思考。2012 年联合国教科文组织发布了《作为学习结果的核心素养草案：幼儿、小学和中学》，提出了包括身体健康、社会情绪、文化艺术、文字沟通、学习方式与认知、数字与数学、科学与技术等七个方面的核心素养指标，主要涉及自主发展、社会参与、文化修养三个方面。

　　美国 21 世纪技能联盟提出的核心素养框架，包括 3 个领域 11 个核心素养指标，如学习和创新素养（创造力与创新、批判思维与问题解决、交流沟通与合作）、信息、媒体与技术素养（信息素养、媒体素养、信息与技术素养）、生活与职业素养（灵活性与适应性、主动性与自我导向、社会与跨文化素养、创作与责任、领导与负责）。

　　新加坡面向 21 世纪的核心素养框架，包括 3 个层面 14 项核心素养指标。14 项指标中的自我意识、自我管理、自我决策、批判与创造思考主要涉及"自主发展"方面；价值观素养（尊重、诚信、关爱、抗逆、和谐、负责）、人际关系、社会性意识、公民能力/全球意识/跨文化素养主要涉及"社会参与"；信息与沟通主要涉及"文化修养"等。

　　日本国立教育政策研究所于 2013 年发布了日本学生 21 世纪能力框架，主要包括基础能力（语言技能、数量关系技能、信息技能）、思维能力（解决和发现问题的能力、创造力、逻辑思维能力、批判思维能力、元认知、适应力）、实践能力（自律、建立人际管理的能力、社会参与能力、可持续发展的责任）等 3 个领域的素养指标。

　　2016 年 9 月 13 日，北京师范大学"中国学生发展核心素养研究"课题组以林崇德教授领衔进行探索，正式发布了"中国学生发展核心素养总体框架"，从"文化基础、自主发展、社会参与"3 个方面发布了"人文底蕴、科学精神、学会学习、健康生活、责任担当、实践创新"6

大核心素养。华育中学作为集聚优质初中学生的学校,必须在学校课程建设和活动中高标准地落实这6大核心素养,与此同时还应加上更高的要求。

在总结国内外核心素养研究的基础上,我提出了华育中学"6+3"核心素养要求,作为学校课程框架的建构支撑,得到唐校长的支持和认同。"6"是指在中国学生发展核心素养的基础上增加修饰语,即良好的人文底蕴、高尚的科学精神、持续的学习能力、富有情趣的健康生活、强烈的责任担当、优秀的实践创新。除此之外,为培养学生走向优质与卓越,华育学生还具备"3"项华育特定要求的核心素养,即"宽广的国际视野、高远的生涯规划能力、优秀的信息媒体运用能力"。

二、课程共建:改革学科领域课程与非学科领域活动架构

华育中学的学校课程建设要走向引领,促进学生个性发展与多元智慧的生成,需要不断推进学科领域课程改革及非学科领域活动的建构。活动课内容很多,很多知识以活动的形式传授和巩固。文艺、体育、文学、社团综合完成活动课程,总活动课9节/周,活动课也是由指导教师上的,内容可以与学科一致,也可以与学科不一致。按照上海市和国家规定的总课时34节/周,9节课可以作为非学科活动加以探索。非科学活动,不是以学术性作为重要指标,而是以开阔学生视野、介绍前沿内容为主,与中考无关,但与学生的素养发展有关。通过学科课程与非学科活动的学习,我们将促进学生在文化基础、自主发展和社会参与3个方面的"6+3"核心素养上获得更好的提升。必须认识到,学校课程是学生成长不可或缺的载体,先进的理念要靠课程支撑。

1. 学科领域课程结构奠定华育学生走向卓越的发展基石

华育中学的学科课程,围绕国家共同要求与华育个性要求进行校本课程纲要的编写,明确基础型内容模块要求(与中考有关)、拓展

型内容模块要求(与实验性示范性高中的自主招生、学科竞赛及学生强潜能开发有关)、研究型内容模块要求(与学科在生活中的运用、学生学科探究能力与创新素养提升有关)。育人目标定位在培养有良好的学科发展功力、理性思考能力及有探究与批判思维的强潜能、有责任心的华育学生,以学科领域课程建设和活动达标培养核心素养的学生。

学科竞赛的课程建设,属于学科课程中拓展型内容范畴,要形成华育中学学科竞赛课程标准与团队建设。尤其是数学竞赛课程,包括指导学生参加高中数学竞赛内容,过去指导学生要依靠上海中学的师资力量,现在正逐渐形成自己的学科竞赛辅导力量,更有利于学科竞赛课程标准的建立。计算机学科竞赛,过去主要依靠上海中学的师资,现在主要是华育自己的团队,适当借助上中的力量资源。今后,各学科竞赛要逐步形成自己的辅导团队及学科竞赛课程标准。

科技方面的课程,不仅强化与国际接轨的 STEM 课程,而且深化符合学校特点的科技特色专门课程的建构(包括聘请外校专家进行授课),已经有了华育科技教育 A 班、B 班的特色与梯队。科技教育创新与探究,从过去只有少数学生与教师自发组织,到现在学校组织、自觉开展,不断凸显自身的科技教育亮点。

学校的德育课程与音体美学科变得越来越强,也要形成自己的学科课程标准与校本纲要。德育的大量活动、社团都要上升到课程层面进行思考,围绕育人开设多种课程。音体美组现在实力很强,需要制订富有成效的课程标准与校本纲要。音乐组在综合的基础上可以探索自己的亮点:音乐课程能否提供声乐、器乐、舞蹈、歌剧、欣赏等多种科目让学生选择,根据教师的强项,形成多个音乐教育的亮点。体育组基础好,需要深化现在的课程,强调选择性,建构富有个性化的课程体系,真正形成自己的特色课程。华育的美术课程超越当下,在促进学生的美术修养、美术欣赏方面,再上新的台阶,真正形成特色。下学期提供素描、书法、陶艺、插花等科目供学生选择。最近在学生的书法展示过程中,我看到苏老师的工作激情和深厚的专业功底,也看到了学生的兴趣已被激发。学校会尽快把书画展的背景墙装饰好,定期展示师生的书画作品。

2. 非学科领域活动架构为学生志趣能开发创设广泛的发展空间

对非学科领域活动的架构,应强调个性、差异的发展。每个人的差异怎样显现?每个人的性格特征是什么?优势潜能在哪里?这些方面仅靠单一学科课程是难以培养的,必须引入非学科活动体系,通过各种活动、项目来培养学生的志向、兴趣与潜能。

非学科活动课程,不仅深化学生必备的核心素养及华育独特要求的核心素养,而且要培育华育学生的三种能力:(1)让学生不仅有理性思考的能力,而且有感性的思考能力,有品质、会聆听、能跨界、有人情味、会学会玩,且有自身发展的志趣能追求的人。(2)培养学生科技与人文素养交融,根据自身发展的志趣能进行人生规划,提高生涯发展能力,引导学生在自己所喜欢的领域中发展潜能,培养社会发展所需要的能力。(3)引导学生不仅能享受成功的快乐,而且能面对失败,提升抗挫折能力。未来面临的环境与竞争,会远远超出我们这一代人的经验范畴,所以非学科领域的活动建设要加强,不仅要引导学生形成良好的核心素养、全面的综合与跨界思维,而且要帮助学生在未来生活中体验与找到自己想要的幸福生活。

非学科领域活动的架构,应当允许不同的学生有不完全相同的个性化知识结构,这对学校发展来说是一项巨大挑战,要求所有教师从科技、服务社会、文化艺术、演讲、个性特长等学生需求方面,大力推进非科学领域活动的建设。非学科领域活动的每一个科目,参照八大课程要素:①科目名称;②科目类型;③教学对象;④科目目标;⑤科目描述;⑥选用教材;⑦具体内容;⑧评价方式(如多元化、个性化,包括出勤率、课堂互动参与、写小论文或读后感等)。

显然,每一个非学科领域的活动按八大课程要素进行梳理只是第一步,之后还将整理每年的活动资料(包括学习人数、满意率情况、学生评价、成效评估等),通过两三年的努力,将形成完善的活动构建与实施的数据,争取 3 年一个轮回进行持续更新,以紧跟时代、科技与社会发展的脉搏。

三、实施共进:创设学校课程架构实施的机制与人文氛围

1. 努力创设学校课程架构走向实施的良好机制

(1) 进一步促进教师的专业发展,打造高素养、懂开发、善研究的师资团队

华育的学生是幸运的,也是幸福的——在华育中学能遇到许多师德高尚、学识渊博、技艺高超、关爱学生的好教师。华育教师手中都有"绝活"。他们过硬的专业本领,让学生信服,让课堂精彩,让教育生辉。但是,不可否认的是,在构建具有引领价值的学科课程和非学科活动系统架构与体系实施过程中,教师还应具有引领学生志趣的能力、进行学校课程开发的能力、开展具有国际视野的比较研究能力以及运用现代数字技术进行教育教学的能力。这些能力,还有待我们的教师在今后的课程开发中进一步锤炼。

(2) 进一步强化基于学校课程建设的研讨共同体建设

在学校课程建设中,教研组长是负责制、备课组长是责任制、教师是执行与开发制。①新教师要抓住制订课程框架的机会,不断学习,尽快熟悉了解和华育的课程框架,通过积极参与和投入,使自己早些适应框架的要求。②胜任教师在制订学校课程框架时,要立足课堂教学。华育的课堂是师生教学高互动、高思辨、高立意的课堂,课程框架要在内容上体现出来。学生的诸多问题需要教师在课堂中解决,教师的专业发展也需要在课堂上提升。③骨干教师应借制订学校课程框架的契机,使自己积累的专业知识升华为专业思想。专业知识不仅局限于教师所教的学科、所教的学段,而且要注重临近学科或跨学科思维,善于把握小学、中学、大学的学科或专业领域的知

识体系,把所教学科知识点串成线、连成网,最终构成知识体;善于从具体的学科内容中提炼出对学科知识体系本质的认识,从而归纳出解决学科的、跨学科的、综合的教学手段、方式和方法。④教研组长应该是学科的带头人,要把制订本学科的课程框架作为抓手,只有研究学科、吃透课程教材,才能准确把握课程框架背后的学科思想或专业思维,真正落实课程框架。把遇到的问题作为课后的课题研究,形成不同类型的论文。课程框架制订后,要发动本学科教师撰写论文,为华育积累财富和经验。

(3) 进一步强化学校课程实施的硬件支撑与技术支撑

首先是与现代学校课程匹配,大力推进硬件更新。在现有 9 个新型实验室布局的基础上,进一步挖掘可以利用的资源(包括人力资源、物质资源、家长资源、政府资源、社会资源等),拓展实验室建设的利用率及新建实验室。二楼的工程实验室,除机器人、3D 外,准备引入电子工程等方面的实验室。三楼的信息技术,除机房及非线性编辑实验室外,还将增加 VR 体验室和 OM 全新实验室等。四楼除了微生物实验室外,准备拓展植物生理学实验室、人体医学方面的实验室等。五楼除了已布局环境监测实验室,及膜分离技术、大气监测和水质监测、太阳能综合利用等方面的实验室外,还要添置天然植物提取和运用植物分离的装备。比如,桂花植物中有效成分的提取,无花果汁液的提取等。底层除了现有暖房、温室植物培养外,要思考将科技与植物结合起来,丰富植物品种,提升学生参加实验的利用效能。

(4) 提高学校体育场馆的利用率

2010 年投入使用的体育场地,已经整整使用了 7 年。目前场地已坑坑洼洼,不仅影响活动的质量,而且存在安全隐患。学校已与教育局联系,重建体育场地,协商解决经费等问题,学校充分利用教育局经费资源,减轻学校负担。

(5) 学校信息技术将进一步更新推进信息技术与学校管理、教学的融合,同时对校园信息技术的监控系统进行改造原来学校使用的是模拟监控设备。上学期通过与华泾镇联系，达成协议：本学期准备改造成高清教学监控系统。新镇长非常重视，带队来校查看，总务杜老师接待了多批相关来校勘测人员，包括设计师到现场调研，将按照市教委对寄宿学校最高标准布局，除教室、办公室外，做到校园全覆盖。

（6）学校管理团队进一步提升课程领导力，促进课程管理"善治"空间的营造

学校管理团队首先要理解、吃透学校课程建设的框架与体系，通过制度设计、系统营造、资源优化、广聚意见等，最大限度地参与各学科、各领域的课程建设，努力听取教师的课程开发意见、建议。

2. 进一步创建学校课程，激活学校发展的人文氛围

（1）营造学校课程建设的良好文化支撑氛围，对学科课程和非学科活动的系统架构与实施具有潜移默化、可持续发展的影响力

学校的人文环境对学生成长的影响很大。人文环境体现在学校对学生的态度、对教师的态度及教师对学生的态度；如果教师对学生的态度不好，学生之间的关系不融洽，校园文化环境不好，学校对学生、教师不尊重，就不利于学生的身心健康发展与教师的专业发展。学校要努力营造一种氛围，不完全用学科水平判断学生的好坏，而要用志趣、优势潜能来判断学生。

（2）营造学校课程建设的实施境界升华

华育中学的教师与管理团队、职工把学校课程的实施作为提升学生素养、促进学生走向卓越的不可或缺的载体。但是，从学生核心素养夯实角度来说，从促进学校走向卓越和学生走向志趣能匹配而言，我们必须认识到只追求中考"第一"是没有意义的，必须立足于学生未来成才、可持续发展角度去思考今天的学校课程建设与实施。这种境界已经超出了单纯的学科育人的范畴，已经走向人文育人的新境界。

（3）为建构良好的华育课程架构，不仅要求所有的教师要参与，

而且要求所有的职工要加以配合及不断提升素养

随着学校教务管理系统的升级，对教务员提出了新的要求。教务员对学校课程的编排、学生的评价与资料收集的要求越来越高，不仅要拿得出手，而且要体现华育的水平；华育的实验员岗位要求很高，需要了解很多前沿科技的发展，不仅要掌握传统实验室的使用，而且要掌握对新设备的使用和维护技能；图书管理员要不断采购与学校课程架构匹配的图书资料，及时向师生发布最新的图书添置动态；财务人员要熟悉财税政策，帮助学校当家理财，在不影响国家利益的前提下，确保教职工利益的最大化等。有关职工发展匹配要求还有许多，管理人员与职工要在学校课程建设的人文氛围中找到自己的位置，显现自己服务的特色与亮点。

（4）学校还将进一步营造与学校课程建设匹配的物质文化、宣传文化和走廊文化

在适当的时候开展教研组特色课程展示与评比活动，围绕科技、艺术专门课程建设进行研讨活动，组织教师进行基于学校课程建设的研究活动，开展非学科领域的精品活动与星级课程考核（采用多样的考评方式，包括竞赛获奖、学生满意率等），进一步深化学校课程改革与建设的文化。

（5）我校的课程建设在上海市初中学校系统中起到引领作用，需要全体教职工形成共识、花大力气才能完成

目前国家课程标准修改基本完成，应根据国家标准形成自身的课程架构，进而形成实施体系，包括课程领导、课程管理、课程实施、课程评价及相应的实施机制与文化建设，让学校课程成为引领学生个性发展与多元智慧生成的载体，我们要走的路还很长。因这方面探索属于开创性的工作，没有经验可循，唯有集聚全体教职工的智慧与借助外部资源共同努力才能完成。

（选自《2017 年 2 月 14 日华育中学新学期开学工作要点》一文。）

7.

把握高水平推进学校教育现代化的发展方向

2019 年,华育中学中考平均成绩为 602 分,名列全市第一,这是华育从 2008 年上海市中考统一阅卷以来,连续 12 年中考成绩名列全市第一,很不容易。更重要的是华育学生全面发展,持续展现出鲜明的个性特色与领先发展的潜质,他们不断刷新自己的成长纪录,同时也刷新了学校的光荣史册。

华育在教育家唐盛昌理事长的带领下,已成为百姓心目中向往的名校,成为上海初中教育的"领头羊"。无论是学科竞赛成绩还是中考成绩,都是上海的领先者。数学连续 8 年有学生获得全国高中联赛一等奖,2018 学年虽然初中学生不计名次,但学生参加高中数学竞赛的成绩,名列前茅,相当于高中组数学团体总分第四;信息技术奥林匹克竞赛,连续 7 年有学生获得高中组一等奖,2018 学年信息技术高中组排名第二,创历史新高;科技创意和创新两项累加,上海市青少年创意创新大赛(包括高中)获奖人数连续 4 年排名全市前三,2018 学年继续获得第二,保持新高;2018 学年学生参加的初中物理竞赛成绩全市领先,获一、二等奖人数最多。值得一提的是,2018 学年学生参加初中化学竞赛,重新夺回了上海市团体第一;科普英语连续 10 年上海市团体总分第一,2018 学年参加科普英语竞赛,继续获得上海市第一;语文作文、现代文、古诗文三大竞赛,成绩居全市领先地位。除此之外,体育中考成绩始终保持全区第一,不仅获得徐汇区阳光体育大联赛团体金奖,而且 2018 学年代表徐汇区参加市级阳光体育大联赛五个大项的比赛,获得 1 个一等奖,5 个二等奖的好成绩,为华育中学创办 20 周年献上了一份厚礼。

然而,我们清晰地看到:(1)随着上海市公办和民办学校同时招生政策的推进,对新优质初中、强校工程的加大投入与扶植,对素质教育示范校、特色校等品牌特色公办初中的资源倾斜,对民办校是一个挑战。(2)还有些学校希望通过强化特色班后,以班级来排名,从而提升生源的质量。这些对华育的平行班都是一个挑战。在今年的毕业典礼上,我对华育取得的成绩进行了充分肯定,对放弃自主招生的同学进行了鼓励,大大赞美了他们的精神,回应了社会上的偏见。华育中学要想持续领先上海市初中教育,就需要不断寻求面向未来的学校突破领域,把准高水平实现教育现代化发展的方向,牢牢把握高质量实现教育引领的育人根本,不忘初心。

为此,华育中学 2019 年第一学期工作计划围绕两大方面展开:一是促进全体教职工在未来发展道路上,把准高水平实现教育现代化的方向;二是明晰华育中学实现高质量教育引领的五个育人根本,并且寻找新的增长点。对前一方面的认识需要教职工立足于华育中学建校 20 周年所取得的成绩,思考未来学校发展的方向,敢于"仰望星空"。对后一方面的认识可促进教职工在明晰今后发展目标的同时,在立德树人的道路上"脚踏实地"。

一、把准华育中学高水平实现教育现代化的方向

2019 学年可以说既是上海乃至全国推进教育现代化的一个重要转折点,也是华育中学能否在今后发展道路上先一步、高一层次地实现初中教育现代化的重要奠基点。这不仅是上海在 2020 年率先达成《中国教育现代化 2035》确定的主要预期发展指标,率先总体实现教育现代化,而且还要思考《上海教育现代化 2035》提出的到 2035 年实现更高水平、更高质量的教育现代化的全面部署。

对华育中学来说,首先梳理华育中学到 2020 年的七年发展规划

中制订的预期发展指标是否实现，对照上海市在 2020 年率先达成《中国教育现代化 2035》确定的发展指标，是否在初中教育领域真正实现领先。然后立足于《上海教育现代化 2035》提出的"到 2035 年实现更高水平、更高质量的教育现代化，建成与时代发展相适应、同具有世界影响力的社会主义现代化国际大都市相匹配的一流教育"发展目标，思考华育中学新的发展规划要点，力求继续在未来初中教育领域中当好排头兵与先行者。

为此，华育中学在面向 2020 年乃至今后一段时间内的发展追求，就需要把握《中国教育现代化 2035》与《上海教育现代化 2035》的发展脉络，进一步思考华育中学在未来发展道路上实现高水平教育现代化与高质量教育引领的改革方向，其基本指向是在初中教育领域中努力成为"世界先进水平、国内排头兵与上海先行者"。按照这个标准来思考华育中学未来教育改革，我们在座的每一位教职工就会深感重任在肩，需要突破惯性思维，积极寻找学校发展新的生长点。

1. 从"世界先进水平"角度来看

华育中学在未来教育改革道路上要把准以下未来学校发展的"六个"趋势：(1)越来越关注学生的核心素养、关键能力的培育。(2)越来越关注对人的大脑研究成果的运用，包括大脑的神经可塑性，通过新的体验来改变大脑结构。(3)越来越关注学生基于问题或项目的学习。(4)越来越注重开放办学及学生在课堂外进行实习和服务学习等多种方式的学习。(5)越来越关注运用新的技术手段来推进教育教学改革。(6)越来越关注学校为学生未来生涯发展做准备，关注学生的全人教育，注重学生开展探究性学习与课题和项目研究的学术严谨性、与他人合作与交往的情感学习和与获得成功关系的改善策略等。

2. 从"国内排头兵"角度来看

把握《中国教育现代化 2035》的精髓，华育中学在今后的教育改革中需要注重以下几个发展准绳：立足于学生的全面而有个性的发展,在培养德智体美劳全面发展的社会主义建设者和接班人方面出经验;推进学校教育理念、体系、制度、内容、方法、治理现代化,在健全学校管理制度与机制方面出成果;发展中国特色、世界先进水平的优质初中教育,在深化学校教育改革方面出思路;进一步完善学校各学科学业质量标准和体质健康标准,在初中阶段学校课程教材体系建设方面出方法;夯实教师专业发展体系,在推动教师终身学习和专业自主发展方面出想法;深度参与国际教育规则、标准、评价体系的研究和制订,在初中教育、国际教育交流方面出效能。

3. 从"上海先行者"角度来看

华育中学要持续领先上海市初中教育改革,就需要在"三区一高地"上迈出坚实的步伐:成为上海初中教育改革标杆区域内引领校,主动承担国家与上海教育重大初中阶段改革新任务;成为初中教育开放引领区域内示范校,进一步推进初中教育改革;成为长江经济带初中教育创新发展、长三角区域教育一体化发展中的先行校,在区域教育中发挥重要的带头作用;成为初中教育支撑创新人才早期培育的新高地,担当初高中衔接促进创新人才培育的引擎校。

从上述发展追求角度来看,华育中学今后发展的使命与任务还十分艰巨。"万丈高楼平地起"。

二、深化华育中学率先推进教育现代化的育人根本

在上海市"加快建设同具有世界影响力的社会主义现代化国际大都市相匹配的一流教育"发展背景下,立足于《上海教育现代化2035》的发展方向,华育中学 2019 学年第一学期的工作需要在坚守五个育人根本上筑牢根基、拓宽基石。只有如此,华育中学才能在高水平实现教育现代化、高质量实现教育引领的道路上走得更远、飞得更高。

1. 在"立德树人"的深度上进行拓展

习近平总书记在 2018 年全国教育大会上提出，学校教育要思考"为谁培养人，怎样培养人，培养什么样的人"这一根本问题，需要落实立德树人这一根本任务。华育中学教育引领，必须在"立德树人"的深度上进行拓展，只有把握这一根本要求，学校的引领才有价值。华育的办学视野早已越过升学成绩上海市第一的排名，更看重学生的内涵发展，持续追求；看重他们高中、大学乃至今后走入社会的影响力，更应看重学生在德智体美劳全面发展上的成效。

华育中学力求在"立德树人"的深度上进行拓展，需要引导学生形成红色基因、创新思维、全球视野上迈出更为坚实的步伐，让学生明晰将自身发展与肩负民族振兴时代使命结合起来，敢于求新求变。学校德育在全员、全程、全方位拓展上营造良好的氛围；智育课程注重激发学生的好奇心、想象力、创新精神和实践能力，培养适应未来发展所需要的综合素养和关键能力；体育注重培养学生兴趣、激发学生潜能、养成习惯，在多样化体育活动上做文章；美育力求培育学生的文化素养、艺术爱好和艺术特长。在劳动教育上进行新的统筹安排，德育处对学生的校园劳动、社会公益劳动、志愿劳动、班级劳动乃至家庭劳动进行系统思考，教学处则需要关注把综合实践活动课程、通用技术课程作为实施劳动教育的重要途径，将劳动教育与 STEM 教育结合起来思考。

华育中学在立德树人的深度上进行拓展，需要考虑在建构学校课程体系中满足不同类型、不同潜质学生成长的需求，把握当前世界各国关注学生核心素养与关键能力培养的发展趋势及学校传统、办学特色、已有基础和未来发展进行整体设计。当我们通过给学生提供更宽广的视野来指导学生学习时，我们会更有效地帮助学生理解以前的知识和新知识之间的联系，并且能更好地说明学习目标之间的关系。

2. 在"创新人才早期培育"的厚度上进行深化

华育中学要实现自身发展的引领价值,需要在初高中衔接教育及创新人才早期培育上进行厚度的深化,关注学生的个性、特长及培养学生对学习领域的兴趣,开发他们在各领域中的潜能,为他们未来成为各行各业的创新人才奠定坚实的基础。所有能进入华育的学生都是学业优秀、思维敏捷、探究课题能力强的好学生,要把每一位学生当作金矿和富矿来培育。国家未来最先进的科技发明、最先进的武器装备、最先进的智能化的技术,不只是在电脑上,不只是在流水线上,不只是在图纸上,而是在学生的头脑中。华育中学要努力通过各种途径(包括学科潜质激活、科技兴趣激发、创新活动激趣),来培养具有创新潜能、创意潜质、创造潜力的优秀后备人才。

在初中阶段学生参加高中数理化学科竞赛全面取消的背景下,如何在早期人才培养上开拓新的思路,我们需要做好转型,从单纯的为竞赛准备逐渐转化为项目学习和项目探索,从传统知识的反复操练到现代科技进展的学习理解和探究。对有天赋有特长有潜力的学生,要持续搭建平台,继续加强数学班、科技班学生及普通班学生的特长和兴趣的培养。我们要在预初、初一学生的人文素质培育上下功夫,先从学有余力的学生身上进行突破,然后选拔开设"人文兴趣班或实验组",将人文底蕴厚实的普通班学生(如古诗文、英文、写作等方面突出的学生)集聚在一起进行专门培养,激活这些学生的学习兴趣与学术兴趣,给他们在现有发展基础上足够多的挑战。

对学科特长生的培养,学校不仅做到打破常规、打破学段的教学,超前超越,而且做到特长教育不封顶,高端教育不限制,充分利用各种社会资源、家长资源,满足学生不同的发展需求。对没有明显特长的学生继续打造第二课堂,并且在拓展第二课堂学术涵养上做文章,对研究型、竞赛型、活动型和工程型第二课堂进行内涵、特征与效能的分析。对现有的 15 个创新实验室(如人工智能实验室、微生物实验室、无人机实验室等)做好分类分阶段指导:兴趣识别阶段由本校教师开展通识课程教学;课题分类阶段,让高校专家教授与教师共同参与;深入研究阶段,积极酝酿借助校外创新基地与创新实验室,拓宽学生进一步发展的空间。创新实验室供科技班、社团活动、第二课堂等广泛使用,学校加强对这些实验室的统筹管理与使用效能分析。

　　3. 在"高素质研究型教师队伍"的高度上进行提升

　　华育中学教师队伍的素质是高的,只有这样一支高水平的教师队伍,才能培育有潜质的学生。然而,我们的教师还需要进一步提升高度,尤其是基于针对学生发展特点进行教育教学实践探究的学术高度,需要在高素质研究型教师队伍建设上更上一层楼。这里所说的提高教师基于教育教学实践的学术高度,不是引导教师去做项目、课题,而是要让我们的教师真正从学生发展的需求出发,研究学生的需要,发展他们的潜质,提供针对性引导。我们常常讲教师要给学生一杯水,自己必须有一桶水,这是从知识灌输角度的认识;现在教师需要思考的是,你有了一桶水,学生是否需要你给他们倒水,是让他们被动地接受还是主动去获取? 这就需要思考学生真正需要什么,然后给予针对性指导,这是对教师育人方式的一大挑战。这就需要学校营造教师基于教育教学实践的共同探究氛围,使教师敢于从实践中寻求改进教育质量的证据,并推进学校课程选择、开发与教学水平。学校将努力给教师提供研修的机会,进一步拓宽教师作为学术共同体研讨的空间,包括公开课研讨、外出研修、校级课题研究等,以多样的平台促进教师整体学术水平的提升。一是促进教师开展基于实践的研究,推进学校立项课题的研究,促进他们关注教育教学实践问题的探索,形成具有创新意义的成果。这方面由黄立勋副校长带头,他主持的市级课题"培养资优生高阶思维水平　提升初中生问题解决能力的实践研究"上学期已开题,这学年将继续深化。二是促进教师在学校课程开发与实施中不断提升学术高度,我们鼓励教师多上发展课程及开发新课程,并与工作量考核挂钩。三是积极引入高校、科研院所、企业的专家来校给学生授课、开发实验室课程、进行课题研究指导,我校教师可以作为外聘教师授课、带学生做课题的助教,跟学生一起听课,不断提升自己的业务水平与指导学生进行探究的能力。

4. 在"系统协同的管理机制运行"的温度上进行调适

作为培养初中资优生与推进创新人才早期培育的学校应当是一个有学术高度、有人文温度与文化厚度的地方,是一个学校成员共同发挥作用、贡献智慧的地方,是一个学校各组织系统协同运行、讲求法理情融合的地方,为此华育中学就需要根据学生发展的变化、社会需求的变化、科技融入的变化,在系统协同的管理机制运行温度上进行合理调适,学校发展运行既讲究科学高效又具有人性的温度,使每一个教职工乐于生活于斯并不断奉献自己的聪明才智,想干事,能干事,干成事,努力让华育中学成为一所人尽其才、其乐融融的协同运行的学校。

为此,华育中学的管理团队引领各教研团队、班主任团队,努力营造教师成长、学生成才多元服务的空间,进一步促进信息技术与教育教学、教育管理服务的深度融合,教师更高效地教,学生更个性化地学,评价更科学地用;进一步思考提升教师的待遇,健全教职工绩效考核的标准与机制;进一步了解教职工发展的需求,通过调研、访谈等多种方式与教职工谈心,努力营造学校和谐共进的校园文化。学校还将进一步加大与大学、科研院所、校外基地的合作力度,让学生尽早接触到感兴趣领域的专业知识及研究方法,使学生经过这样的历练后,能将良好的学习习惯、开放的创新意识、适合自己的兴趣方向、不屈的坚持精神带入学习中,对学生未来的生涯规划提供有力指导,为他们的终身学习打下坚实的基础。

5. 在"学校高标准硬件与软件"的匹配度上进行重构

华育中学通过努力，多方筹集资金投入学校的维修改造、硬件标准提升。今年暑期大修基建项目：学校建筑外墙面修补重新粉刷；学校建筑屋顶防漏水重做；教室、办公室门全部更换；教室铺装墙裙；楼梯安装墙裙；教学楼卫生间隔断重做；水磨地面重新打磨上蜡；教室和办公室墙壁重新喷涂；公共走道及楼梯墙壁重新喷涂。华育设施设备改造：教室多媒体改造；教室安装空调；学校无线局域网改造；两个年级书包柜更新；学校锅炉改造；食堂油烟净化系统改造，增加洗碗机；教室灯光改造；学校电子围栏改造。这些项目与工程进一步提升了学校的硬件标准，提升了学校教育教学设施为师生服务的水准，这也是营造良好的师生成长环境所必须的。在硬件标准提升的同时，我们还需要思考的是如何进一步提升与硬件匹配的软件服务水平，包括实验室管理与运用效能，后勤保障服务能力的提升等，力求做到高标准硬件与软件提升的匹配，并且在此基础上围绕高素质研究型师资发展需求与高水平学生培育需求，重构硬件与软件的配置，聚焦办学条件、教师需求、育德能力、学生核心素养与综合素质，进一步提升教育治理水平。

华育中学每一位教职工都要有主人翁的姿态，做事靠谱，具体就是说话算话，能为自己的语言和行为负责。以目标为导向，高度关注目标的完成，使追求完美成为自己的本能。做学问专注，知道如何处理信息，拒绝分心，控制住自己，降低外界干扰，将时间和精力投入对工作的深入思考中。做人大气，不斤斤计较，不在无关紧要的小事上浪费太多的时间，因为人生还有很多大事在等待自己去完成。真正思考自身在"把准高水平实现教育现代化的发展方向，把握高质量实现教育引领的育人根本"中显现自我价值，努力前行。让我们继续共同努力，让华育中学在未来的 10 年、20 年乃至更长的时间里继续引领上海乃至中国的初中教育改革发展。这是一种追求，更是一种使命。

（选自《华育中学 2019 学年第一学期工作计划要点发言》一文。）

2005 年 10 月 11 日,上海中学 140 周年校庆时李英副校长(左 2)接待我校革命前辈校友

8.

以学校教育规划引领学校持续发展

　　学校教育要做到可持续发展,要注重规划引领。走进中国特色社会主义新时代,上海市民办华育中学(以下简称"华育中学")站在初中教育改革的新起点上。学校把握《中国教育现代化 2035》《上海教育现代化 2035》的战略目标和愿景,把准华育中学高水平培养人的现代化目标与方向。在 2020 学年至 2025 学年发展过程中,将立足发展与新时代育人要求相适应、与上海国际大都市和全球科创中心相匹配的初中教育改革创新探索,集华夏初中改革之新时代精髓,培育沪上因材施教之新引领名校,努力成为本市一流的学术型、创新型民办初中。

一、优势条件与面临挑战

　　2020 年注定是不平凡的一年,在摇号招生新政的背景下,学校既要思考华育中学因生源结构变化带来的新挑战,又要敢于把握先一步、高一层地实现初中教育现代化的新要求,认真分析学校现有优势条件与面临挑战,进行 2020 学年至 2025 学年发展规划设计,把握学校构建沪上因材施教之新引领名校的愿景与成为本市一流学术型、创新型民办初中需要突破的发展难题的结合,提升华育中学办学水平的新境界。

(一) 优势条件

　　华育中学创办于 1999 年,在这 20 多年的发展过程中一直保持区域直至全市领先,形成了自身面向未来迎接挑战的发展底蕴与优势条件。

1. 传承优势

华育中学,一直具有创建本市一流领先和引领的民办初中的优势。学校发展大致经历了三个阶段:第一阶段是 1999 学年至 2006 学年,是传承上海中学初中教学基地文化底蕴,注重区域突破领先的创建阶段;第二阶段是 2006 学年至 2013 学年,是质量为重,注重打造全市领先的优质初中提升内涵的发展阶段;第三阶段是 2013 学年至 2020 学年,是推进教育综合改革,注重在全市初中、全国知名学校的初中改革中发挥引领作用的上升阶段。在 2013 年至 2020 学年,华育中学的发展加快推进了"六个方面的引领":学校德育工作引领成人成才融合,依法规范办学引领内涵品质提升,校本课程建设引领个性多元智慧,课堂教学变革引领学生潜能开发,教师团队合作引领专业发展,教改实践经验引领教育发展。在此基础上,华育在 2020 学年至 2025 学年中,将在传承中发展,在发展中突破,在突破中创新,在创新中引领,努力成为本市基础教育率先实现教育现代化有品质、有品位的优质品牌学校。

2. 改革优势

华育中学的发展,在遵循教育规律中不忘初心,在肩负教育使命中勇于探求,在破解教育难题中与时俱进,保持着推进学校教育综合改革的动力,充分展示与体现现代学校制度下民办初中办学的活力与生命力。在 2013 学年至 2020 学年的发展中形成了奠定未来继续走向新引领的五大基础优势:一是形成了融合德智体美学校课程阶梯式、多样化选择课程体系;二是储备了一支甘于奉献、专业精湛、乐于研究、有高度责任感的师资队伍;三是夯实了强调学科"基色"、发展核心素养"特色"、凸显教学研究"成色"的教学品牌系统;四是明晰了学生优势潜能开发的创新实验室系统与现代技术支撑系统;五是形成了以教育家唐盛昌先生领衔的法理情结合的学校管理机制与民办名校托管公办学校的现代治理结构。这五个方面的改革基础，将为学校未来发展成为上海市一流学术型、创新型民办初中提供丰厚的土壤。

3. 机制优势

华育中学作为领先的民办初中，在办学机制上"强强联手"，集聚了徐汇区华泾镇、教育局、上海中学输出的教育管理经验内化，中房置业股份有限公司加盟及广泛的社会资源（包括高校专家资源、企业资助资源等），为学校形成良好的教育改革创新与海纳百川的优质资源集聚机制奠定了基础。具体表现为：学校的教学组织服务于每一个教师与学生的发展；学校的课程设置服务于学生选择性学习的个性化发展；学校的特色创建服务于育人育德育能的发展。由于学校关注每一个学生的发展，因而激活了智优生学科竞赛能力的开发，激发了中等生综合素养的提升，初步形成了创建一流民办初中的"华育经验"。这些为华育中学未来努力成为学术型、创新型学校提供了条件和保障，提供了新时代教育背景下华育中学核心竞争力提升的强大底气与改革创新的源泉。

（二）面临挑战

走进中国特色社会主义新时代，华育中学要在未来发展过程中成为沪上因材施教之新引领名校，努力创建本市一流学术型、创新型民办初中的改革追求，需要直面以下四个方面的挑战。

1. 新时代育人要求的挑战：从关注"智商"到"情商"的转变

习近平总书记在全国教育大会上提出"为谁培养人、怎样培养人、培养什么样的人"的新时代教育命题，为每一所学校指明了教育使命与责任担当的方向。如何从初中学校教育片面追求"升学率"的压力以及片面关注学生"智商"，转向追求学校育人育德育能的境界与良好"智商""情商"结合的人才，培养每一个学生有家国情怀、有国际视野与胸襟、有国际竞争能力的新一代,以"五育"并举的改革举措,培养德智体美劳全面发展的社会主义建设者与接班人,这正是摆在我们面前的新课题和新要求。

2. 学校生源变化的挑战:从关注"成绩"到"成人"的转变

民办初中摇号招生的新政,对学校生源结构的变化,是给华育带来最大的挑战,也是必须直面的新情况。从 2020 年新入学的生源分析,约有 25% 仍保持原来数学班、科技班生源的水准;25% 保持原来平行班水准;其余 50% 的生源中,20% 属于上海市初中阶段平均水平,另外 30% 为相对薄弱的"学困生",这是华育中学之前从来没有遇到过的现实状况。如何从关注学生成绩与分数,转向关注学生的成人、成才与成功? 如何让智优生"高进优出",让中等生"中进高出",让普通生"平进特出"? 这正是学校努力创设"乐育英才""广育优才""人人成才"需要解决的新问题,需要实现学校教育改革的新突破。

3. 教师综合素养要求挑战:从关注"专业化"到"研究型"的转变

教师是一所学校特色创建与发展的核心竞争力。针对当下摇号招生带来的生源结构变化,华育要成为一流的学术型、创新型民办初中,原本强调每一个教师学科教学的专业发展向现在要加快育人方式转变,推进教学方式转变,引导学生学习方式转变,这就需要学校努力培养研究型教师。只有推进研究型教师队伍的建设,才是形成学术型、创新型学校的根基;也只有大力塑造和培养适合不同类型学生发展需求的研究型教师专业性发展,才是让华育中学成为本市民办学校"常青树"的保证。

4. 面向未来学校变革挑战:从关注"影响力"到"新引领"的转变

华育中学创办 20 多年来已经在本市和国内外有了一定的影响力。当前智能时代云计算、大数据、人工智能等技术迅猛发展以及网上视频教学的风生水起,对华育中学如何适应未来学校发展带来全新的挑战。如何让摇号招生带来的高、中、平不同类型生源都得到全面发展,扩展与强化每个学生的核心素养与面向21世纪的关键能力,的确是学校在新形势下面临的新问题。如何把新挑战变成新机遇,如何把新机遇变成新引领,这正是上海初中教育率先实现教育现代化这个最具张力的新使命需要思考的命题。

二、办学思想与发展目标

华育中学在2020学年至2025学年,将把准华育中学高品质、高水平推进学校实现教育现代化的发展方向,从中国特色、与国际先进初中学校媲美、发挥引领作用等三个视角,大力推进学校的可持续发展。

(一) 办学思想

1. 确立一个理念

以习近平总书记提出的新时代教育的重要命题为指导,全面贯彻党的教育方针,全面落实立德树人根本任务,全面深化素质教育的基本要求,全面把握"以文化人"的德智体美劳"五育"并举的育人要求,坚持"家国情怀、国际视野"的理念,培养有中国根、民族魂、未来有国际竞争能力的一代新人。让每一个学生在厚德载物的修心中,学会才高识远;在博采众长的修炼中,学会格高意远;在融会贯通的修身中,学会任重道远。为实现中国梦,培育有理想、有本领、有才识、有担当的时代新人与创新人才奠定发展基础。

2. 坚持两大抓手

华育中学根据创建上海市一流学术型、创新型民办初中的发展愿景目标进行定位,针对摇号招生的生源结构变化,坚持把学术型、创新型两大抓手作为未来学校综合改革的重中之重。学术型、创新型内涵旨在引导教师研究育人育德育能方式的改变;注重研究课堂教学方式的改变;促进学生学习方式的改变;促使学校师生学术探究氛围的形成与多样创新型平台的建构。一是全面提高全体师生学术、学识与学能的水平;二是全面推进教学创新、项目创新、管理创新、机制创新以及育人思想与方法的创新;三是全面推进营造每一个教师以"教育家育人"的土壤、环境、胸襟与氛围。让"高进优出""中进高出""平进特出"的核心素养与综合素养提升方案切实落到实处。

3. 推进三大突破

未来五年中,推进"三个变与不变"的突破,即当下招生政策变了,而华育的办学精神不变;现在学生来源变了,而华育的育人思想不变;目前生源层次变了,而华育的教改动力不变。三大突破的具体内涵为:一是高进优出,就是坚持为上海、为国家培养具有学科强潜能及未来成为国家发展所需要的精英人才奠基,与"乐育英才"理念结合。二是中进高出,就是让学业成绩中等学生,未来能具有高素养、高水平和高境界的综合能力,与"广育优才"理念契合。三是平进特出,就是让学业成绩相对弱的学生,未来具有"扎实的基础、熟练的技能、较强的潜质和明显的特长",与"人人成才"理念吻合。

4. 办学四大追求

秉承华育 20 年教改积累的经验,办学的四大追求:一是以研促师。通过对教学与课程融合研究,带动研究型教师专业性向育人能力的提升发展。二是以研促教。通过对选修走班的研究,带动有教无类、因材施教的质量提升发展。三是以研促学。通过对激活各类学生潜力、潜质和潜能的研究,带动每个学生成才与成功动力的提升发展。四是以研促校。通过对促进教师、教学与学生整体系统的研究,带动学校良好人文与生态的提升发展。努力体现教师是学术研究的先行者与推动者,学生是学术研究的分享者与践行者。学校是教师开展学术研究与教育创新的"蓄水池",也是学生享受学术研究与教育创新的"孵化器"。

5. 优化五大系统

为确保一个理念、两大抓手、三大突破、四大追求的落地,以优化五大系统为保障。一是基于学校教育实践智慧生成的教学"学术"研究系统;二是建构学生核心素养提升与关键能力夯实的评价系统;三是拓展与高中、大学、科研院所、企业乃至家校合作的系统;四是不断提升学校智能化校园的信息智能系统;五是强化"以文化人"的"五育"并举学生综合素养发展联动系统。通过五大系统的突破,进一步深化民办优质初中委托管理公办学校的引领机制,促进学校示范、辐射作用的进一步发挥。

(二) 发展目标

1. 学校目标

学校将在未来五年里,集结华育初中改革之新时代精髓,融合国际教育元素(含教育内容现代性、教学方式个性化、育人探索跨学科、资源开发多样化),凸显育人情怀的高度、因材施教的宽度、探索精神的深度,致力于发展与上海市国际化大都市和具有全球影响力科创中心、卓越全球城市服务相匹配的初中优质教育,着力培育沪上因材施教之新引领名校,使学校成为上海市一流的学术型、创新型民办初中。学校将重点凸显三个"亮点":学校课程体系内化新思路,教学改革构建新模式,教师教研拓展新平台;创设四个"平台":因材施教的品质提升平台,必修+选择的形态拓展平台,教改实验的融合探究平台,创新空间的格局延伸平台。

2. 育人规格

基于华育确立培育有理想、有本领、有才识、有担当的时代新人与创新人才的定位,对学生的核心素养与综合能力的规格,强调"志、趣、能合一;道、术、慧结合;志与道、趣与术、能与慧的通达"。

其中"志"关注学生形成远大的志向，与国家和社会发展的需求联系在一起；"道"关注学生道德品质的升华、修炼与内化；"趣"强调学生的学习兴趣激活，培养学生强大的内在学习动力；"术"强调学生在感兴趣领域形成专长、特长及适应未来发展的"通用技能"，关注学生科创空间拓展与人文领域拓宽，培育学生对感兴趣领域的技术认知、技能夯实与技艺本领；"能"关注学生面向 21 世纪的关键能力发展，"慧"强调将学生的家国情怀、国际视野内化于心，将核心素养、综合素养外化于行，形成学生敢于面对未来各种挑战的气魄与胸襟。

学校将"五育"并举、"志与道、趣与术、能与慧通达"三大育人维度及在传承 2013 学年至 2020 学年形成的"6＋3"的核心素养要求整合，形成华育中学的育人规格，主要内涵：一是远大志向与社会责任感；二是爱国敬业的社会主义核心价值观；三是诚信自律与道德修养；四是求知兴趣与文化知识积淀；五是通用技术素养与生涯规划能力；六是善于发现问题与跨界创新思维；七是团队合作与良好的沟通能力；八是信息、媒体与科技素养；九是人文底蕴与国际视野。

按照新时代的育人要求，学校将不断完善与深化适应面向 2035 教育现代化和培养实现中国特色社会主义建设者与接班人的育人规格。

三、发展任务与重点项目

华育中学在建构上海市一流学术型、创新型民办初中过程中，将在发展任务与重点项目上形成"6＋6"的学校教育综合改革的新引领。

（一）发展任务

1. 在立德树人上提升新境界

导引目标：着力培养担当民族复兴大任的时代新人，全面深化素质教育与提升学生核心素养，在培育德智体美劳全面发展的社会主义建设者和接班人上，夯实初中阶段学生的远大志向与道德情怀、兴趣激活与生涯引领、能力提升与智慧通达，提升立德树人的新境界。

发展举措：

（1）树立科学的教育质量观，建立健全有效的立德树人落实机制

关注"人人成才"与"人尽其才"，面对生源质量的多元化，探索"高进优出""中进高出""平进特出"的因材施教有效落实机制，在坚定理想信念、厚植家国情怀、加强品德修养、增长知识见识、培养奋斗精神、提升综合素质上下真功夫、深功夫、内功夫。

（2）坚持德育为先，在学生全面发展与面向全体学生上取得育人突破

注重对全国和上海红色经典、红色基地优质资源的考察、挖掘及学习，推进红色之旅的革命传统教育，引导学生爱党、爱国、爱人民、爱社会主义；注重德智体美劳全面发展，为学生终身可持续发展奠定政治信念与立场；坚持面向全体学生，教好每一个学生，形成"乐育英才""广育优才""人人成才"的育人育德育能新境界。

（3）坚持知行合一，让学生成为生活和学习的主人

在知行合一上不断开拓新的发展天地，结合学生的"趣与术"发展需求，建立学校学习与生活联系的系统，利用学生喜闻乐见的自媒体等形式，关注国际形势、国家发展、社会需求，为学生提供走进博物馆与科技馆、走进高新企业、走进高校与科研机构等广泛空间的机会。

2. 在"五育"并举上走出新路径

导引目标:引导学生德智体美劳全面发展,在全面深化素质教育与落实"五育"并举上形成初中阶段的新路径;强化德育内涵,提升初中阶段学生的远大志向与品德修养,内化社会主义核心价值观;提升智育水平,着力培养学生认知能力与思维品质,激活创新潜质;增强健康体魄,发展学校特色运动项目,提升学生特色运动技能;以美化人,提升学生审美情趣;内化劳动素养,促进学生形成良好的动手实践能力与科创空间探究能力。

发展举措:

(1)在德育实效上下功夫,促进学生在"修心"中育"仁人"风骨

在课程育人、文化育人、活动育人、实践育人、管理育人、协同育人上形成工作体系。继续强化爱国主义、集体主义、社会主义教育,引导初中生听党话、跟党走。进一步深化品德修养教育,充分利用好社会实践大课堂,借助爱国主义、优秀传统文化等教育基地和各类公共文化设施与自然资源,做好育人引领设计;进一步培育班主任育人专业化水平与心理健康教育科学化水平。

(2)在智育水平上做文章,引导学生在"修炼"中育"贤人"内涵

充分发挥学校在数学、科学教育方面的育人优势,进一步强化物理、化学等各学科特色,先一步、高一层地落实国家与上海义务教育课程标准与绿色指标体系。从华育学生特点出发,在把握学科特点、知识结构、思想方法上进行校本化实施纲要设计,促进学生博采众长,拓宽学生成为某一学科或某一领域的"贤人"内涵。科学把握学生认知规律进行教育教学,注重保护学生好奇心、想象力、求知欲,激发学习兴趣,提高学习能力,让学校的智育水平在因材施教上显现影响力。

(3)在体育特色上显实力,引导学生在"修身"中育"能人"体魄

强化大体育观引领下的"一五"结构内化,促进学生具有迎接未来各种挑战的强健"体能"与运动"技能"。大体育观是指"推进体育

与教育、体育与智育、体育与生活的结合"。"一五"结构是指初步形成个人体育兴趣特长与身体素质、心理素质、运动技能、保健知识、卫生习惯协调发展。持续推进体育运动项目的模块选择,在武术、羽毛球、网球等方面形成自身的体育特色。

(4)在美育风格上树典型,促进学生在"修意"中育"佳人"气质

促进美育(含音乐、美术等)形成自身的风格,锻造有良好艺术修养的"佳人"气质。音乐教育在强化音乐审美体验、凸显音乐模块选择、提高音乐文化品位、重视音乐实践与创造、完善音乐学习评价五方面显现特点,在乐器、声乐、舞蹈、电子音乐、戏剧表演上有自己的风格;在美术教育上注重凸显综合性、研究性、专业性与实用性,在美术欣赏与素描、油画、版面、国画、摄影等方面有特色。

(5)在劳动素养上明方向,促进学生在"修行"中育"雅人"情怀

在劳动素养培育上形成正确的劳动价值观,懂得劳动最光荣、劳动最崇高、劳动最伟大、劳动最美丽的道理。通过劳动教育内容体系的建构,劳动教育载体的创设,劳动教育空间的营造等,促进学生劳动认识、劳动情感、劳动习惯、劳动能力、劳动精神得到发展,形成良好的劳动素养导引系统,形成具有引领价值的初中阶段劳动素养培育导引要点。

每学年在六一前夕,根据学生在一年里德智体美劳的发展变化与学校办学特色的彰显,分别评选10～20名以德立人的"仁人",以智慧人的"贤人",以体健人的"能人",以美育人的"佳人",以劳助人的"雅人",以此为学生树立样板与楷模。

3.在课程体系上内化新思路

导引目标:在义务教育新课程新教材的有效实施上走出新路,为学生提供"高进优出""中进高出""平进特出"可选择性、多样化的学校课程体系,促进育人情怀的高度、因材施教的强度与探究精神的深度,有效内化学生的学术兴趣、核心素养、关键能力的合一。

发展举措：

（1）挖掘新课程新教材中"育人情怀"高度

注重在学校课程实施过程中彰显新课程、新教材的思想性，明确育人时代气息。努力挖掘新课程中的育德元素，将社会主义核心价值体系与学科核心素养提升有机融入学校课程建设。打通课内、课外与校内、校外的课程资源开发路径，让学生把"做题""做事""做人"融为一体。特别关注新课程新教材实施过程中学生必备品格提升的研究。

（2）完善学校课程体系的"因材施教"强度

在筑牢学生发展共同基础的同时，在关注高标准、高品质、有特色、规范化实施国家必修课程的基础上，进一步完善学校课程教学纲要，大力推进必修基础上的选择性拓展，关注共通要求落实与学校自主建设的发展空间，在学校课程的系统性、结构性、选择性上凸显因材施教的强度注重学生兴趣爱好、个性潜能的开发。

在"高进优出"方面，强化"乐育英才"的坚实根基。继续强化数学、物理、化学、生命科学、计算机科学等五门学科竞赛强潜能学生培育，关注有科技领域发展志趣学生的科技素养培育，延续数学班、科技A班与科技B班课程深化。在2020学年至2025学年将拓展人文实验班从借鉴科技B班形式开始，开发文、史、哲、法、视觉艺术等领域适合初中强潜能学生的专门课程，然后逐步过渡到设置人文A班。

在"中进高出"方面，强化"广育优才"的良好土壤。大力推进平行班学生多样的选修走班，将第二课堂、讲座、学生个性特长等方面的课程开发进一步丰富与优化，引导学生基于一定领域的学术兴趣培育个性化知识构成。

在"平进特出"方面，强化"人人成才"的深厚底蕴，对平行班学生中摇号进入华育中学的小部分"学困生"进行有针对性的教学与指导，开展适合他们的学科课程内容的选修走班，借助课内外与校内外指导学生走向成功,在"未来具有扎实的基础、熟练的技能、较强的潜质和明显的特长"上获得最大的发展增值。

（3）深化学校课程建设的"探究精神"深度

一方面强调对学校课程体系进一步完善与深化的探究,另一方面关注在课程实施过程中强化学生探究精神、创新精神培育。

围绕学生"探究精神"的深度开发,在学校课程构建中注重跨学科、综合性课程开发与建设,促进科技班学生的科技探究与人文实验班的人文探究情结。在学科研究性学习与科技、人文课题研究中进一步促进学生的探究精神培育。拓宽学生基于感兴趣领域的现有与面向未来的实验室平台建设,进一步强化学生基于实验室相关课程学习上的课题研究、项目设计。在高校、科研院所专家指导下,开发适合初中生学术兴趣激活、优势潜能开发、创新素养培育的专门课程,引导学生在基于专门课程学习基础上的探究课程升华,促进学生在科技、人文等方面的生涯规划引导。

4. 在教学改革上构建新模式

导引目标:继续凸显"数学教育见长、文理基础厚实、科技教育凸显、艺体素养奠基"的育人特色,针对不同类型学生与学科基础特点,注重启发式、互动式、探究式教学,在师生"学术、学识、学能"水平提升上下功夫,形成适合华育学生特点的"必修＋选修走班"高品质教学、特色学科教学、创意性教学、高效能教学模式。

发展举措:

（1）持续推进各学科从预初到初三阶段式校本教学内容系统建构,在"学术"上树典范

充分考虑"高进优出""中进高出""平进特出"三类学生发展需求特点,完善从预初到初三阶梯式校本教学内容系统建构。一方面落实国家、上海课程与教材的共通要求;另一方面设置学校学科教学的差异性教学要求,既关注教师教学学术探讨,也关注学生学习的学术分析,使教学内容系统适应不同学科基础的学生可持续发展追求。

（2）丰富适应"必修＋选修走班"组织形式与教学激励方式，在"学识"上做文章

借鉴国际教育多样化走班教学经验，在夯实必修内容的基础上，开发多样的学科选择学习模块，促进选修走班教学进一步丰富化，形成相应的教学评价与激励方式，促进学生增强"学识"及教师提升"学识"，形成教学内容、教学方式、教学平台的突破，进一步探寻适应优势潜能学生培育高效率提升全体学生认知水平的教学方式。

（3）促进面向未来、整合现代技术与生活的融合式教学有效运行，在"学能"上添活力

以线上线下教学融合形成新型混合式教学，在未来课堂教学中逐步有效运行；注重挖掘学科教学中与现代生活相联系的内容，融合现代生活内容于教学过程中，积极推进研究型、项目化、合作式学习，深化师生面对未来人工智能时代的"学能"突破。积极开展面向未来的融合式教学（融现代技术平台于教育教学，开展翻转式教学；融现代生活内容于教育教学等），努力营造基于融合式教学的学术探讨空间，开发了具有年度品牌价值的教学学术节。

5.在教师教研上拓展新平台

导引目标：创设"乐育英才""广育优才""人人成才"的学生培育专业化、研究型教师队伍，促进"有教无类"在教师身上显现出高水平；促进教师教学与研究一体化，进一步提升教学学术水平，以研促师，以研促教，以研促学，以研促校，形成教师成长与教师教研宽广而又系统的发展平台，塑造富有活力与高水平的研究型师资。

发展举措：

（1）大力推进"以研促教"，引导教师参与课改和教改实验，推进教师基于教育教学实践的探究智慧生成

破解华育教师"只会教好学生"的误传，引导教师正确认识不选拔生源的学校课程改革与教学改革带来的教学研究机遇。关注教育教学实践中难题的解决，提升自身育德能力与基于教学研究的师德

水平和教学水平。打造与推出一批基于教学实践探究而形成自身教学风格、品牌与特色的研究型名师。

（2）努力推进"以研促学"，引导教师将教学视为学术，加强教学研究与促进学生深度学习

形成教学与研究一体化思考；进一步提升教学专业化水平，关注学科前沿知识的融入，注重对新课程、新教材、新方法、新技术的把握与学校实践运用，推进教学学术环境的优化，引导学生进行深度学习。

（3）有效实施"以研促师"，形成教师学科带头人与青年骨干发展梯队的激励机制

学校通过学术节、教学大奖赛等方式，推进学术生态的发展。形成以研促师的激励方式，通过推进优劳优酬、多劳多得的分配制度改革，努力推进以老带新的师徒制、学科带头人的导师制、脱颖而出的骨干制等，努力形成在校内被广泛认可，在区和全市有影响力的教师学科群和骨干梯队。

（4）持续强化"以研促校"，进一步完善教研系统与丰富研究型教师专业发展平台

学校将进一步创设平台（包括学术提升平台、考察交流平台、导师引领平台、课题研究平台、研修一体平台、高峰激励平台等），对中青年教师培养努力寻找新支撑点，寻找刺激中老年教师发展的兴奋点，促进一批教师向专家型、研究型教师迈进，创设"教育家育人"的学校土壤与环境。

6. 在学校治理上形成新机制

导引目标：

进一步完善学校法理情结合的学校治理结构，持续打造融合现代信息技术的智慧校园，提升学校管理现代化水平；努力营造学校发展的良好教育生态，进一步开发好高校、科研机构与各类企业支持学校发展的资源渠道，打通与小学衔接、高中衔接的发展通道；推进民

办托管公办获得可持续发展的示范辐射价值实现；在教育研究系统、信息智能系统、学校评价系统、校内外资源合作系统、联动发展系统等方面获得提升。

发展举措：

（1）进一步营造法理情结合的学校协同运行机制，建立健全学校科学评价系统

将华育中学打造成既有制度与规则又有人文温度与文化厚度的学校，注重学校各部门之间的系统协同，促进学校科学高效运行与整体治理水平，创设一个想干事、能干事、干成事的人尽其才和其乐融融的学校发展空间以及关注教师内涵提升和学生综合素养发展的学校评价体系。

（2）注重推进智慧校园建设，形成更具现代性的教育形态与信息智能系统

将人工智能、云计算、云端平台等新技术作为教育改革的重要创新动力，努力推进师生的数字思维，整体推进教育形态、教育模式、教学关系、教育治理等方面的实践探索。建构以学生学习为中心的技术教育生态，在教育与技术无缝对接上努力探索，显现融合、衔接、可选的数字学习空间，实现学与教方式的深层次变革。

（3）打通各类资源集聚通道及拓展学校示范辐射空间，深化学校发展联动体系

进一步创设支撑学校发展的高校、科研院所专家智库，借助家长与社会资源开拓学校创新发展的实践基地与多元平台；积极与多方联系，形成初小衔接、初高衔接的有效路径；实现教师、学生、家长、社区、基金会等共同参与的学校治理常态机制；进一步强化家校合作，增强新媒体治理意识；继续深化华育中学托管公办紫阳中学的管理机制，改革拓宽学校示范辐射空间。

（4）提升与一流学术型、创新型民办初中匹配的学校治理水平

应对民办初中摇号录取生源及落实义务教育阶段育人方式变革

等政策的变化,进一步健全学校教育研究系统,包括教师课题申报、学校资助出版激励等,努力营造自身一流的学术型探究氛围与研究土壤培育;与此同时,在学校开展的实验研究与项目探究基础上,进一步推进创新平台的拓展,形成与一流学术型、创新型民办初中相适应的发展底蕴和学校治理水平。

(二) 重点项目

1. 提升新时代教育视野下初中因材施教现代品质的行动项目

(1) 立足生源的多样化,追求因材施教的现代品质

围绕培育"担当民族复兴大任的时代新人"要求,注重初中阶段学生有理想、有本领、有担当、有竞争力的发展追求,在因材施教上探索切合新时代发展需求的现代品质,在"高进优出""中进高出""平进特出"上显实力。通过华育中学整体育人方式改革,以立德树人为主线,形成初中阶段因材施教的现代品质,让学生的思想境界、道德境界、做人境界得到全面提升。

(2) 用"赋能"与"增值"来衡量因材施教、科学育人的高质量,形成"乐育英才""广育优才""人人成才"结合的学校特色育人追求

"乐育英才",强调让有天赋、潜能的学校集聚的资优生得到充分发展,"不设发展上限",为他们今后成为国家栋梁之才奠定基础;"广育优才"与"人人成才",前者强调让中等生获得最大限度的优质发展;后者强调面向每一个学生,在不挑选生源的背景下,善于挖掘学生的"闪光点",使他们成为适合自己发展领域的"优才"与"人才",引导他们未来在各行各业中建功立业。

2. 修炼初中阶段学生"四大关键能力提升"系列的行动项目

(1) 培养学生面向 21 世纪的核心素养与关键能力

在提升初中学生的认知、合作、创新、生涯能力方面,引导学生进行多样化系列修炼探索。关注不同类型学生的强认知水平提升路径分析;通过社团、第二课堂、实验室探究等内化学生的合作能力;注重

跨学科教学与项目设计,在 A(设计)—STEM、R(阅读)—STEM、B(创业、创新意识)—STEM 等方面形成新思路和新做法,促进学生在厚德载物的修心中学会才高识远,在博采众长的修炼中学会格高意远,在融会贯通的修身中学会任重道远。

(2)强化学校数学与科学教育,提升创新实验教学能力

将数学与科学教育作为培育学生四大关键能力的抓手,继续强化数学班、科技班的改革探索,引导学生围绕自身的优势进行生涯规划;充分借助学校现代化创新实验室的发展,高水平实施实验教学,提升学生基于现代技术平台的创新能力与通用技术运用能力,在志与道引导、趣与术结合、能与慧通达上显风采,全面内化学生的综合素养。

3.构建以劳促"德智体美"导引评价指标体系的行动项目

(1)充分认识以劳促"德智体美"在综合育人上的价值地位

2020 年 3 月,中共中央、国务院发布的《关于全面加强新时代大中小学劳动教育的意见》,对新时代劳动教育作出了明晰规定,强调将劳动教育纳入人才培养全过程,与德育、智育、体育、美育相融合,指出劳动教育具有树德、增智、强体、育美的综合育人价值。学校将努力探索初中阶段以劳树德、增智、强体、育美的导引评价指标体系,推进学校以德立人的"仁人"、以智慧人的"贤人"、以体健人的"能人"、以美育人的"佳人"、以劳助人的"雅人"的成长评选活动。

(2)努力形成以劳促"德智体美"的非常"6+1"的导引新指标

"6"是指在劳动教育内涵认知、劳动教育内容体系、劳动教育载体创设、劳动教育空间营造(重点在科创空间的拓展)、劳动教育师资队伍、劳动教育质量保障等六个方面进行布局;"1"是指努力形成学校的劳动教育特色,将在劳动教育的特色课程、特色活动、特色社团、特色基地、特色文化等方面作出探索。

4.丰富学校课程体系与"选修走班"内涵的行动项目

(1)在新时代"有教无类"的思想引领下深化"选修走班"的内涵

基于学校集聚的选拔生与摇号进入学校的非选拔生在同一校园的实际,使学校课程体系建构中必须凸显选择性与多样性,并通过"选修走班"的形式做到"有教无类"、因材施教。初中阶段学校课程体系建构中的"选修走班",将包括部分必修内容的分层限定选修,感兴趣领域的科目或模块选修,注重强潜能开发的个性发展选修等。

（2）探讨学校课程体系中"选修走班"的教学组织与运行方式

华育中学面向未来的学校课程体系中"选修走班"将凸显分层内容选择、第二课堂与讲座选修、强学科强潜能开发选修、感兴趣领域学科与模块选修、个性发展选修等多元形式,这就势必对教学组织、教学评价与运行激励提出进一步要求。为此,在"选修走班"的内涵拓展中,深化有教无类的现代价值,关注运用现代技术平台促进教学组织优化与运行方式变革,在选修走班的教学效能评估上形成可资借鉴的经验。

5. 强化科技、人文实验与创新空间延伸的行动项目

（1）继续强化科技实验班与科创空间的拓展

探讨科技实验班在基础必修课程、专门拓展选修课程将学习领域中的探究课程相结合的课程系统与高品质教学系统;进一步拓宽现有的科技创新实验室空间。在现代科技内容教学与整合上走出新路,推进现实空间与智慧空间的融合发展,为培育一批在科技方面有发展后劲创新人才奠基。

（2）组建人文实验班与人文空间的创设

参照科技试验班 A、B 班组建方式,从人文实验 B 班切入,再过渡到人文实验 A 班,形成基础必修课程、人文领域专门选修课程、将人文学习领域基础上探究课程结合的人文实验班课程。先期可以与相应高校或研究机构合作,在文学、法学、史学、哲学与视觉艺术等方面进行拓展,强化国学经典的诵读与分析,明晰依法治国的现代善治,了解以史为鉴的当代价值,剖析现代科技哲学的思维养成,内化

视觉艺术的创造空间,创设与这些领域匹配的人文探究情怀,促进学生在人文素养上获得提升。

6. 推进一流学术型、创新型民办初中发展格局的行动项目

(1) 强化一流民办初中学术型氛围的营造

学校要以"学术氛围的营造"为切入点,要求教师在自己的专业领域不断提高,对教育教学保有持续的研究动力,学校为教师的可持续发展建立进修与交流的个性化培养机制,并适时地把研究的脚印记录下来;要求学生借助于研究性学习、综合实践活动与项目实践研究的完整经历,体会科学研究的乐趣,刺激破解未知的好奇,初步培养探究能力。通过学术型氛围的营造,全面提升师生学术、学识、学能的水平,在以研促师、以研促学、以研促教、以研促校上显现影响力。

(2) 优化一流民办初中创新型平台搭建

学校以创新型实验室建设为抓手,强调创新平台的搭建,聚焦于创意与创新实践活动,鼓励师生不走寻常路,打造在学习生活中"创新是必不可少、是活力源泉"的理念。注重教学创新、课题创新、项目创新,并以教育教学、学校管理的创新作为支撑,而其内核则是思想与方法的创新。学校通过创新型平台的搭建,进一步优化教育研究系统、信息智能系统、学校评价系统、校内外资源合作系统、联动发展系统。

四、组织实施与保障体系

(一) 组织实施

1. 实施方针

(1) 发展具有中国特色与世界水平的现代初中教育

发展具有中国特色与世界水平的现代初中教育是中国教育现代化 2035 的追求,华育中学的教育改革探索需要把握我国教育的实情,认清国际教育发展趋势,探索既有自身特色,又显现世界水平的

现代初中教育。学校需要加强对国际教育先进水平的认识,强化华育中学在教育探索上的融合创新,明晰高位发展的重要性,强调学术引领要求,推进学校持续走向引领发展。

（2）发展具有沪上引领与国内先行的优质初中教育

上海教育现代化 2035 是站在上海教育率先实现教育现代化的视角去推进上海作为国际大都市建设一流教育的愿景,华育中学要继续发挥引领作用,就需要将自身定位为上海市初中教育改革的引领者与国内初中教育改革的先行者,持续探索一流优质初中教育的改革精髓,成为进一步推进初中教育改革的示范校、先行校,成为初中教育支撑创新人才早期培育与促进"乐育英才""广育优才""人人成才"的教育高地。

（3）发展具有学术气质与创新特质的品牌初中教育

华育中学应善于把握未来教育挑战的 6 个关注,即关注脑科学研究在初中教育中的应用,关注基于问题与项目的学习,关注应用于现实生活中的问题解决,关注学科领域之间的联系,关注学生为未来生涯发展的准备,关注未来智慧校园与个性化学习空间的营造。学校需要加强对教育教学的研究,突破传统的教育教学思维,不断营造学术型氛围与创新型平台,使学校成为具有学术气质与创新特质的品牌初中教育。

2. 路径设计

学校将 2020 学年至 2025 学年的发展任务与重点项目分解为需要做的重要事项分三个阶段进行路径设计,需要指出的是以下所列的各阶段重点不只是该阶段要做的事,而是贯穿这些年的始终在做的,在相应阶段列出只是反映这个阶段实施的侧重点。

发展任务与重点项目	2020年9月—2022年8月	2022年9月—2024年8月	2024年9月—2026年8月
提升立德树人新境界（重点项目：提升新时代教育视野下初中因材施教现代品质的行动项目）	1. 树立乐育英才、广育优才、人人成才的科学教育质量观。 2. "志·道/趣·术/能·慧"育人规格的学校探索。 3. 红色基因/革命传统基因/传统文化基因在学校育人中的内化探索	1. "高进优出""中进高出""平进特出"的因材施教有效落实机制。 2. 厚植家国情怀、国际视野系列教育探索。 3. 立德树人、知行合一的校园生活联系系统探索	1. 基于远大志向与道德情怀、兴趣激活与生涯引领、能力提升与智慧通达的育人育德育能新境界研究。 2. 用"赋能"与"增值"来衡量因材施教、科学育人的高质量探索
在"五育"并举上走出新路径（含重点项目1：初中阶段学生"四大关键能力提升"系列修炼的行动项目；重点项目2：构建以劳促"德智体美"导引评价指标体系的行动项目）	1. 初中阶段生活德育系列化探索。 2. 利用公共资源进行集体主义与社会主义教育探索。 3. 先一步、高一层地落实国家与上海的义务教育课程标准与绿色指标体系和设计。 4. 体育项目选择教学与特色发展研究。 5. 初中阶段学生劳动素养培育研究	1. 以德立人的"仁人"、以智慧人的"贤人"、以体健人的"能人"、以美育人的"佳人"、以劳助人的"雅人"评价探索。 2. 把握学科特点、知识结构、思想方法，深化国家课程校本化实施纲要设计。 3. 学校美育风格研究。 4. 初中学生的认知、合作、创新、生涯能力提升的系列化修炼探索	1. 提升班主任育人专业化水平与心理健康教育科学化水平探索。 2. 让学校的智育水平在因材施教上显现影响力研究。 3. 以劳促"德智体美"的导引评价指标体系研究。 4. 强化学校数学与科学教育，提升创新实验教学能力研究

（续表）

发展任务与重点项目	2020年9月—2022年8月	2022年9月—2024年8月	2024年9月—2026年8月
在课程体系上内化新思路（含重点项目1：丰富学校课程体系与"选修走班"内涵的行动项目；重点项目2：强化科技、人文实验与创新空间延伸的行动项目）	1. 挖掘初中新课程新教材中"育人情怀"高度探索。 2. 完善初中课程体系的"因材施教"强度探索。 3. 高品质实施国家课程的"选修走班"系统化设计与激励方式研究。 4. 科技实验与创新空间融合探究。 5. 学困生"强基础、强技能、强比拼、强专长"的培育方式探索	1. 内化学生的学术兴趣、核心素养、关键能力合一的学校课例设计。 2. 学校课程体系中"选修走班"的教学组织与运行方式探索。 3. 新时代"有教无类"的思想引领下深化"选修走班"的内涵探索。 4. 人文实验B班设计与实践探索	1. 深化学校课程建设的"探究精神"深度研究。 2. 学校选修走班的教学效能评估研究。 3. 人文实验A班设计与创新空间融合探究
在教学改革上构建新模式	1. 基于学校育人特色的启发式、互动式、探究式教学案例研究。 2. 学校课程"必修＋选择"高品质教学模式探索。 3. 整合现代技术的混合式学习、融合式教学探究。 4. 基于教学变革的师生学术、学识、学能提升研究	1. 特色学科教学、创意性教学、高效能教学课堂教学实例研究。 2. 各学科从预初到初三的阶段式校本教学内容系统建构探索。 3. 探索具有年度品牌价值的教学学术节运行系统	1. 适应优势潜能学生培育与面向全体学生高效率提升学生认知水平的教学方式探寻。 2. "必修＋选择"的走班教学组织形式与教学激励方式探索。 3. 初中教学学术智慧生成的实践探索

发展任务与重点项目	2020年9月—2022年8月	2022年9月—2024年8月	2024年9月—2026年8月
在教师教研上拓展新平台	1."乐育英才"与"广育优才"的专业化、研究型教师建设研究。 2.以研促师，以研促教，以研促学，以研促校的学校研究系统探索	1.富有活力与高水平的研究型教师培育机制研究。 2.教师基于教改实验与教学实践的探究智慧生成探索。 3.教师教研系统与研修平台探索	1.教师教学与研究一体化设计与探索。 2.把握新课程新教材、新方法、新技术发展方向，进行教学学术生态优化研究
在现代治理上形成新机制（含重点项目：推进一流学术型、创新型民办初中发展格局的行动项目）	1.法理情结合的学校系统协同运行机制深化探索。 2.一流民办初中学术型氛围营造探索。 3.民办托管公办获得可持续发展的示范价值探索。 4.高效能利用高校、科研机构与各类企业支持学校发展的资源开发研究	1.提升与一流学术型、创新型民办初中匹配的学校治理水平探索。 2.打造融合现代信息技术的智慧校园探索。 3.优化一流民办初中创新型平台搭建。 4.学校教育研究系统与校内外资源联动发展系统探索	1.整体现代教育形态、教育模式、教学关系、教育治理思想运用于学校教育实践的探索。 2.建构以学生学习为中心的技术教育生态与多元学习空间探索。 3.打通与小学衔接、高中衔接的发展通道新格局

（二）保障体系

1.党建力保障

学校在未来发展规划落实过程中，将充分发挥党建引领作用，坚持党与国家的教育方针，在习近平新时代中国特色社会主义思想引领下，进一步加强党组织的方向引领与战斗堡垒作用。学校党支部与党小组将从学校育人目标与发展追求出发，在各类项目实施与课题研究中发挥先锋模范作用。在立德树人与"五育"并举的探索中，每一位党员将充分发挥"一个党员一面旗"的作用，团结与凝聚教职工共同为学校发展献计献策。

2. 组织力保障

学校将为 2020 学年至 2025 学年规划的落实提供强有力的组织与制度保障，将年度分工与各部门工作紧密结合起来，不断激发办学的创新活力，建立学术导向的学校治理机制与保障体系。学校在实施过程中，注重理事会领导下的校务委员会集体决策与教职工代表大会的参与协商，发挥工、青、妇、团等方面的作用，建立德育处、教学处、学生处、总务处与校务办等多部门协同机制，注重规划实施阶段研究过程中的学术共同体建设。将各项指标纳入绩效考核体系，注重强化信息沟通机制，以沟通推进督导，以沟通促进评估，推进学校发展目标的达成。

3. 实验力保障

学校将大力推进教育综合改革与整体改革实验探索，立足"高进优出""中进高出""平进特出"的学生发展追求，建立人人参与项目、教研组设计课题、各部门引领项目的实验系统，大力推进国家课程下的综合教改研究与综合实践活动探索，努力推进学生的体验式学习与项目式学习，强化各学科之间的联系及学以致用，不断拓宽教育实践的多样空间，提供学校发展的实验力支撑。

4. 文化力保障

华育中学乐育菁英文化内涵走向"乐育英才""广育优才""人人成才"的新拓展，将以德立人的"仁人"、以智慧人的"贤人"、以体健人的"能人"、以美育人的"佳人"、以劳助人的"雅人"的成长作为学校育人文化的新引领方向，持续推进"大气、谦和、诚勉、博雅、笃行"的校园文化价值观；持续内化学校法理情融合的学校管理文化，集聚所有教职工围绕华育中学建构一流学术型、创新型民办初中而持续努力。

5. 资源力保障

学校在未来五年内,将进一步打通课内课外、校内校外的资源配置,广泛利用家庭、社会资源来提升学生的核心素养、关键能力与学术兴趣;进一步推进校园硬环境持续优化,更新学校常规实验室,根据实验项目推进,更新、添加与拓展已有创新实验室,进一步提升图书信息中心的服务功能,将图书馆打造成学生自习、研讨、讲座等活动的综合性学习空间,使实验室与图书信息中心成为学生的第二学习场所,持续推进社会资源、技术资源、人力资源、财力资源、物力资源的优化配置。

(选自《集"华"夏初中改革之新时代精髓 培"育"沪上因材施教之新引领名校——上海市民办华育中学 2020—2025 学年创建一流学术型、创新型初中发展规划》一文。)

李英副校长(左2)出席国际文凭组织校长年会

9.

面向全体·全方位·多层次创新人才
早期培养实验研究

　　为贯彻落实党的二十大提出的"全面提高人才自主培养质量"的精神,助力徐汇区教育高质量发展,在徐汇区区委、区政府的大力支持下,在徐汇区教育党工委、徐汇区教育局的悉心指导下,华育中学基于学校已有多年"人人成才、广育优才、乐育英才"办学实践智慧的基础上,立足中国特色社会主义新时代,为中华民族伟大复兴的战略全局和世界百年未有之大变局,凸显创新人才早期培养的战略价值追求,从2023年9月起开展8年两轮(针对2023年9月后入学学生进行两轮完整四年初中学习的整体培养设计)的"面向全体、全方位、多层次创新人才早期培育实验"项目研究,形成如下实验项目研究方案。

一、指导思想:人人皆可成才、人人尽展其才

　　全面贯彻落实党的二十大报告中关于"深入实施科教兴国战略、人才强国战略、创新驱动发展战略"和"全面提高人才自主培养质量"的部署,立足培养为实现中华民族伟大复兴所需要的各行各业创新人才,奠定早期知识基础、创新思维基础与创新人格,探索"人人皆可成才、人人尽展其才"的创新人才早期培养体系,建立面向全体、全方位、多层次的创新人才早期培养、早期追踪机制,打造"学科有专长、思维有品质、心中有格局、眼中有阳光"的青少年成长高地。

二、培养目标：培育志存高远的时代新人与创新人才

　　坚守"为党育人、为国育才"的育人根本，以"立德树人"为核心，立足"培育志存高远、追求卓越、坚韧担当、爱国奉献的时代新人与创新人才"的华育中学育人定位，从担当民族复兴大任所需要的高素质创造性劳动者（面向全体，人人都是劳动者）、高素质创造性专门人才（全方位，致力于培养各行业的创造性人才或创新专门人才）、拔尖创新人才（多层次，不仅要培育大量各领域创新专门人才，还关注国家所需要的能解决关键科技领域的拔尖创新人才或其他战略领域的领军人才）要求出发，从面向全体、全方位、多层次的创新人才早期培养角度进行课程、教学、资源、评价等方面的整体突破，引导与激励学生把个人发展的小我融入民族复兴、祖国繁荣、人民幸福的波澜壮阔的征途之中，实现个人发展与国家命运的同频共振。

三、实验可行性：关注初中阶段学生发展的可塑性

1. 已有基础

　　华育由教育家唐盛昌先生创办的，从 1999 年建校至今，一直致力于初中学生创新人才早期发现和培养。华育经历了四个发展阶段，但每个发展阶段关注的内容改革与重点目标有所差异。第一阶段，1999 学年至 2006 学年，学校坚持把育人放在首位，关注学生的学科基础，对学有余力的学生以数学竞赛为重，注重徐汇区突破领先。第二阶段，2006 学年至 2013 学年，学校坚持以学生为本，不满足于全市中考第一，关注学生全面发展基础上的多样选择和优质初中内涵发展的提升，注重上海市突破领先。第三阶段，2013 学年至 2020 学年，学校全面推进教育综合改革，学生的全面而有个性化知识构成达到新高度，数理化与科技、人文学科竞赛全面领先，创新实验室建设

不断突破,注重国内知名初中学校突破领先;这个阶段,应该是华育的高光时期,学校在整体教育改革中发挥了六个方面的引领作用:学校德育工作引领成人成才融合,依法规范办学引领内涵品质提升,校本课程建设引领个性多元智慧,课堂教学变革引领学生潜能开发,教师团队合作引领专业发展,教改实践经验引领教育发展。第四阶段,2020学年起,义务教育阶段民办实行招生摇号新政,值得庆幸的是,当下的摇号招生没有降低华育的育人标准、德育标准,虽然学校生源结构发生了很大的变化,但学校积极应对并深化一系列的改革,受到社会和教育部门的关注和好评。

在众人眼中,华育还是华育,华育保持了高品质,不仅能使优秀的学生更优秀,而且也能使普通的学生变优秀。从2020学年入学的学生情况分析,经过学校三年的培养,约50%保持华育原来的平均水平,其中数学班和理科综合班的高度仍然保持;另50%的学生,其中20%接近华育的水准,20%稍高于上海市初中阶段平均水平,10%基本达到上海市初中的平均水平,这部分学生相对薄弱,这是华育从来没有遇到过的状况。如何从关注学生成绩与分数,转向关注学生的成人、成才与成功,如何让智优生"高进优出",让中等生"中进高出",让普通生"平进特出"? 如何创设"乐育英才""广育优才""人人成才"的校园文化? 这些都是学校需要解决的新问题。由于学校与时俱进,艰苦探索,我们初步取得了在国家课程校本化实施、强潜能学生培养、校内外资源开发等方面的新突破。我们深知华育第四阶段的探索只是刚刚开始,在市教委和徐汇区各级领导的全力支持下,华育在探索早期人才发现和培养方面一定不负众望,交出满意的答卷。

通过华育独一无二的培养模式,毕业的学生不仅总体学业成绩、立德树人的根本任务仍保持领先,而且涌现了一批在数学、物理等学科领域中有强潜能的学生。至2023年7月,华育中学培育的毕业生已经在数学、物理等学科国际奥林匹克竞赛中获得金牌10余枚;多名毕业学子获得英特尔国际科学和工程大赛(ISEF)一等奖、全国青少年科技创新大赛一等奖、丘成桐奖学金等。据不完全统计,华育中学培育了数学、物理、化学、计算机科学等学科领域的强潜能人才数百名,通过和上中等高中的贯通培养,超过95%已进入清华、北大、复旦、交大和国外顶尖名校;有的毕业生已成为数学、物理等基础科学领域里的学术专家并崭露头角。如今,清华大学、北京大学率先在数学、物理学科开展初高中与大学贯通进行拔尖创新人才早期培育,让我们受到鼓舞的是:上半年清华大学和北京大学三次派教授来我校与师生进行交流座谈,探索初中阶段拔尖创新人才的早期发现路径和培养模式,并对我校取得的成绩和培养模式给予高度肯定。

2. 关注初中阶段学生发展的可塑性

由于这些年国家、家庭对教育的重视程度不断增强,上海市义务教育阶段生均质量持续提升,走进中国特色社会主义新时代的初中生有着不同于高中生,也不同于小学生的极强可塑性。主要表现在三个方面:(1)认知旺盛,观察力、想象力、记忆力、接受新知识的能力超强,具有很大的发展性;(2)兴趣广泛,精力充沛,不知疲倦,一旦潜力被激发,身上的爆发力不可限量,具有成才的多样性;(3)自我意识迅猛发展、敏感,受环境和同伴的影响很大,同伴激励成为有潜质学生最大的外在激活源泉之一。

面对这批初中生群体,做好因材施教,能最大限度地激活学生的发展潜能与创新潜质。学校面向全体、全方位、多层次创新人才早期培养实验,认可每个学生都具有创新潜质。"面向全体"关注每个人都有创造力,并坚信创造力可以培养。"全方位"关注引导学生在德智体美劳全面发展基础上,提供多样、可选择的课程系统,引导学生根据自身特长、兴趣对现实、知识和意义进行重构,让学生参与特定领域(学科竞赛、艺术、科技、人文等)的创造实践活动,关注他们高于平均水平(普通能力)、执着精神(专注)与创造力培养,重视他们创新思维培育与创新人格养成。"多层次"强调不仅关注各领域创新人才的正确价值观、必备品格与关键能力培养,实现教育、科技、人才之间全面互动与协同发展，同时也十分关注对数学学习方面有天赋、对基础学科与科学探究领域表现出强烈兴趣的数理综合方面有发展潜质的初中生进行拔尖创新人才早期发现与培育实验。

面向全体、全方位、多层次的创新人才早期培育，华育中学在长期的探索实践中深刻认识到要从小培养、从初中抓起，在基础教育加大早期发现和早期培育的力度。初中阶段创新人才早期培育，不仅在课堂上进行教学与引导，而且需要学校营造一个好的成长环境，在学校营造的多元发展环境中自主学习与主动成长，让各方面有天赋的学生更容易冒出来。华育中学面向全体、全方位、多层次创新人才早期培养实验项目的研究，将直面新问题，贯彻落实党的二十大有关"推进教育强国与科技强国，为中国式现代化实现提供人才支撑"精神与落实好习近平总书记强调的"树立正确人才观""营造人人皆可成才、人人尽展其才的良好环境""努力让每个人都有人生出彩的机会"等要求，深化学校新时代综合教育改革，必将使学校在新时代、新征程中进一步发挥在初中阶段教育改革的示范作用。

四、实验内容：加快创新人才早期培育与导引

华育中学从 2023 年 9 月开始，立足科技强国、教育强国建设的视角，致力于加快创新人才早期培育与导引的追求，既关注每个学生的创新潜质开发与创新素养培育，致力于挖掘每个学生的发展潜质，又注重强化对数学学习方面有天赋、对基础学科与科学探究领域表现出强烈兴趣的数理综合方面有发展潜质的初中生进行拔尖创新人才早期培养实验。主要开展以下几个方面的实验。

1. 面向全体、全方位、多层次的创新人才早期培育探索，不仅着眼于通过学科竞赛来发现学生的潜质，更关注通过兴趣激活、多元探究等方式促进对学生学科思维与学科方法的重塑

充分认同每个人都具有创新精神，注重探索并掌握潜伏在学生体

内的基因。对学生学科思维、学科方法与创新素养的培育,不停留在初中阶段的知识与能力要求上,将从整个学科体系、课程体系、教学体系、评价体系的视角去思考初中生学科思维、知识体系与创新素养的塑造。

2. 对初步表现出有数理发展潜质的学生,立足基础学科研究与科技领域拔尖创新人才早期发现与培育,夯实这批学生的学科核心素养与基于感兴趣领域的个性化知识构成,持续开发其创新潜质

从研究初中阶段学生的认知结构入手,对课程与教材体系进行大单元、跨学科、综合主题整合,夯实这些学生的数理核心素养、人文素养、信息素养、语言素养(含外语运用方面的素养),奠定这些学生未来有强大发展后劲的多方面素养根基。

3. 特别关注初中阶段多层次创新人才早期培育的重要特征培育,尤其是他们的积极心理品质与创新人格特征。主要表现坚定的自信(信念),对感兴趣领域知识能主动学习,具有良好的坚韧意志品质与抗挫折能力

面对新情况、新问题、新挑战,他们不退缩、不放弃、不气馁。注重对这批学生的创新品质的锻造,在实验探索过程中培育学生的成功品质,包括对感兴趣领域学习的痴迷与坚韧性的意志力等。

4. 初中阶段全方位、多层次创新人才早期培养实验,尤其注重对学生家国情怀养成

特别注重引导这些学生的德性生长,内化社会主义核心价值观,培育他们报效祖国、服务社会、乐于奉献;引导有数理强潜能基础的学生立志从事科学研究,不迷信权威;关注学生多领域的发展兴趣导引,为他们成为国家所需要的各行业战略人才提供成长的良好发展空间与沃土。学校在这方面让立德树人的德育光芒大放异彩,肩负起报效祖国的社会责任。

5. 形成面向全体、全方位、多层次创新人才早期培育的共性发展与个性成长的评价指标体系

力求在全面而有个性发展的知识构成,有发展潜质领域的创造

实践专长、坚韧品质、思维能力与创新能力等方面形成全方位和多层次创新人才早期发现与识别的引领评价系统。

五、课程设计：创新人才早期培养实验课程整体设计

华育中学面向全体、全方位、多层次的创新人才早期培养实验课程整体设计，将继续设置经学校早期识别的学生进入数学班、数理综合实验班进行系统化培养。对全体学生的创新潜质、创新素养培育与不同领域、不同层次的创新人才早期培育，将统筹规划国家课程与校本专门课程的开设，形成"面向全体、全方位、多层次的创新人才早期培养实验"的学校课程培养体系。将学生感兴趣领域的创新潜质开发及创新素养培育贯穿学校教育教学改革的全过程。

1. 厚植"国家社会主义核心价值观体系课程＋校本学科特色课程"的课程体系根基，培育"全面发展＋学科专长（数学/物理/化学/生物/计算机科学/语言/人文/艺术/体育等学科领域）＋创新潜能"的有可持续发展强大后劲的学生

牢牢把握初中阶段为全方位、多层次创新人才早期培养的定位，从学生未来可持续发展视角出发，既关注这些学生在国家社会主义核心价值观体系课程学习中夯实"强基础"，扣好人生第一粒扣子，厚植德智体美劳全面发展根基，又注重学生各学科领域"强潜能"的早期开发与创新潜能的开发。在此基础上，引导学生在某一领域形成的学科专长，形成未来具有可塑性的发展根基与强大后劲。

在遵循国家义务教育初中阶段新课标、新教材实施要求的前提下，关注学生全面发展的核心素养基础夯实：注重对学生志向与理想的培育，引导学生心系祖国发展，厚植家国情怀；注重学生动手实践与创新能力培养，促进学生认识问题、解决问题的实践能力提升；注重学生人文与艺体修养培育，促进学生身心健康发展；注重引导学生认识基于感兴趣学科领域的创造性思维养成。

2. 在校本特色课程建设上突出"学科专长（数学/物理/化学/生物/计算机科学/语言/人文/艺术/体育等学科领域）"的"点线面体"系统培育模式

做到激发人才、识别人才、培养人才、造就大才、成就天才。对在某一学科领域中天赋禀异的学生，采取"点对点"有针对性的师徒带教，定制课程授课，人尽其才，让学生得到最大程度的发展；对各学习特别拔尖的第一梯队学生，采用集体面授、分组讨论学习加个别辅导的形式，确保水平高学生上限不封顶，其他学生能力不掉线；对学习拔尖的第二梯队学生，我们采用集体面授，动态管理的方式，充分调动学生的积极性，确保学科竞赛力量的基本面厚实稳定；对实验班学生，我们明确提出"华育以数学学科见长"，确保全体实验班学子数学学科能力和学科素养保持高水平。在"点线面体"的培养模式下，对华育中学全体学生进行培养，针对学生感兴趣的学科领域与创新潜质的开发，做到"下有兜底，上不封顶"的科学培养体系。

在校本专门课程开发上，学校注重凸显"三个优化"：优化数学特色课程体系，夯实数学基础学科领域与数学应用领域拔尖人才的早期知识基础，拓宽中学数学教学体系，更好地衔接中学与高等院校培养体系，适当加入大学基础数学内容，如微积分、线性代数、微分方程、概率论等；优化数学特色课程学习基础上的课题与项目探究模式，强化物理、化学、生物、计算机科学相关领域学术志趣与素养的特聘教授资源引领；优化"（数学/物理/化学/生物/计算机科学/语言/人文/艺术/体育）"学科领域感兴趣学生的学科潜能开发环境，深入推进华育中学与上海中学、高等院校、科研院所等实质性合作育人课程资源开发。

3. 注重构建"数学"与"数理综合（物理/化学/生物/计算机科学）"有发展潜质学生的全面科学与时俱进的校本特色课程贯通学习系统，注重初高中及初中直升大学的整体贯通培养

对国家课程的必修内容，采取"加速学习"的方式，在国家规定的

周课时数中,对"数学"学科多层次创新人才早期培养,聚焦于学生数学强潜能开发与综合素质提升;对于"数理综合(物理/化学/生物/计算机科学)"学科多层次创新人才早期培育,留出不少于每周 8 课时进行"数学＋物理、化学、生物、计算机科学"专门课程的系统化学习,注重初中、高中、大学相应学科领域的贯通学习。

对数学等学科领域的专门课程知识贯通学习,学校注重贯通学习的系统性、科学性、完备性,将参照数学学科竞赛的数学 A 班、小 A 班、小小 A 班,第二课堂、活动课、专业课等形式进行课程内容的系统、整体、贯通学习的安排,力争做到基础夯实牢靠;学科知识面广阔,适当进行初、高、大学内容贯通学习;学科深度足够,绝大部分达到高中竞赛要求;学科高度要适度拔高,既有理论习题类的经典问题,又有当前科技前沿的应用问题。

与此同时,形成华育中学优秀初中学子进入上海中学"数学＋物理、化学、生物、计算机科学"学科领域的贯通培养。对部分特别拔尖的数学、物理有天赋的学生,一方面与上海的高校专家、学校特聘教授进行联合培养,另一方面可以直接输送至北京大学、清华大学进行贯通培养。学校将广聚各类社会资源,开门办学,为多层次创新人才早期发现、早期培养铺就康庄大道,上不封顶;打破常规,不自我设限。

六、培育特色:探索初中阶段创新人才早期培养新模式

1. 开创一条新时代初中阶段探索面向全体、全方位、多层次创新人才早期培养的新模式

我们营造华育中学优质育人生态环境,创设集合各类优质资源,为有潜质学生提供最大发展和可能性,同时也缓解初中阶段强潜能学生可能面临的心理压力,以及直面初中学生不确定发展的挑战,形成"点线面体"为支撑的全方位、多层次创新人才早期培养新模式。

2. 选配一批数学/物理/化学/生物/计算机科学等学科领域优秀的专业教师引领学生全面而有个性发展

选拔学校优秀的、资深、有深厚专业功底的教师担任"数学＋数理综合（物理/化学/生物/计算机科学）"学科实验特色班任课教师、班主任、生涯导师。学校注重全体学生的创新素养培育导向，对创新人才早期培育的全方位、多层次，不局限于某个年级的实验班，而是面向全体学生优化师资队伍建设，从心理、性格、价值观、学科等方面引导学生发展，引导学生在学校承受一定学习压力的同时又能快乐成长，助力学生成人成才。我们相信，优秀的学生要靠优秀的教师培养。只有优秀的教师，才能培养出更优秀的学生。

3. 形成华育中学、上海中学、大学、科研院所、徐汇区教育局实质性合作资源开发

采用"引进来、走出去"的方式进行资源开发，进一步强化与上海中学的贯通培养，与大学、科研院所、教育局实质性合作，包括大学专业领域大师进入学校开设专门课程、指导学生开展探究课题与项目研究，引导对科学感兴趣的学生进入大学、科研院所开展实验与进行实践项目探究。学校将广聚各类资源，为学生发展提供更多、更优质的发展空间与成长资源。华育中学将与徐汇区教育局、上海中学、上海交通大学签订协议共建"拔尖创新人才中高大衔接教育创新实验基地"。

4. 持续推进科学、工程、技能、艺术等方面创新实验室资源优化

为推进学生全方位、多层次的创新人才早期培育，学校将在已有十多个科技、学科等创新实验室基础上，进一步更新创新实验室，来促进不同领域学生的探究精神与创新能力。与此同时，将充分利用上海交通大学等高校丰富的实验室资源，引导学生开展感兴趣领域的实验课题、项目研究，进一步构建工程教育中心等跨学科创新实验室，引导学生向"国家强基计划"强调的"聚焦通信科技、高端芯片与软件、智能科技、新材料、先进制造等领域"的人才培养方向前行。

5. 进一步凸显学校管理与评价激励机制,强化对学生创新潜质与创新素养培育的动态管理

对进入学校"数学＋数理综合(物理/化学/生物/计算科学)"学科实验的学生进行动态管理与追踪评价,对品学兼优的有学科专长的学生进行奖学金激励。强化大学教授、科研院所专家、学校教师及学生参与的学术共同体构建,构建全方位、多层次创新人才早期培育的评价指标体系。不断优化大中学、科研院所合作育人机制探究,彰显学校培育沪上因材施教之新引领名校的使命,努力成为本市一流的学术型、创新型民办初中。

七、保障体系:打造战略性人才成长发展的良好生态

1. 强化组织保障

成立由校长室牵头、市区级专家组、大学与科研院所特聘教授组、学术探究组等多方协调的组织体系,在人力、物力、财力等资源配置方面为学校面向全体、全方位、多层次的创新人才早期培养实验提供实质性支持。

2. 形成制度保障

建立与学校面向全体、全方位、多层次创新人才早期培养相匹配的学生管理办法,初中贯通直升高中乃至大学的管理办法等,配备学校教科研工作团队,为学科实验的人才培养提供教育研究的制度保障。

3. 实验资金保障

学校开展面向全体、全方位、多层次创新人才早期培养的实验经费,一方面得益于徐汇区区委、区政府以及区教育局的大力支持;另一方面集聚上海星河湾双语学校教育基金会的支持,充分保障实验的顺利进行。

4. 提供人员保障

学校统筹借助教育家唐盛昌先生团队聘用的市级专家等各方面人力资源，全力支持实验相关的教师专业发展、人员奖励经费等方面的保障。

5. 可持续的政策保障

十年树木，百年树人。学校面向全体、全方位、多层次的创新人才早期培养实践探索，事在当代，功利千秋。可持续的政策保障既是培育实验与教育实践的客观要求，又是探索成功的必然前提，急功近利、朝令夕改都会对实践本身造成根本性伤害。有华育中学的全力付出，有社会各界的大力支持，可以期待华育中学在探索之路上乘风破浪，一往无前。

综上所述，上海市民办华育中学将在初中阶段形成面向全体、全方位、多层次创新人才早期培养实验的战略全局思维，增强学校育人方式变革的"使命感"，从为党育人、为国育才的视角去解决初中阶段多层次创新人才早期培养的现实问题，打造战略性人才成长发展的良好生态，形成不同领域、不同层次的创新人才早期培养的华育方案、徐汇范式和上海智慧。

（选自《面向全体、全方位、多层次创新人才早期培养实验项目研究》一文。）

10.

持续深化学校走强内涵

2024 年是充满活力的农历龙年。龙作为中国传统文化中的吉祥象征,承载着力量、智慧和尊贵。在上海市民办华育中学开办 25 周年之际,我们要勇往直前、不畏艰险、追求卓越、迈向更高的目标。

华育更高的目标是什么? 华育自创办以来,一直追求高品质高质量教育和精英化教学,看重学生的品德,看重学生的学术成绩,看重学生综合素养。现在民办没有明显的政策优势,公民办之间竞争压力大,唐校长为我们打开新思路:(1)华育要在创新人才早期培养方面探索新的模式、新的培养体系,关键是能提早发现和培养综合素质优秀且具有数学潜能的学生。(2)2023 年中考继续保持上海民办第一,获中考第一的关键是各学习水平的学生都超常发挥。(3)四校自主招生录取率第一,保持四校自主招生录取率第一的关键,华育是上海的华育,不是上中的华育,这个理念必须坚守,华育支持和尊重家长的选择。这三个目标就是学校的定位,也是华育人的使命,华育人必须知难而进,勇往直前。面对"摇号"入学政策的稳步实施与我校开展面向全体、全方位、多层的创新人才早期培育实验项目,我们必须向社会交出满意的答卷。下面我想结合新学期工作,深化学校走强内涵,谈几点工作要求:

一、学校持续走"强"的内涵演变与面临的挑战

华育中学在新的五年发展规划中,确立了"走强"的发展战略。

在国家大力推进教育强国建设的背景下,我们既要珍惜已有积累与基础,也要清醒地看到现实的差距。为此,我们需要深刻理解学校持续走强的内涵演变并正视所面临的挑战。

经过 25 年的发展,华育始终将走强放在首位,致力于打造一所高质量的民办寄宿制初中。特别是在过去的 10 年里,在唐盛昌理事长的领导下,我们取得了显著的"四强"成果:学生强——华育是优秀学生或渴望成为优秀学生集聚的学校,学生心中有目标、思维有品质、眼里有光芒、脸上有笑容。学生和学校互相成就,毕业学生以学校为自豪,学校以毕业学生为骄傲,众多优秀学生在各类竞赛中脱颖而出,奋勇拼搏,绽放精彩,展现出才华和实力。教师强——教师是学校的核心力量,我们的教师团队是上海初中教育领域中的佼佼者,浸润着优质教育的思想与梦想,培养了一批又一批优秀学生。目前,教师团队中毕业于双一流的高校本科生和研究生已超过了 77%。课程强——我们建立了"点线面体"校本实施课程体系,不仅为学生提供了数学、物理、化学、信息技术和生物等五大学科竞赛课程,而且为学生提供中文写作、科技英语等课程,每周确保上千人次的学生免费参与拓展课程,我们还为学有余力的学生提供上不封顶的高阶课程,满足不同层次学生的需求。管理强——华育理事长唐盛昌是学校管理团队的灵魂与核心引领者。他的理念影响着领导班子,领导班子影响教师,教师影响学生,学生影响社会。我们必须认识到,学校的发展永无止境,我们需要站在"教育强国"高度审视学校的走强之路。

(一) 华育面临着至少四个方面的内涵演变

1. 要具有国际视野和核心竞争力

中国教育在全球教育格局中的地位日益提升,2023 年 11 月 9 日,联合国教科文组织第 42 届大会,通过了上海设立教科文组织国际 STEM 教育研究所的决议,标志着教科文组织一类中心首次落户中国,这也是首个在欧美之外的全球一类中心(全球有 10 个一类中心），唐校长作为专家参与这个项目的论证和决策。这要求我们在培养学生的创造力、提升教育核心竞争力和影响力等方面有更大的作为。此外，我们还需要关注学生现代性的提升，如他们的认知能力、创新能力、合作能力和生涯规划能力等。

2. 要处理好教育公平与质量关系

华育在关注优秀创新人才早期培养的同时，也不能忽视对全体学生的全面教育和个性化发展。每个学生都应在原有基础上得到持续的、多元化的提升和发展。

3. 要关注教育内容与知识更新的适配性问题

华育学生的基础知识与星河湾双语学校学生的基础知识差距较大，随着时代和科技的快速发展，我们需要不断更新教育内容，确保分学科和跨学科的教育内容都能与知识传承和创新需求相匹配，满足学生解决综合性问题的愿望。

4. 要加强内部治理结构与文化的建设

校领导、教职工、学生、家长乃至华泾派出所、区检察院、民政局等社会力量都是华育中学治理的主体，各机构互相配合，彼此制衡，共同管理学校事务，推动学校发展文化与制度的建设，变外在强制性要求为内在动力性支撑。

基于上述学校的内涵演变，华育中学将继续努力肩负教育强国背景下的责任与使命，面临诸多挑战。

（二）教师必须积极面对四个挑战

1. 教育观念与教学方式有待转变

过去，许多教师在教授"好学生"时游刃有余，但面对发展水平各异的学生时，却感到力不从心，课堂纪律问题如何控制？学生学习动力不足如何调动？我们要善于挖掘每个学生成长的闪光点，因材施教，针对性地改变教育观念和方法。我们要意识到，学生最辉煌的时刻并非在基础教育阶段，而是在未来20年后对社会的贡献。因此，我们的教师必须看到，从来没有一个时代像今天这样需要不断地去改变，教育被逼到墙角，如果意识不到教育在飞速发展，就会被时代抛弃。

2. 学科素养与教育学理论基础有待提升

虽然华育绝大部分教师都是高素质的，拥有丰富的学科知识储备和教育学理论基础，能熟练地教授学科知识并激发学生的创造力，还能根据学校的发展与时代的要求，持续更新专业知识，通过参加研修等多种方式提升自己的专业。然而，仍有约5%的教师跟不上学校改革与发展的步伐。由于学校发展很快，学生和家长对教师要求高，学校必须进行改变。对学校布置的教学任务和班主任职责，有些老师怕承担责任，不愿意双肩挑，缺乏工作热情。有些老师在处理学生问题上敏锐性不够，视而不见或简单粗暴，教育热情和学科素养还须加强。每个教研组要排摸分析达不到标准的教师，怎样帮助其达到标准？德育处、年级组要排摸不当班主任的教师，哪些是胜任的？哪些是不胜任的？如何才能胜任？此外，华育教师整体年轻，平均年龄仅35周岁，但家庭负担较重。如何平衡学校和家庭之间的关系？也是非常重要的。今天提到这些问题，希望我们的教师能认识到育人面临的新挑战，并找到提升自身能力的方向。

3. 教育强国背景下的"走强"内涵与挑战有待认识

有些教师认为"教育强国"离我们很遥远，实际上我们已身处其中，在华育土壤里，我们要努力培养"走强"的核心竞争力，教师的核心竞争力是建立在全面综合素质之上的，包括独特的教学风格、独特的教学能力和独特的教学见解，我们不仅要教出好成绩的学生，而且更要让自身成为学校不可或缺、具有独特价值的人。

4. 新课程标准和校本化实施有待钻研

义务教育新课程标准的实施，是国家在教育走强视野下对学校教育内容的制度引导与设计。每一位教师都需要认真吃透新课程标准、运用好新教材，并根据学生的特点进行高质量的校本化实施，这对教师专业水平与课程实施能力都提出了前所未有的挑战。

因此,每一位教师、管理人员和职工都要静下心来,深入思考学校在教育强国背景下的应对策略和发展路径。只有立足学校的长远发展才能找到推动学校"走强"的有效途径。

二、深化学校走"强"的应对要义与发展路径

当前,我们整个教育界都在讨论如何实现教育高质量发展的问题。针对华育的实际,我们沉着思考学校走强的应对要义与发展路径,2023 学年第二学期是华育中学第一届"摇号"入学的学生迎接中考的时候,也是重新"排位"并确立上海初中领域地位的时候,社会在高度关注华育。为此,我们要从以下五方面入手,竭力推动学校走强。

(一) 创新人才的早期培养走强

1. 两个实验班形成自己的培养体系

现在国内人才培养有三条途径:(1)传统名校。比如,北大清华等高校、上中华育等中学,都是有实力的传统学校,这些大学和中学基础厚实,有积累,有经验。(2)新布局。适应领军人才培养的北大清华的千人计划、领军计划以及姚班、钱学森班、攀登计划等,华育毕业生每年有 10 多个学生进入千人计划培养。(3)正在试点的新举措。丘成桐数学班在全国 40 所学校中进行试点,仍有很多不确定性。我们按照自己的节奏走,稳扎稳打。

华育至少要从四个方面坚持:(1)坚持基础学科的早期培育,数学、物理、化学和生命科学等,都是比较成熟、容易起步的学科。(2)坚持计算机科学背景下的信息素养、语言素养、英文素养的早期培育。(3)坚持性格特征的早期培育、成功品质的培养,包括坚韧性、意志力、对知识痴迷。(4)坚持家国情怀的早期培养,思考如何报效

祖国、服务社会、奉献自己？如何从小确立奋斗的志向？对有志于终身从事科学研究的学生，他们将在华育的一片沃土中破土发芽。为此，华育必须打破禁锢，打破框框的束缚，真正开启学生思维大门。在课程设置上做到"上不封顶，下有保底"。

2. 摒弃功利心态，坚持"普育"与"选苗"并行

基础教育阶段作为开展拔尖创新人才早期培养的关键期，华育经过 10 年的努力，使一批少年英才脱颖而出。但是，我们也看到不少学校存在着"靠伯乐不靠机制""看智力不看其他""重选苗不重培土"等短视做法，这些做法会带来人才被埋没或成长偏差等负面影响。华育要继续摒弃功利心态，坚持"普育"与"选苗"并行，既让真正有天赋的学生及早"冒头"并提供适宜的成长平台，也启蒙和培育更多学生创新素养。在面向全体学生提供实现潜力发展的适宜土壤的基础上，建立科学的拔尖创新人才早期发现培养机制，并与上中贯通培养，积极探索交大、上中、华育一体化培养。

3. 营造实验班学生成长的生态环境

对实验班学生，要着眼于培养未来的大才，不仅要让他们成为科技人才、专门人才，而且有望成为推进人类命运共同体的栋梁之才。努力创设多元发展空间（包括数理、科技、人文、艺术、体育等），让学生找到自己的潜能特长。华育注重挑选不同类型的学生，让他们一起相互交流、学习，有些学科能力强，有些综合能力强，组成一个良好的学生教育生态环境，促进学生坚韧品质的培育，有利于学生的个性发展与多方面可塑性开发。

（二）"五育"融合的学生发展走强

1. 探索"五育"融合育人的方式和路径

现阶段实施"五育"融合，要以德为先，以智为本，以体为径，以美为核，以劳为重，各部门都要参与思考"五育"融合育人的方式与路径，努力挖掘新活动，以及新活动在"五育"融合上的元素整合与思

考。"五育"融合育人的路径主要有超学科活动、超学科学习、多学科融合、挖掘教材内容中的"五育"育人点、研学与实践活动融合、劳动教育与综合实践活动融合、多元教学方法融合及在学校文化、校园空间、教学组织管理、师生互动等方面对学生综合素养培育的融合等。华育要努力找到适合学生全面而有个性成长的"五育"融合育人载体,形成自身的"五育"融合育人特色。学校与上海交通大学合作组建的华育建模团队就很有亮点。

2.注重学生在全面发展基础上的个性、潜能开发

华育是初中,奠基性教育不能只专注某一类或几类人才的早期培养和输出,而应面向人人,奠基素养,挖掘潜质,不能只选择部分"拔尖苗子"而育,要让所有学生都有成为拔尖人才的机会,只有坚守这一定位,才能在面向未来的拔尖创新人才培养中跳出分数至上和竞赛为王的框架。华育是一所积极面向全体、全方位、多层次拔尖创新人才早期培养的学校,要通过引导学生根据自身兴趣,参加学校定期组织的各学科的兴趣拓展课,"广撒网"式发现具有研究兴趣、创新精神、坚韧品质的"拔尖苗子",进入学校特色班学习。

3.给平行班学生提供不同的发展机会,满足学生群体的多样化需求

华育要高效利用现有的资源,打开学生的成长通道,激发学生的多视角兴趣。未来学生的成功,主要来自天赋、努力和素养,通过学校创新实验室分模块轮番学习,通过科学家和大师各种报告,通过学校开展的各类竞赛活动的选拔推进,努力为多领域人才早期发展夯实根基,真正让有潜力的学生尽早脱颖而出,不给学生贴标签,不让学生"躺平"。

4.借助实验班的机遇,完善五大学科竞赛讲座和校本课程

唐校长说,华育的实验班是徐汇区新的创举和布局,突出三点:(1)通过政府的购买服务,体现教学行政部门对学校创新人才早期培养的主导和引领作用;(2)通过四方的合作签约,体现教学行政部门

对学校创新人才早期培养的资源整合作用;(3)通过教育局对华育原有的优势发挥,体现教学行政部门对学校创新人才早期培养的统筹推动作用,对华育来说是新的里程碑。

（三）因材施教的课程内容走强

1. 完成华育新一轮校本课程纲要的编写

各门学科在暑假完成国家课程标准在华育校本化实施,全力推进新课程的校本化实施,认真吃透国家课程标准,认真研究"摇号"学生的不同差异,根据学生特点进行高质量的校本化实施,每个教研组形成自己的特色和强项。2024学年数学等学科预初和初一年级使用新教材,推出综合和实践题。现在有两种趋势:(1)大学已经调整招生计划,各校都在增加理工医农的比例,重视理工科学生的培养。(2)研究中考,北京试点的信息是:考题情景化、生活化;考题跨学科;阅读理解能力要求提高。对《义务教育课程方案（2022年版）》的校本化实施,学校在因材施教方面大有可为,要进一步推进新课程新教材视野下的课程校本化实施走强。面向实验班面向"摇号"入学的平行班不同层次学生,各学科如何走强课程标准? 实验班学生的超前学习,是在知识结构不完备的情况下冲刺大学和高中内容,更需要跨学科补充,如学大学物理要补充微积分。补漏补缺就是对学科课程内容的结构化重构,不是简单地教高中或大学知识。

2. 积极认真落实徐汇区实验项目

我们在上学期签约开始实施的"面向全体、全方位、多层次创新人才早期培养实验项目",将为学校课程深化因材施教的"强"提供前所未有的支撑载体。"面向全体"关注每一个学生的创造力培养,立足担当民族复兴大任所需要的高素质创造性劳动者奠基;"全方位"关注多个领域的创造性人才或创新专门人才的早期引导与个性化知识构成夯实;"多层次"不仅要关注大量各领域创新专门人才,还要关注国家所需要的关键科技领域的拔尖创新人才或国家发展其他战略领域的领军人才,引导在数理等方面有强潜能学生的天赋与潜质得到更好发展,推进课程、教学、资源、评价等方面进行整体突破。

3. 确保课程设置和实施的高标准

在课程设置上厚植"社会主义核心价值观体系课程＋校本学科特色课程"的课程体系根基,培育"全面发展＋学科专长"的可持续发展、有强大后劲的学生,上不封顶,打破常规;在课程实施上科学谋划课程实施新模式,为有潜质学生提供最大发展和可能性,加强学段衔接课程的系统化设计;深化因材施教与孕育创新素养的教学改革。

（四）持续提升的教师素养走强

1. 弘扬践行教育家精神

教学处、德育处、办公室在弘扬践行教育家精神上要有举措。习近平总书记在教师节给优秀教师的勉励信中提到了"教育家精神",按照教育家精神去办教育,我们的教师素养提升还永远在路上。我们身边的教育家唐盛昌先生为我们树立了榜样。唐盛昌先生 82 岁再获殊荣,被评为首届上海市杰出人才,是基础教育界唯一入选者。他的主要成绩:(1)把上中从低谷推向巅峰,在数学拔尖人才培养、学生素养培育等方面取得了开创性成就;(2)以战略眼光布局初中教学基地,为上海中学高位发展奠定了扎实的生源基础;(3)基础教育国际化先行者,1993 年主导创办上中国际部,2012 年起,又相继开办上海星河湾双语学校和上海杭州湾双语学校。这不仅是唐校长的荣耀,也是我们整个团队的荣耀。从唐盛昌先生身上,我看到了践行教育家精神,需要在理想信念、道德情操、育人智慧、躬耕态度、仁爱之心、弘道追求六个方面强化自身修养。对华育的教师来说,要成为育人"强师",不仅要在学科专业上持续追求"强",更要在学生培养过程中始终是学生的良师益友,只有优秀的教师才能培养出更优秀的学生,优秀永无止境。华育教师要与时俱进,不断提升自身素养。

2.教师既能教好学生,更能教好"学业后进学生"

让不同类型的学生都能在原来基础上有所提升、有所发展、有所增值。教师走强的功夫在课堂上,要深耕课堂、扎根课堂,向课堂要质量。要熟悉教材、熟悉大纲、熟悉学生,真正研究教学。我不希望教师写理论一大堆的空洞性文章,我希望教师把教研论文写在学校课程开发上、写在课堂上、写在学校组织开展的各类活动中。我认为,上好课与育好人本身就是最好的教研,把上好课与育好人提炼出来就是好文章,这样的好文章更能指导教学。如果条件成熟,我们可以将教师的优秀课堂教学、活动实录与课后活动反思整理成册。

(五) 共同成长的教育评价走强

当前,一方面要推进面向全体、全方位、多层次创新人才早期培育实验项目,另一方面也要推进新课程的校本化实施,深化学生的核心素养、综合素养。学校需要在学生评价、教师评价上进一步改革,营造师生共同成长、创设多样师生发展共同体的教育生态,推进评价进一步走强。

1.探索学生共性发展与个性成长的评价体系

从全面而有个性发展的知识构成、有发展潜质领域的创造实践专长、坚韧品质、思维能力与创新能力等方面进行考察形成全方位、多层次的创新人才早期发现与识别的引领评价系统。

2.强化师生评价的激励机制

一是强化对学生创新潜质与创新素养培育的动态管理,对进入学校"数学＋数理综合"的实验班学生进行动态管理与追踪评价,同时对品学兼优的平行班学生和各领域有学科专长的学生进行奖学金激励。二是强化大学教授、科研院所专家、学校教师及学生都参与的学术共同体构建,对于积极参与实验项目与推进学生个性化成长、多样化发展的教师个体与集体进行评价激励。

3. 坚持综合与自我发展的评价

不以分数作为评价学生的唯一标准,分数不代表一切。对学生发展的单一性分数评价转变为综合性评价以及基础知识＋核心素养的评价。对教师的评价转向"为教师发展的评价"与"教师自我的评价",通过评价导引与激励促进学校教书育人的良好教育生态形成。

三、推进学校走"强"的保障措施与治理之道

（一）加强学校教育资源的支撑强建设

我们将继续强化学校的科技类、工程类实验室建设,既有普惠类又有提升类实验室资源,让每个学生都能体验到探究与创新的魅力。建立急救知识培训工作室,2020 年 8 月,中国红十字会总会和教育部联合印发《关于进一步加强和改进新时代学校红十字工作的通知》,将学生健康知识、急救知识,特别是将"心肺复苏"技能纳入教育内容。掌握"心肺复苏"技能,掌握急救技能,能挽救身边的同学、朋友。学校是公共场合,师生多,平时活动多,各种意外很可能会在我们身旁发生,急救知识可以挽救生命,减轻伤害。2023 年 9 月 19 日,华育中学与徐汇区教育局、上海交通大学、上海中学等四方达成了合作,推进全体、全方位、多层次创新人才早期培养实验项目研究,象征着学校已经迈入实质性合作育人的阶段,学校将充分利用多方资源,使我们的学生更好地成长。学校还将进一步延伸与拓展校外教授指导团队,为学生的成长带来更为广阔的教育资源支撑平台。

（二）加强家校社合作育人的机制强建设

家长学校下设四个指导部门:心理咨询部门、法律咨询部门、家校沟通部门和家庭教育部门。华育家长中人才济济,能发挥很大作用。

学校将立足学生全面发展,端正思想价值,加强家庭与学校的联系、学校与社会的互动,努力创设有关科技、人文等方面的多样活动,

包括科普基地共建与交流活动,欢迎家长参与学校科技、体育、艺术等方面的志愿者活动等,艺术节上家长和学生的精彩演出让不少师生流下眼泪。学校努力深挖"五育"融合的校内外互动形态,持续拓宽家校社联动活动的视野。形成以文化共识促进合作育人的实践联结,以资源共享带动交往互动,以教育行动促进区域人才自主培养动能,推动家校社合作育人运行机制的结构性调整。

(三) 加强学校声誉的社会认同强建设

抓住学校建校 25 周年的契机,可以开展一些凸显华育因材施教、分层教学、面向全体、多元特色的教学公开课与展示活动,进一步加强学校声誉与社会认同的延伸。在这方面,我们面向同类初中展示教学上做得少,可以尝试在同行认同上作些突破。还可以邀请我们的优秀毕业生返校,不仅给学弟学妹介绍,也可以给家长介绍,或者组织我们的在校生(少先队与学生干部参与),访谈一些优秀的毕业生,总结提炼华育中学的育人智慧体现在哪些方面,对学生成长夯实的核心素养根基体现在哪些方面。学校 25 周年活动,以怎样的形式庆祝,德育处已经有思考并做具体的谋划。

(四) 加强学校文化的治理强建设

学校治理强是管理强的延伸。我们已经形成了一支想干事、能干事、干成事的管理队伍。整个管理团队肯干、乐于奉献,不计较得失,能做到吃亏在前,但还需要进一步提升管理才干,对恶意挑衅的矛盾处理能力还需要提升。我们的管理应该是追求凝聚人心,让每一位教职工都能发挥学校走强的主人翁作用与价值,没有最好,只有更好。我们将持续推进高效管理,不给教师增加不必要的负担,精简会议,深耕课堂。学校治理将持续推进"以文化人"的精神文化和"文以明道"的制度文化建设,强化对管理团队的法理情结合的治理水平。

这包括进一步修订完善学校管理规章制度,敢于果断处理应急事件,形成处理规程,不需要校长决策的可以到各分管领导处处理,需要校长决策的可以及时沟通与交流。各部门分管领导与部门领导敢于决断与处理学校发展中的问题,从"一域深耕、全局赋能"的整体性治理视角推进学校内生发展动力的激活,从而推动学校管理水平得到更好发展。学校将进一步提升教职工为学校发展作贡献的荣誉感与责任心,努力让教职工全身心投入学校走强的内涵建设与外延拓展。

最后用泰戈尔的诗互相勉励:把自己活成一道光,因为你不知道,谁会借着你的光,走出了黑暗;请保持心中的善良,因为你不知道,谁会借着你的善良,走出了绝望;请保持你心中的信仰,因为你不知道,谁会借着你的信仰,走出了迷茫;请相信自己的力量,因为你不知道,谁会因为相信你,开始相信了自己……愿我们每个人都能活成一道光,绽放所有的美好!

(选自《深化学校走强内涵——2023 学年第二学期工作计划》一文。)

11.

答家长十九问

　　上海星河湾双语学校(以下简称"星河湾学校")成立于 2012 年，是一所专注于提供 1～12 年级高品质教育的民办双语学校，由唐盛昌先生领衔的资深团队管理。上海金山杭州湾双语学校(以下简称"杭州湾学校")成立于 2017 年，专注于提供九年一贯制高品质教育的民办双语学校，也是由唐盛昌先生领衔的资深团队管理。这两所学校都由唐盛昌先生任校监，我担任学监。对这两所学校，1～9 年级实行国家规定的义务教育课程，并从国际视野角度整合与融入有关内容。星河湾学校高中部被上海市教委批准试点开设国际课程——大学先修 AP(Advanced Placement)课程，且以国家课程为主干，整合国际课程后实施。目前已成为上海市家长心目中的优质学校，我主要协助师资招聘、教师培训及对家长的育人引导工作。以下是我在推进这两所学校管理过程中遇到的十九个问题，在此一一解答，从中可以看到这两所学校的教育理念与育人方式。

一、为什么星河湾学校(高中部)选择试点 AP 课程

　　AP 课程的选择性比较大，学生可以根据自身的专业与兴趣方向选择适合自己的 AP 课程科目与门数。一般学生进入高中第一年可以选择 0～2 门 AP 课程，第二年大多数学生会选择 2～5 门 AP 课程，第三年大多数学生会选择 3～5 门 AP 课程。AP 课程科目选择，既可以扬长避短，也可以文理兼修。可以根据自身特点定制课程方

案。擅长物理的学生可以选择物理 1、物理 2 和两门物理 C，不必非得选自己不擅长的社会科学或文科，但可以在高三时选择社会科学或文科作为尝试；擅长生物、化学的学生选修化学、生物、环境科学、社会科学；对商科感兴趣的可以选择宏观与微观经济、人文地理，喜欢文科的可以选英语语言、英语文学等。学校在 AP 课程考试中取得了令人瞩目的成就，在 2000 多人次的 AP 课程考试中，93％以上获得 4～5 分的高分（满分 5 分）。

二、对 IB 课程的客观认识问题

众所周知，IB(International Baccalaureate)课程全称国际预科证书课程，既有与世界各国主流教育课程体系之间的兼容性，又有自己教育理念发展下的独特性，是被全球教育界认为具有较高学业水准的教育项目。近年来，为了适应各国本土化需求，吸引更多的学生加入，也在不断进行调整，如其核心课程 TOK（（Theory of Knowledge，知识论）和 EE(extend edessay，拓展性论文)以前必须用英语写作，现在允许各国学生用自己本国语言写作。学生是否选择IB 课程主要看自身发展的适合度。

三、对数学和实验科学扎根中国、融通中西的认识问题

对数学学科，我们注重融通中西。星河湾学校、杭州湾学校的初中数学教育既关注我国数学课程标准内容的学习，又注重整合SAT1 的部分要求，而且兼顾高中 AP 微积分和统计的一些衔接内容。九年级平面几何部分，我们在难度上高于美国同年级数学教学要求和 SAT1 的要求，还增加了与 AP 课程密切相关的一次函数、二次函数、基本运算和概率统计问题等知识点。

对物理学科，我们在初中教学中注重衔接高中 AP 物理 1、物理

2 的内容,如 9 年级声光部分,同时注重引导学生用微积分相关知识来解决物理问题。星河湾学校还重视学生利用物理的基本原理,解释身边的现象和对学生能力的培养,使学生做到从生活中走向物理、从物理学习中回归生活。

对化学学科,星河湾学校在化学学习内容中拓展了对原子模型和原子结构的认识。从电子得失角度去分析,将结构、性质、变化与用途及化学测量知识与研究方法融于教学中。

对生命科学,国内的教材在 6~7 年级主要让学生学习环境保护、自然与人类、人体健康等内容,星河湾学校与杭州湾学校补充了国外教材中的有关微生物和动物学构成的生物圈、人体系统等内容,8~9 年级还补充了分子生物、细胞、遗传、进化和生态等内容。

四、怎样选择好学校

有思想的学校就是好学校。星河湾学校与杭州湾学校的办学思想来自教育家唐盛昌先生的办学理念。唐校长旨在通过决策层改变一所学校,通过一所学校改变一群人,通过一群人改变世界。这两所学校在培养学生的学术背景、学习能力、创新能力、思维能力、语言能力及体育活动、社会活动能力等方面都非常强劲。

学校考虑问题的立足点是不仅要把学生送进名校,而且更注重学生进名校的竞争实力,将来可以为国家、社会乃至为人类作出更大的贡献。许多毕业生回母校看望老师,都十分感激学校为他们打下的坚实基础,让他们更加自信,发现自己的潜力所在。

五、与公办学校相比的发展空间在哪里

星河湾学校的学生学得很开心,学到很多自己想学的有用的东西。开心是因为学生的兴趣特长被激发了出来,有用是因为学生学

到了许多对适应未来信息社会与智能社会有用的知识。

就拿高中数学学习来说，公办高中数学学习的三大内容：函数、数列、解析几何。伴随着科技的进步，学科内容的时代特征更加明显，动态变化也在加速。IB、AP突出了微积分与统计概率，星河湾学校在这方面的教学进一步加强。

星河湾学校注重培养学生解决问题的能力，大力推进跨学科教育，让学生做自己喜欢的事，大力开展课外活动。

六、这两所学校外籍教师的特点如何

这两所学校的外籍教师有四个特点：其一，归属感。2020年2月疫情期间，100多名外教全部返回中国，开展线上线下结合的教学。其二，认同感。认同学校的办学理念，不仅重视教学过程，而且非常重视教学结果，英语教学水平普遍高于同类学校。其三，融合感。中教与外教高度融合，共同备课、共同解决学生遇到的问题，通过深度合作与跨年级、跨学段的无缝衔接，保证了教学质量。其四，成就感。外籍教师相信，自己肯付出，就会获得成就感、幸福感，他们敬业负责，作业批改及时到位，上课形式多样化，调动了学生的积极性，得到学生与家长好评。

七、AP Capstone 是什么

AP Capstone是由美国大学理事会（College Board）推出的一个基于培养高中生与未来专业/职业相关，带有探/研究性质的 AP 课程领域，目的是培养学生的批判性思维、研究技巧和学术写作能力。它由两门学术课程组成：AP 研究课程（AP Research）和 AP 研修课程（AP Seminar），是为了让高中生具备更强的学术研究能力而开设的为期两年的高级课程。

其中,AP 研修课程(AP Seminar)研修范围非常广,强调多学科(包括科技、社科、人文、艺术等)、多角度融合,要求提交 2000 字的论文,包括学科综述、议论文写作和实际案例分析等。

AP 研究课程(AP Research)强调专业学术论文写作,深入学习学术论文各部分的写作,如研究背景如何撰写……根据学生的专业方向,需要一一匹配对应的专业教师指导,如物理、化学、生物、经济、心理、美术、文学等,对教师带教的要求也非常高,要求提交 5000 字的论文。

八、幼升小英文学科如何准备

对即将升入小学的孩子,如愿意就读双语学校,在英文学科准备方面可以多下些功夫。

1. 听力。能听懂并识别字母、常用单词。能听懂日常简单的对话和课堂指令,如"Sit nicely."(坐坐好)、"Give the packet to your teacher."(把本子交给老师)等。常用的提高方法:听字母的读法和发音,让孩子大声朗读,创设英语环境,父母和孩子在家中用英文交流等,看英文动画片、听英文歌曲、看英文电影。

2. 说。知道 26 个字母的读法和发音,能认读单词;能说出简单句子,如 I can …,I like …,My favorite color is …等。能用英语表达自己的想法,如能用英文向教师解释早上迟到的原因。

3. 读。能自主阅读一定单词量的英文短文,培养阅读习惯。亲子阅读或自己阅读均可,每天 30 分钟左右。

4. 写。能在三线格中比较规范地书写 26 个字母的大小写;能规范地书写一个简单的句子,做到首字母大写,每个单词之间有空格,句子结尾有标点符号等。提升方法是抄写 26 个字母,抄写一些简单的句子等。

九、为什么这两所学校 1～9 年级的课程是高度兼容的课程体系

两校以国家义务教育课程标准为主干，吸收国际上先进的教育元素，在数学、科学、物理、化学、生物等学科部分内容实施双语教学，突显高度兼容。小学与初中阶段课程分为奠基课程Ⅰ、奠基课程Ⅱ和基础课程三部分。所有初中学生按市教委的要求，参加并通过义务教育阶段各科学业水平考试等。

奠基课程Ⅰ。面向 1～4 年级学生，旨在推进学生品德与行为、语文与英语、数量与空间、兴趣与爱好等四个维度的发展，具有三个特点：中教与外教合力的包班制度，双班主任；整合国际教育先进元素，具有鲜明的学科特色，如数学在整合基础上，增加趣味性和实际生活简单运用。艺术与体育由专业教师授课，并与个性化课外活动匹配，帮助学生学得开心，学到知识，培养兴趣。

奠基课程Ⅱ。面向 5～7 年级学生，注重小学与初中过渡衔接，强调学科核心素养的提升，形成跨学科、跨文化思维和眼界，语文和数学达到优质学校水平。英语阅读和语言的表达能力基本达到母语国家同龄学生水平。

基础课程。面向 8～9 年级学生，通过合理的课程设置，突出扬长思路，激发个性潜能，培养优势方向，为高中阶段的学习打下扎实根基，并在英语学科和学科英语上展现极大优势，学生的志趣开始成型，个性特长初露端倪，100％学生通过学业水平考试，中考成绩达到实验性示范性高中的中等以上水平。

两所学校的 1～9 年级学生在初中升高中时，托福的平均分星河湾学校达到 103 分，杭州湾学校达到 99 分（满分 120 分），学生在区级、市级、全国级和国际级等活动中斩获佳绩。

十、上海市星河湾双语学校 10～12 年级的课程系统

该校课程以国家课程为主干,整合试点大学先修 AP 课程,并提供丰富的选修课程,推进学生多样化发展。突出学生的核心素养及学科核心素养的形成和发展,根据不同学生不同的发展需求,提供 31 门 AP 课程,从境界、修养、学力、潜能四个维度,发展学生个性,适应社会发展的要求。体现星河湾学校课程的多样化、前沿性和高选择性,旨在帮助学生培养深厚的家国情怀、专业优势凸显的知识结构和开阔的国际视野。

十一、两校初小兼容的优势

兼容优势体现在学生出国留学不是唯一选择,学生既可以与我国教育阶段发展衔接,又可以与高中试点国际课程班接轨。有的学生因各种原因转到公办学校,也能实现完美衔接,一些小学生毕业升入上海外国语大学附属中学、上海市实验学校、浦东外国语学校等优质公办初中学习。两校学生的英语很棒,能用英语学数学和实验科学,以准母语水平与外国人交流。初小阶段的学生逻辑思维能力、实验能力超过同类学校的学生。

十二、MAP 测试情况如何

学生参加 MAP(Measures of Academic Progress)测试是两校用来参考评价学生英语学术水平的第三方测试,在美国与亚太地区诸多学校中广泛采用。具有如下特点:考试形式上,MAP 是一种基于网络的电脑自适应测试,机器根据考生答疑情况对题目难度进行调整。在考试科目上,MAP 提供数学、科学、阅读、语言运用等四个单

项测试,两校参加测评中的阅读、语言运用两项,即英语学术水平。考试结果上,MAP是成长性测评导向,看重学生的成长,所以每次测试后会给学生成长预测。同时 MAP 的成长数据也可以作为托福等语言能力考试结果的预测参考。评价反馈上,MAP 会提供同龄学生横向比对数据。如美国的成绩常模等。两校 60％以上学生达到或超过美国同龄学生的前 20％。通常测试统计划分为 20％以下、20％～40％、41％～60％、61％～80％、80％以上五个等级。

十三、 如何培养学生国际视野、民族情怀

两校不是外籍人员子女学校,是以实施国家课程为主体,部分内容开展双语教学的高端民办学校。我认为国际视野培养至少包括三个方面:多元开放的思维、平等包容的胸怀和团队协作的精神。家国情怀是一种民族大义,是一种精神境界,是一种文化精神,是时代的责任,更是青春的记忆。应把自己的命运与国家的命运、民族的命运紧紧联系在一起。

德育课程(如主题班会融入国际化元素与中国文化特点),关注中国核与世界流的目标追求的课程,影响学生的视野和胸怀;探究与活动课程,让学生在考察、实践、体验、竞赛等尝试中培养创新创意和创造能力,具有国际意识与家国情怀。

十四、 如何成就学生、教好学生

两校从无到有、从小到大、从大到强,成为上海双语学校的标杆,独领风骚,知名度在社会上,在学生、家长中很高,是优秀学生梦想的学校。经过两校的培养,大多数学生正在完成从普通到优秀、从优秀到卓越的转变。他们亲身感受到"学霸"并非都是天生的,通过勤奋刻苦磨炼,也能成为"学霸"。成就学生,教好学生,要培养学生良好

的学习习惯,有目标、有计划、有正确的学习方法等。

这两所学校都有催人奋进的环境,同学们看到很多比自己优秀的人还在努力,慢慢地被感染,形成你追我赶、不懈怠的校风。两校不仅是优秀学生或渴望成为优秀学生集聚的学校,而且也是学生毕业离校后,仍然汲取精神力量的学校,这是学校能成功的原因之一。

十五、星河湾双语学校(高中部)的学生学术水平如何

星河湾双语学校(高中部)的学生学术水平,直接与世界名校接轨。高中部处于平均水平的学生,到了世界各国的名校后都是名列前茅的。星河湾学校的尖子生到国外名牌大学后仍然是尖子生,学生发展有后劲、有潜力、有实力。

评价一所学校是否高端,不是看一部分优秀学生,不是看几个尖子学生,而是看学生的整体水平。每个到学校求学的学生,都有一个世界名校的梦,选择优质的学校才能在人生起跑线上多一份胜算。现在网络时代,各种信息铺天盖地、真真假假,资本绑架教育,信息不对称,更需要家长谨慎识别,透过现象看本质。

十六、星河湾双语学校做强体现在哪些方面

星河湾双语学校是一所高质量、高品质的学校,始终把做强放在首位。第一是学生强。学生无论是学术能力、创新能力、思维能力,还是体育运动和社会活动能力都很强。高中部已经毕业的学生100%进入美国综合排名前50的大学,其中90%左右进入美国综合排名前30的大学,学生与教师相互成就。

第二是教师强。这里凝聚了一批中外优秀教师,有一群浸润着思想和梦想的教师,优秀教师培养更优秀的学生。学校目前有AP课程的全球考官30余人。

第三是课程强。小学、初中、高中 12 年无缝衔接，学校整合了国际先进的教育元素，创造了独具中国特色的课程体系。每年 2000 人次学生参加 AP 课程考试，到 2023 年均分已经达到 4.8 分以上，托福平均分 108 分以上。

第四是管理强。有一支业务很强的管理团队，校级领导干部的平均年龄在 43 岁左右，骨干与中层管理团队教师平均年龄为 35 岁左右，年富力强。校监唐盛昌校长的教育理念影响着领导班子，领导班子影响着教师，教师影响着学生，学生未来将影响世界。

十七、星和湾学校的家长特征如何

星河湾学校的家长有良好的教育背景，确信教育能改变人生，对高端教育有理性的认识和需求；有较强的经济实力和国际视野，对孩子的教育不限于国内名校，而是在全世界范围内选择适合自己孩子的学校；有自己的教育理念，教子有方，精心陪伴，以身作则，对学校发展高度关注与追随。

十八、两校与一般双语学校的不同点在哪里

两校与其他双语学校最大的不同是学习英语和用英语学。上海地区其他双语学校多是加几节英语课或某门学科试点用英语教。这两所学校不仅强化英语教学、请外籍教师教英语，而且还注重用英语教数学和实验科学。

上海双语学校学经典英语，而这两所学校除了学经典英语外，还与美国学校同步学习近代与现代英语，大多数学生达到美国本土同类学校学生的英语水平或准母语英语水平。

十九、两校对科学课程的开设情况如何

两校特别重视科学课程，把科学课程作为必修课开设。科学课安排了物质科学、生命科学、地球与空间科学等内容，让学生从小知道科学方法，了解科学探究的步骤：观察、问问题、制订计划、记录结果、修正、再修正、交流等，形成严谨的闭环，激活学生的奇思妙想，锻炼他们的综合能力与提升科学素养。

2022 年 7 月 15 日，李英校长（右 1）接待上海市科学技术委员会副主任、上海市外国专家局副局长一行

融精细、悟性、大气于现代优质教育探索中

（后记）

我是 1979 年进入学校教育岗位的，在上海中学工作了 35 年，先后担任人事干部、办公室副主任、党总支副书记、校长助理、副校长、国际部主管等职。其间，曾先后兼任上海市民办张江集团学校校长（2006 年至 2012 年）、上海市民办华育中学校长（2012 年起）、上海市基础教育国际课程比较研究所副所长（2012 年起）等职。2014 年 3 月从上海中学退休后，担任上海市民办华育中学校长、上海市民办星河湾双语学校与上海市民办杭州湾双语学校学监等职。

无论是在上海中学和上海中学国际部任职，还是在上海市民办华育中学等学校任职，我一直都在进行现代优质教育的探索。因此，将从教 40 多年对国际教育的认识、对基础教育的认识、对学生与教师发展的认识、对学校管理的认识所悟，选择一些发言内容与探索思考整理成本书。这既是对我这些年来耕耘在教育领域中的所学、所获的一种呈现，更是见证上海国际教育、民办教育在优质教育的追求过程。

2004 年 12 月，《教育发展研究》杂志"校长风采"栏目想采写一位女性校长，当时我在任上海中学副校长、国际部主管，所以杂志社就找到我进行专访。后在 2005 年第 3 期发表了题为"集女性的精细、悟性、大气于一身——我眼中的上海中学副校长李英"的文章，我对该刊编辑将我的管理风格提炼为"精细、悟性、大气"还是非常认可的。

我作为学校管理团队的女同志，考虑问题比较细致，能把唐盛昌

校长的思考转化为可执行的策略，从宏观走向微观，再从微观中发现问题，进一步推进宏观思考。这也给我对优质国际教育、优质民办教育在探索过程中需要解决的学校发展、教师成长、学生成才、学校管理等问题有了进一步的认识与感悟。

我自觉个人悟性比较好，学习能力与领悟能力强，加上比较勤奋，所以能在工作中持续进步。我一到上班时间就很兴奋，每天很早就到学校，经常在学校里处理好各种事情后很晚才回家，具有很强的工作坚韧性。这可能与我从小喜欢体育有关，我曾在小学四年级时游泳横渡黄浦江，之后又横渡长江。1970年初中毕业后，当时抱着改变"农村一穷二白"面貌的伟大理想，不顾母亲的苦苦劝说，自己争取去了黑龙江建设兵团。因为表现好，一直提干，成为当时整个兵团中唯一的女性指导员、教导员。1979年回上海，经组织动员报考团校，后就留在培训地——上海中学，进入学校教育领域工作。

这种悟性，在一定意义上说是社会磨砺与客观、平和的心态使然，在艰苦的环境中总想着改变而形成的一种成长机制，是我在后来的十多年中不停地读书、不断地工作历练等因素共同作用的结果。唐盛昌校长的几句点拨，我就会仔细地思考怎样转化为实际行动来推动学校的发展。理解和领会了后，创造性去推进，实施效果往往比原来的设想还要好。

我在学校管理探索中，最大的特点是比较大气，不越位、不缺位、不抢功，坚持原则。遇到自己没有完全想通的事，会加强与领导班子的沟通，在明晰目标与策略后再实施。在这个过程中形成了自己对优质国际教育、优质基础教育、优秀学生成长、优秀教师培养及现代学校治理在实施层面的诸多想法。所以，本书也是实践智慧的结晶。

从一定意义上说，本书是在优质教育探索实践过程中积淀而成的，也是源自我在学校管理中多年来养成的习惯。我每次在学校各种场合的讲话，都要写成讲稿，而且要经过多次修改。这样日积月累，就形成了上百万字的讲稿。这些讲稿往往是在结合学校发展趋势、时代发展特点与当前学校发展需要解决的问题过程中形成的，具有时代性、实践上的可操作性，可能不一定具有理论上的系统性，但能为学校追求优质教育提供实践智慧与探索启迪。

本书的出版，要衷心感谢上海中学两位校长与教育功臣——首届教育功臣唐盛昌校长、第五届教育功臣冯志刚校长的大力支持，感谢与我一起共事的管理团队的悉心帮助，感谢家人的理解与推动。同时，还要特别感谢上海中学刘茂祥副书记与上海教育出版社编辑徐建飞主任、华育中学办公室同仁，认真细致地修改文稿，将发言稿整理成出版文字，他们付出了诸多心血。谨以本书献给上海中学建校 160 周年、上海中学国际部建校 32 周年及上海市民办华育中学建校 25 周年，为这些学校持续走在卓越的优质教育探索之路上提供一些印记。

李　英

2024 年 8 月

图书在版编目（CIP）数据

突显活力与精致的优质学校管理：现代优质学校教育面面观 / 李英著. — 上海：上海教育出版社，2024.8. — ISBN 978-7-5720-3044-4

Ⅰ. G637

中国国家版本馆CIP数据核字第20249HF878号

责任编辑　徐建飞

封面设计　金一哲

突显活力与精致的优质学校管理——现代优质学校教育面面观
李　英　著

出版发行	上海教育出版社有限公司
官　　网	www.seph.com.cn
地　　址	上海市闵行区号景路159弄C座
邮　　编	201101
印　　刷	上海盛通时代印刷有限公司
开　　本	890×1240　1/32　印张 13.5　插页 8
字　　数	350 千字
版　　次	2024年8月第1版
印　　次	2024年8月第1次印刷
书　　号	ISBN 978-7-5720-3044-4/G·2705
定　　价	88.00 元

如发现质量问题，读者可向本社调换　电话：021-64373213